本书为刘鸿武任首席专家的浙江省政治学一流学科（A类）、教育部区域与国别研究基地浙江师范大学非洲研究中心、浙江省哲学社会科学重点研究基地浙江师范大学非洲研究中心、浙江省2011协同创新中心非洲政治与中非合作协同创新中心建设成果。

肯尼亚：

在希望与绝望之间（1963–2011年）

【英】丹尼尔·布兰奇◎著
李鹏涛◎译

中国社会科学出版社

图字：01－2017－1498

图书在版编目（CIP）数据

肯尼亚：在希望与绝望之间：1963—2011/（英）丹尼尔·布兰奇著；
李鹏涛译．—北京：中国社会科学出版社，2017.6
　　（非洲研究译丛）
　　书名原文：Kenya，Between hope and despair，1963－2011
　　ISBN 978－7－5203－0199－2

　　Ⅰ.①肯…　Ⅱ.①丹…②李…　Ⅲ.①肯尼亚—历史—研究—1963－2011
Ⅳ.①K424.5

中国版本图书馆 CIP 数据核字（2017）第 080968 号
2011 by Daniel Branch.
Originally published by Yale University Press.

出 版 人　赵剑英
责任编辑　张　林
特约编辑　席建海
责任校对　高建春
责任印制　戴　宽

出　　版　中国社会科学出版社
社　　址　北京鼓楼西大街甲 158 号
邮　　编　100720
网　　址　http://www.csspw.cn
发 行 部　010－84083685
门 市 部　010－84029450
经　　销　新华书店及其他书店

印　　刷　北京明恒达印务有限公司
装　　订　廊坊市广阳区广增装订厂
版　　次　2017 年 6 月第 1 版
印　　次　2017 年 6 月第 1 次印刷

开　　本　710×1000　1/16
印　　张　26.75
插　　页　2
字　　数　302 千字
定　　价　108.00 元

民主是一种极为复杂的现象。它意味着人民有自由批评的权利，而不用担心锒铛入狱；它意味着人民意识到自己的所有权利；它意味着人们有权知道国家财富是如何产生，是谁控制着这些财富，以及谁能使用这些财富。因此，民主意味着，人民清楚地知道哪些力量在塑造着他们的生活。

——恩古吉·瓦·提昂戈（Ngugi wa Thiong'o），引自《恩古吉仍被困在监牢之中》（*Ngugi wa Thiong'o Still Bitter over his Detention*）《每周评论》（*Weekly Review*），1979 年 1 月 5 日

鸣　谢

2007 年秋，笔者在与责任编辑菲比·克拉潘（Phoebe Clapham）谈话过程中萌生了写作本书的念头。在接下来三年半的研究和写作过程中，无数热心的个人和组织为我提供了大量的帮助、建议和支持。

我在英国、美国和肯尼亚进行的研究得到英国学院（British Academy）小额资助项目的支持，不过这一项目现在已经结束。我此后研究得到贾斯汀·威尔斯（Justin Willis）和戴维·安德森（David Anderson）担任主任的英国东非研究所的支持。时任研究所研究生专员的约拉那·普林格尔（Yolana Pringle），在 2008 年年初的艰难条件下给我提供了力所能及的帮助。作为研究所副主任，斯蒂法妮·温－琼斯（Stephanie Wynne－Jones）和她的丈夫麦克（Mike）热情好客；我至今仍对我们一起度过的 2007 年圣诞节记忆犹新。同样地，威尔·坎宁安（Will Cunningham）和妻子米里亚姆（Miriam）的热情招待，使我饶有兴致地完成了跨越大西洋的研究之旅。

很多的档案馆员和图书管理员提供了极大的帮助。肯尼亚国家档案馆（Kenya National Archives）工作人员所提供的帮助远远超出了工作职责之外，这些风趣幽默的工作人员以极大耐心在故纸堆里为我找寻档案，成效显著。位于马里兰（Maryland）帕克（College Park）的美国国家档案馆阅览室工作人员非常有耐心地向我这个新手讲授如何使用复杂的美国档案系统。在西北大学赫斯科维茨（Herskovits）非洲研究图书馆和美国国会图书馆非洲和中东阅览室，工作人员热情地为我提供帮助。伦敦的乔治·帕德摩尔研究所（George Padmore Institute）也慷慨地允许我阅览"争取释放肯尼亚政治犯"委员会文件。书中多幅照片得自国家媒体组织（The Nation Media group）、科莫若皮克斯（Camerapix）和"非洲 24 小时媒体"（A24 Media）的帮助。

本书的很多想法是在部分章节发表过程中及之后形成的。东方及非洲研究学院、牛津大学、杜尔海姆大学（Durham University）、谢菲尔德大学（University of Sheffield）、利兹大学（University of Leeds）、伯明翰大学（University of Birmingham）、国会图书馆和我自己所在的华威大学（University of Warwick）等院校机构的研讨班学生和教师提供了富有见地的评论和批评。此外，还包括英国、美国和肯尼亚的很多个人。

我是在埃克塞特大学（University of Exerter）历史系工作时开始撰写本书，当本书完成时我已经调至华威大学工作。这两所大学的同事都给了我极大的帮助，尤其是先后的多位系主任。与这两所大学的学生在关于后殖民时代非洲历史的讨论课中，他们的发言经常促使我反思含混的概念，并重新考虑基本假设。

本书也得益于作者在过去三年时间里与下述这些学者就肯尼亚和东非的政治及历史所展开的深入讨论。奥利弗·吉萨卡·锡米尤

（Oliver Kisaka Simiyu）、戴维·索洛普（David Throup）、苏珊·米勒（Susanne Mueller）、杰里米·普利斯利特（Jeremy Prestholdt）、罗布·布伦特（Rob Blunt）、本·奈顿（Ben Knighton），特别是吉姆·布伦南（Jim Brennan）都提供了极为重要的观点和帮助。约翰·隆斯达尔（John Lonsdale）一直给予我鼓励和帮助。贾斯汀·威尔斯通读了书稿，我尤其要感谢他富有洞见的批评和评论。这里无法一一列出为本书观点的形成提供帮助的人，当然我要为本书的错误遗漏负责。

　　这里不能不提及一些个人为本书写作所做的贡献。我要感谢克莱武·利迪亚德（Clive Liddiard）的文字编辑工作。在内罗毕，乔伊斯·尼埃罗（Joyce Nyairo）、帕西里洛·坎泰（Parselelo Kantai）、穆万吉·基塔鲁（Mwangi Githaru）、基塔乌·卡里乌基（Gitau Kari-uki）、拉腊·拉森（Laragh Larsen）和汤姆·沃尔夫（Tom Wolf）非常慷慨地分享了他们的时间、思想和友情。他们使得我定期的内罗毕之旅是令人愉快和富有启发的。牛津分析公司（Oxford Analytica）的贾森·莫斯利（Jason Moseley）毫不吝啬地提供他的专业知识，并慷慨地为我提供机会，使我能够在更多听众面前分享我的观点——这对于撰写本书具有极大价值。

　　感谢我以前带的研究生的友谊与帮助。加布里埃尔·林奇（Gabrielle Lynch）、杰勒德·麦肯（Gerard McCann）和保罗·欧克博克（Paul Ocobock）阅读了部分章节，提出批评意见，分享了他们自己的研究成果，并且多次证明他们是极好的伙伴。令我感到幸运的是，我曾与杰勒德数次在内罗毕相遇，而我在西北大学访学时，保罗恰好也在芝加哥。每次相遇时，他们都极其慷慨地同我分享他们的学识。

对于我的家庭，我亏欠他们实在太多，以至于无法在这里详细写出。我只能说我欠我的父母、兄弟姐妹、侄女侄子以及亲戚们（包括现在及以后的）太多了。这里还需要单向四个人致谢。作为一名编辑，菲比·克拉潘一直是令人鼓舞、勤奋并且耐心到极致；我很高兴能和她一道工作。在牛津大学附近生活的一个好处是，随时能感受到戴维·安德森（Dave Anderson）和尼克·奇斯曼（Nic Cheeseman）的友谊和学识。就肯尼亚政治和历史而言，这两位是见识广博的观察家和无可比拟的热心家，并且对于他们的时间毫不吝啬。他们二人都是我的密友、共同主编和合著者。最后一点，同时也是最重要的一点，这本书的撰写工作是在我遇到珍妮·卡斯尔斯（Jennie Castle）之前数天时间开始的。到本书出版时，她将要成为我的妻子。在这期间的三年半时间里，她以极好的脾气忍受我长期在外和熬夜工作。我只陪她去过一次肯尼亚，这虽然算不上对她的补偿，却足以让她明白我为何会不断地回到肯尼亚这片土地。

下海福特（Lower Heyford），牛津郡（Oxfordshire）

2011年4月

拼写说明

本书在选择术语时主要根据易接受程度。因此，这里用的族群名称选用的是非专业读者最为熟悉的。例如，"基库尤族"的拼写是"Kikuyu"而非"Gikuyu"或者"Agikuyu"。同样道理，书中经常提到的"斯瓦西里语"的拼写是"Swahili"，而不是"Kiswahili"。我还尽可能地将英语日常对话中的斯瓦西里术语翻译出来。需要重申的是，这主要是为了读者更容易接受。

地名主要采用肯尼亚独立之后的通用名称。然而，肯尼亚的政治地图曾经多次重新绘制。因此，我们尽可能少地提及1992年之后设立的一些地区。本书所提及的省份主要是根据1964年至2010年的界限所划定的。

为了让读者更容易理解，我在行文过程中写明了当时大致的货币兑换比率，但是由于20世纪80年代以来的通货膨胀和货币波动，货币兑换比率变得很不准确。根据保罗·古福德（Paul Gifford）的估计，兑换1美元在不同时期大致需要金额是，1963—1980年为9先令，20世纪80年代为10—40先令，20世纪90年代为60先令，2000年以后是70先令。

缩略语列表

CBK　Central Bank of Kenya 肯尼亚中央银行

CFPF　Central Foreign Policy Files 中央外交政策文件

CIA　Central Intelligence Agency 中央情报局

CID　Criminal Investigation Department 刑事调查署

CREST　CIA Records Search Tool 中央情报局

CRPPK　Committee for the Release of Political Prisoners in Kenya "争取释放肯尼亚政治犯"委员会

DC　District Commissioner 地区专员

DO　District Officer 政务专员

DP　Democratic Party 民主党

ECK　Electoral Commission of Kenya 肯尼亚选举委员会

FORD　Forum for the Restoration of Democracy 恢复民主论坛

GEMA　Gikuyu, Embu and Meru Association 基库尤、恩布与梅鲁协会

GPI　George Padmore Institute 乔治·帕德莫研究所

GSU　General Service Unit 公共服务警察

ICC   International Criminal Court 国际刑事法庭

ICJ   International Commission of Jurists 国际法学家委员会

IMF   International Monetary Fund 国际货币基金组织

IPK   Islamic Party of Kenya 肯尼亚伊斯兰党

KADU   Kenya African Democratic Union 肯尼亚非洲民主联盟

KAF   Kenya Air Force 肯尼亚空军

KAMATUSA   卡伦金、马赛、图尔卡纳和桑布鲁 Kalenjin，Maasai，Turkana and Samburu

KANU   Kenya African National Union 肯尼亚非洲民族联盟

KHRC   Kenya Human Rights Commission 肯尼亚人权委员会

KNA   Kenya National Archives 肯尼亚国家档案馆

KNCHR   Kenya National Commission on Human Rights 肯尼亚全国人权委员会

KPU   Kenya People's Union 肯尼亚人民联盟

KSh   Kenya shilling 肯尼亚先令

MP   Member of Parliament 议员

Mwakenya Union of Nationalists to Liberate Kenya 解放肯尼亚民族主义者联盟

NAAAD   National Archives Access to Archival Databases 档案数据全国档案获取

NACP   National Archives II College Park 帕克国家第二档案馆

NARC   National Rainbow Coalition 全国彩虹联盟

NCCK   National Christian Council of Kenya（1966 – 1984）肯尼亚基督教全国委员会（1966 年至 1984 年）；National Council of Churches of Kenya（1984 - ）肯尼亚全国教会委员会

NEP   North Eastern Province   东北省

NFD   Northern Frontier District 北部边疆地区

NDP   National Development Party 民族发展党

NPPPP   Northern Province People's Progressive Party 北方省民族进
步党

OAU   Organisation of African Unity 非洲统一组织

ODM   Orange Democratic Movement 橙色民主运动

PNU   Party for National Unity 民族团结党

PC   Provincial Commissioner 省专员

PRO   Public Record Office 公共档案局

RBAA   Records of the Bureau of African Affairs 非洲事务局档案
记录

RG   Record Group 记录组织

SLDF   Sabaot Land Defence Force 萨保特土地防御军

SNF   Subject Numeric Files 主题数字文件

SWB   Summary of World Broadcasts 世界广播摘要

TNA   The National Archives 国家档案馆

Umoja   United Movement for Democracy in Kenya 肯尼亚民主联合
运动

YK'92   Youth for KANU'92 肯尼亚非洲民族联盟 92 青年团

目　录

序言　盛宴

公牛

1963年6月底，奥金加·奥廷加（Oginga Odinga）在他的内罗毕寓所举办了一场宴会。一位美国外交官描述道，奥廷加"戴着传统的饰有珠子的帽子，身穿质地精良的黑棉高领夹克和黑色裤子"，亲自迎候每位来宾。这些宾客，都是些"肯尼亚社会上流、外交官、邻国嘉宾以及奥廷加的下属随从"，宴会上的"当地美食应有尽有……以自助餐的形式呈现。豆子、玉米、鸡肉、面包、土豆和蔬菜等基本食物供应充足。这么多来宾的消耗量是巨大的"①。热情好客是奥廷加的典型风格，更是他的经商成功之道。奥廷加不仅是个幽默风趣的玩伴，慷慨大方的宴会主人，更是一个满腔热血的民族主义政治家。虽然外表算不上威风凛凛，但是他强硬的个性为他赢得了"公牛"的绰号。在即将走向独立之前几年，他坚定不移地支

---

① Ruchti to Secretary of State, 3 July 1963; POL 2 General Reports & Statistics, Records of the Bureau of African Affairs（RBAA）1958 – 1966; Record Group 59（RG 59）; National Archives II, College Park（NACP）.

持民族主义事业。

奥廷加之所以举办这次宴会，是为了庆贺三件相互关联的事，它们都是由于殖民统治终结所引发的。首先，肯尼亚已于 6 月 1 日实现自治。肯尼亚此后将于 12 月份实现完全独立，并于一年之后成为共和国，自治的开始已经标志着后殖民时代的来临。其次，第二桩值得庆祝的事情是肯尼亚非洲民族联盟（Kenya African National U-nion，简称"肯盟"）的选举胜利，奥廷加在 1960 年肯盟成立过程中扮演了重要角色。在 5 月底的第一届独立政府选举中，肯盟击败了主要竞争对手肯尼亚非洲民主联盟（Kenya African Democratic Union，简称"肯民盟"）。肯盟的胜利不只是一个政党针对另一个政党的胜利，更是一种肯尼亚宪政前景针对另一种愿景的胜利。按照肯盟和奥廷加的设想，新生的民族国家将由中央集权政府主导并负责实施发展政策。相形之下，肯民盟主张分权的政府体系，将相当大的权力下放到地方政府。最后，奥廷加之所以大摆筵席，也是为了庆祝自己重返肯尼亚政坛的"塔尖"。作为与英国殖民政权宪法谈判的结果，肯盟被迫同肯民盟在 1962 年之前分享权力。按照权力分享协议，奥廷加被排除在联合政府内阁之外。然而，肯盟在选举胜利后控制了政府部门的主要职务，奥廷加得以重返政府，担任内政部长。

对于在场的多数肯尼亚宾客来说，这是新的政治和经济精英的社交活动之一——时至今日，这一精英阶层仍然支配着肯尼亚的公共生活。在场的这些人来自全国各地，在殖民统治之下有着各自不同的经历，他们参与缔造一个崭新国家。现在回过头来看，更为重要的是他们构建出一个崭新的统治阶层。在其他类似的社交活动中，新的关系网得以建立起来，而早前在联盟高中①这样的中学或者大学〔尤其是在邻国乌干达的马凯雷雷（Makerere）〕构建起的关系网络则得以加强。按照一位名叫本杰明·基普科利尔（Benjamin Kipkorir）的殖民主义教育受益者的说法，殖民主义所能提供的最"好"教育培养出"新兴的精英"，这些人拥有深厚的人脉关系、精湛的技术和知识，因而成为"独立肯尼亚的统治者"。②

　　对于很多外国嘉宾而言，奥廷加的宴会是他们在内罗毕社交活动的开端。多个国家将它们设在内罗毕的领事馆升格为大使馆，并赶在独立之前组建起新的外交使团。对于新的外交使节来说，这场宴会是个难得的机会，他们都企图趁机在新的肯尼亚政治领导层中拉拢关系，打压敌手。而对于其他的外国嘉宾来说，内罗毕是一个再熟悉不过的地方。数位英国殖民官员在独立之后准备继续留在肯尼亚，成为这个新独立国家官僚机构中的外籍公务员。其他的肯尼亚白人也决定留下来。尽管一些居住在白人高地（White Highlands）的白人移民在独立时选择离开，但是也有很多人希望在新生的肯尼亚开始崭新的生活。在参加宴会的一些宾客看来，英国殖民官员的存在，以及肯尼亚与即将离开的帝国霸权的经济联系，这两个因素将有效回应某些民族主义者的危险言论。这些民族主义者主张与社会主义、与共产主义国家发展友好关系，呼吁肯尼亚社会实现自上而下的财富重新分配。另一方面，对于宾客中的民族主义者和宴会主人来说，英国对肯尼亚事务继续保持影响，这不啻彻头彻尾的新

---

①　肯尼亚第一所专为非洲人开设的中学，是由新教教会联盟于1926年建立的，该校培养了一大批肯尼亚政治精英。——译者注

②　Benjamin Kipkorir, "*Descent from Cherang*" any Hills: *Memoirs of a reluctant academic*, Nairobi, 2009, p. 146.

殖民主义。

在奥廷加寓所的这些宾客，不管对于独立或者英国人抱有何种期待或者态度，他们都指望宴会贵宾、新任总理约莫·肯雅塔（Jomo Kenyatta）来保护他们的利益。肯雅塔此前十年时间基本上是在狱中度过，因为英国殖民当局指控他是 20 世纪 50 年代茅茅起义的幕后推手。尽管这些指控不实，但是由于他长期遭殖民政府监禁，再加上此前作为民族主义领导人的经历，因此在 1961 年 8 月获释后，他成了肯尼亚无可争议的领导人。宾客们此时来到寓所外的草坪上，一群舞者正等着表演助兴，人们恭敬地称赞肯雅塔为"姆齐"（Mzee，斯瓦西里语，意为"老者"）或者"国父"（Baba Taifa）。花白的头发和胡须暴露出肯雅塔已经垂垂老矣，不过他依然精力充沛。监禁并未给他健康的体魄留下多少痕迹。当舞者邀请政治家们一道表演时，肯雅塔急切地加入其中。

与肯雅塔一起步入舞池的还有奥廷加、马尔科姆·麦克唐纳（Malcolm MacDonald）和汤姆·姆博亚等人，他们在肯盟实现从民族主义抗议运动向执政党转变的最终阶段扮演了最重要角色。作为此次宴会的主人和肯盟主要推动者，奥廷加无可争议地与肯雅塔一起成为宴会的中心人物。然而，肯雅塔的新朋友和盟友麦克唐纳不喜欢跳舞。麦克唐纳是英国第一位工党首相的儿子，也是一名工党政治家，他曾长期处理英国外交和殖民地事务，先后担任过多个政府要职。在肯尼亚非殖民化进程中，麦克唐纳发挥了关键作用。他是殖民时代的最后一位肯尼亚总督，在肯尼亚宣布独立至一年后成为共和国之间的这段时期，他是唯一一位总督。此后，他又成为英国派驻肯尼亚共和国的首任高级专员。

1963 年抵达内罗毕之后不久，麦克唐纳逐渐相信肯雅塔是英国利益的最佳保护者，而不是伦敦和内罗毕殖民政府部门通常所认为的潜在的最大威胁者。麦克唐纳认为，肯雅塔是"肯尼亚最精明睿智而又富于权威的领导人"。相比之下，"肯民盟内部没有几个头脑清楚的领导人"，该党领导人罗纳德·恩加拉（Ronald Ngala）"充其量只能算作二流"。这位末任总督认为，关键的一点是，肯盟的基库尤族支持者应当在独立之后处于优势地位。这并非单纯的人数多少问题：基库尤族作为最大族群，只占肯尼亚总人口的五分之一。另外四个大的族群，包括卢亚族（Luhya）、卢奥族（Luo）、卡伦金族（Kalenjin）和坎巴族（Kamba）在内，每个族群人口都占到全国人口的 10% 到 15%。

麦克唐纳所关注的是基库尤族的过度政治化。作为融入殖民地经济程度最深的一个族群，基库尤族同时也是反抗英国统治的领导者。茅茅起义标志着基库尤人的反抗发展到顶峰。麦克唐纳相信，这一反抗传统意味着基库尤族绝不会接受在独立之后被边缘化，倘若像欧洲移民农场主这样的英国利益疏远他们，必然招致他们的报复行动。而且，反抗殖民统治的长期经历，再加上相对较高的教育程度，这意味着基库尤族拥有远多于其他任何族群的政治领导人和文职官员。麦克唐纳后来曾写道："只有基库尤族自由发挥政治管理才能，肯尼亚在独立之后才能实现和平进步。"然而，当麦克唐纳抵达内罗毕时，他发现根据英国的既定政策，"即将于年底举行的大选，将会导致肯民盟和肯盟之间的关系陷入僵局"。因此，麦克唐纳"转变了内罗毕殖民政府的政策，并且下令英国殖民官员不得试图左右大选，以避免导致肯民盟获胜"。① 自 1957 年起，英国殖民者已对一系列选举施加影响，而这是殖民官员最后一次显示操纵选举的娴熟手腕；肯雅塔对此印象深刻。

与肯雅塔、麦克唐纳和奥廷加一道站在宴会庆贺人群前面的，还有汤姆·姆博亚。姆博亚是肯盟大获全胜的功臣，他是这四个人中间最年轻的。姆博亚是一位才智过人的战略家，他的才干正是肯盟所急需的：就奥廷加的组织能力来说，倘若没有姆博亚相助，组织这样一场庆贺宴会肯定会让他忙得焦头烂额，更何况肯雅塔获释后对于政党机器的具体运作已经不再感兴趣。和奥廷加一样，肯雅塔在获释后更多扮演的是演说家而非组织者的角色。然而，姆博亚绝非默默无闻的幕后操作者。姆博亚中等身材、聪明机智。在 20 世纪 50 年代工会政治的艰难环境中，他逐渐崭露头角。姆博亚从来都不是一个激进派。茅茅运动时期，激进派工会领导人遭殖民政府拘押。在这一情况下，姆博亚成了遭受不公正对待的城镇民众的代言人。"一位杰出的现代派"，姆博亚的传记作家评价道，无论是在蒙巴萨码头工人面前，还是在企业老板的办公室，或者纽约和伦敦的新闻工作室（他曾在这里作为温和民族主义的代言人而发挥了重要作用），他都能从容应对。② 如果说肯雅塔代表的是肯盟与可以上溯至 20 世纪 20 年代的反殖民斗争之间的联系，姆博亚所代表的则是年轻一代。尽管他和奥廷加的关系并不融洽，但是他们二人共同发动和组织肯盟，直至肯雅塔成为党领袖。

---

① MacDonald to Bottomley, 5 May 1965, 4; National Archives, Public Record Office (TNA: PRO) DO 213/65.

② David Goldsworthy, Tom Mboya: *The man Kenya wanted to forget*, Nairobi, 1982, p. 4.

肯雅塔、麦克唐纳、奥廷加和姆博亚成为庆祝舞会的领舞者，这一点是无可争议的。在不同程度上，他们的分歧、观念及其所代表的选民和制度主导了整整一代人的政治图景。他们各自都有自己的得力助手，这些人随后也进入舞池。弗莱德·库拜（Fred Kubai）和姆瓦伊·齐贝吉（Mwai Kibaki）换下他们的上司，继续与舞者一同跳舞。尽管保罗·恩盖（Paul Ngei）不想跳舞，但还是被阿钦·奥尼科（Achieng' Oneko）拉入舞池。奥尼科身材修长，胡须剃得干干净净，平素不苟言笑。他与肯雅塔和奥廷加关系密切。作为奥廷加的政治盟友，奥尼科的理性和组织才能是生性冲动的奥廷加所需要的。奥尼科与肯雅塔保持着密切的私人关系。在整个20世纪50年代，他们和库拜以及恩盖长期遭受殖民政府监禁。在获释后，奥尼科一直担任肯雅塔私人秘书。肯雅塔长期坚持在宪法框架内同殖民统治斗争，而奥尼科、库拜、恩盖以及其他被监禁者，例如比尔达德·卡吉亚（Bildad Kaggia），他们则是20世纪50年代激进民族主义的急先锋。他们在民族独立问题上的立场，要比持和解姿态的肯雅塔坦率得多。尽管在奥廷加的宴会举行之时，恩盖仍然在肯盟之外，但是此后他进入政府并担任部长职务。奥尼科已经是信息部长，齐贝吉和库拜则是议会秘书。

在翩翩起舞的人群中，齐贝吉堪称"另类"。尽管出生于茅茅运动的"震中"尼耶利（Nyeri）地区，但是在整个20世纪50年代，齐贝吉一直在国外求学，并未参加起义。经过在伦敦经济学院深造，他成为一名经济学家。1960年，他放弃了在马凯雷雷的教职，进入肯盟领导层。他和负责掌管党组织机构的姆博亚有着很多相似之处。如同姆博亚一样，齐贝吉也是体格健硕，精明能干。这二人都对于独立肯尼亚的经济发展有着明确设想。他们也都心怀抱负，看到独立给肯盟上层的年轻一代提供的绝佳机会，他们希望趁此扩大自身影响力，并取代老一辈人物。这一年轻男性群体处理政务的场合，不仅有肯盟办公室、政府部门和议会，而且包括首都的酒吧、俱乐部和赌场；如同政治制度一样，内罗毕的社交场合正在迅速非殖民化。此前只面向内罗毕白人精英开放的宾馆、酒吧和餐馆，这时成为齐贝吉等政界名流常去之所，后来成为他们产业和投资的一部分。

尽管宴会气氛欢愉（以及相伴随的饮酒赌博），不过宴会主题仍然是严肃的。通过举办这一宴会，肯盟试图显示自身的内部团结，以及新领导人成为独立国家强有力领导者的坚定决心。奥廷加的客人对此印象深刻。在场的美国外交官认为"宴会取得巨大成功"。[1]后来我们才知道，当时的很多宾客对此并不是如此肯定。这其中包括一位年轻公务员，邓肯·恩代各瓦（Duncan Ndegwa）。恩代各瓦先是当上文官长，后来又成为肯尼亚中央银行行长。在最近出版的回忆录中，恩代各瓦反思道，在独立时唯一能实现肯盟团结的，是它对于殖民主义的反抗。恩代各瓦将这称作是"昙花一现的团结"，他写道，在争取独立过程中，肯雅塔、奥廷加、姆博亚和其他领导人除了表面团结之外，别无选择，因此他们"为了推翻少数人的压迫而暂时搁置分歧"。[2]一旦注意力转向政治统治，这些分歧就无法再掩饰下去。

---

[1] Ruchti to Secretary of State, 3 July 1963；POL 2 General Reports & Statistics, RBAA 1958－1966；RG 59；NACP.

[2] Duncan Ndegwa, *Walking in Kenyatta Struggles*, Nairobi, 2006, p.250.

团结的限度

肯盟自 1960 年成立以来，其内部一直存在着巨大分歧，主要围绕族群、个人野心、地区利益以及经济发展观念。对于肯盟而言，肯雅塔仿佛就是"黏合剂"。"对于大多数肯尼亚非洲人而言，肯雅塔不仅仅是至高无上的领导人，而且是民族主义的象征和体现"，乔治·贝内特（George Bennett）和卡尔·罗森堡（Carl Rosberg）在研究肯雅塔获释前夕的选举之后写道。① 20 世纪三四十年代，肯雅塔作为不同诉求的调解者而确立了自己的名望。在肯雅塔获释前夕，肯盟领导层希望这位老人能够提供党内团结所必需的凝聚力。正如约瑟夫·穆伦比（Joseph Murumbi）在 1961 年所指出的："我们必须竭尽所能将肯雅塔请出来。"穆伦比后来曾经担任副总统。在他看来，肯雅塔"是唯一能够实现不同派别团结，并阻止我们内部出现严重分裂的人"。② 然而，年龄和牢狱经历使肯雅塔更加冷酷，作为民族主义运动无可争议的领导人，他不愿做出妥协。

尽管肯雅塔是将英国人赶出肯尼亚的关键力量，但是他对于建设具有内聚力的肯尼亚国家持怀疑态度，而这严重削弱了这一计划。他认为，族群内部团结是任何一个肯尼亚政治家都要面对的首要任务；只有这样才能将注意力转向国家建构。"将自己民众团结起来没什么错，"肯雅塔在 1961 年获释前不久表示，"先整理好自己的房屋，然后才能督促别人也这么做。我坚信所有非洲人的团结，然而

---

① George Bennett and Carl Rosberg, *The Kenyatta Election*：*Kenya 1960 - 1961*, London, 1961, p. 203.

② *Murumbi to Koinange*, 18 January 1961；Kenya National Archives （KNA） MAC/KEN/73/3.

不积小流，无以成江河。"① 他有充分理由怀疑自己所属的基库尤族的内在统一。

基库尤族最初起源于肯尼亚山和阿伯代尔山脉（Aberdare）的森林地带。在肯尼亚所有的主要族群中，基库尤族融入殖民地经济程度最深，他们广泛分布于整个殖民地内外。在从内罗毕到乌干达边境的高地上，基库尤人在广袤无垠的白人农场上劳作。基库尤人占到内罗毕人口大多数，他们和来自肯尼亚其他地方的移民一道在蒙巴萨港口工作，在肯尼亚全境从事商业活动。经过数十年劳动力移民，基库尤人遍及肯尼亚各地。然而，这一向外扩张的原因之一也威胁到基库尤族内部团结：肯尼亚山周围的基库尤族定居地过于拥挤，土地在这里成为颇具争议的问题。土地获取的严重不平等是20 世纪 50 年代茅茅起义的核心问题，这很快演变成了一场基库尤族的内战。在凶残的英国殖民者镇压下，起义支持者和他们的基库尤族反对者发生内讧。对于肯雅塔和其他人来说，随着大量的欧洲人在 20 世纪 60 年代离开肯尼亚，他们腾出的成千上万英亩土地，成为医治此前十年历史创伤的一剂良药。

然而，肯雅塔并不打算将这些农场土地交给基库尤人。虽然中部省和其他地区的无地农民希望政府根据民众需要来重新分配土地，但是肯雅塔总理却并不这样想。他声称自己同情他们的要求，"我唯一担心的是无地的非洲人，"肯雅塔在 1961 年评论道："我们不能忽视这一问题，政府必须想方设法为他们找到安身之所。"欧洲农场主起初担心这会导致国有化或者政府强制购买他们的财产，但是肯雅

---

① Musa Amalemba, Buluyia Political Union visits Jomo Kenyatta at Maralal on Tuesday, 11 July 1961；KNA MSS 12/21.

塔并非激进派。"我认为土地所有权属于私人财产，理应得到尊重。"他的承诺让白人移民群体悬着的心放了下来。"我不希望自己的'沙姆巴'（shamba，小块土地）或者房子是属于政府的。所有权必须得到尊重，私权必须得以捍卫。"① 肯雅塔认为，土地只有通过辛苦劳动来获得，任何有进取心的非洲土地所有者都可以购买；倘若欧洲土地所有者愿意出售土地，应当给予合适的市场价格作为补偿，不得逼迫他们在肯尼亚独立之后离开。肯雅塔明确排除包括土地在内的外国控制财产的国有化，或者强制购买欧洲人控制的土地。肯雅塔并不打算为了尽快满足穷人要求而抢夺私人财产，也不打算为此而实现重新分配。1964 年 8 月，肯雅塔告诉议员们，"国有化无助于非洲社会主义的推进"②。

在肯尼亚农业经济中，土地问题是发展政策的关键。姆博亚非常清醒地认识到，国家面临着严峻的发展挑战。③ 然而，他和肯雅塔、奥廷加对于"发展"的含义有着截然不同的理解。肯雅塔认为关键在于个人努力和艰苦工作。与外来投资和保护私人财产权一道，这些品质将会极大地促进经济增长。相应地，这一增长就整体而言将使得非洲社会获益，并变得更加富裕，使得社会在摆脱贫困的同时，又不需要社会最富者向贫穷者分配财富。姆博亚也信奉增长导向的经济模式，但是与肯雅塔的不同之处在于，他相信财富重新分配最终必将是必要的。奥廷加认为，为社会最贫穷民众计，应当立

① Musa Amalemba, Buluyia Political Union visits Jomo Kenyatta at Maralal on Tuesday, 11th July 1961；KNA MSS 12/21.

② Minutes of KANU backbenchers' meeting, 6 August 1964，2；KNA KA/2/14.

③ Tom Mboya, *The Challenge of Nationhood*：*A collection of speeches and writings*, Nairobi, 1993，pp. 266 – 278.

即实现财富重新分配。他要求政府尽快将欧洲人控制的土地重新分配给无地农民。

奥廷加对于无地农民命运的关注，并不像肯雅塔那样是出于族群内部团结的考虑。奥廷加是卢奥族人，他出生于基苏木以西六十公里的邦多（Bondo），这里紧邻维多利亚湖。如同基库尤族一样，卢奥族人也是殖民劳动力市场的积极参与者。这里毗邻乌干达边境，因而有很多肯尼亚人在坎帕拉（Kampala）定居。坎帕拉是英国在20世纪初所修建的一条铁路的终点站，英国希望借此将中非地区尚待开发的自然资源运送至蒙巴萨的帝国船舰。蒙巴萨码头是卢奥族人寻找工作机会的另一个主要目的地。

对于蒙巴萨和其他地方卢奥族移民的经历，姆博亚感同身受。他自己就出生在这样的家庭，他的家乡紧邻移民城镇锡卡（Thika），此地现在归属东部省①。锡卡的肥沃土地，极度干燥炎热的开阔平原，一直向东延伸至印度洋的丘陵，这些共同构成了东部省的基本地貌，而这里是姆博亚整个政治生涯里重要的支持来源。他的卢奥族身份，通过其父母而与南尼安萨（South Nyanza）和鲁辛加岛（Rusinga Island）周边地区建立密切联系。所有这些因素，使得姆博亚能够与奥廷加争夺族群领导权。

对于奥廷加和姆博亚而言，肯雅塔关于独立肯尼亚前途的设想颇具争议。肯雅塔强调族群而非整个民族的团结，尊重私人土地所有权，希望推行以私人而非国家所主导的发展政策，所有这些都是富有争议的。而且，正如发展争议所显示的，他武断的观念时常激起肯盟内部不满。然而，肯雅塔将团结等同于服从；他容不下任何

---

① 此处应为中部省。——译者注

意见分歧。他认为，肯盟的同事们应当立场坚定地支持他，否则后果自负。他也容不得肯盟之外的政治势力。据报道，肯雅塔曾说过："我相信，对于国家事务而言，一党制是非洲人实现团结的最佳途径。"① 然而在独立之时，肯尼亚的民族主义政党是两个，而不只是一个。

在殖民统治最后几年时间里，肯尼亚"是一块骚动之地"。② 如同殖民世界的其他地方一样，在二战后的肯尼亚，非洲民众的政治活动开始兴起。由于城镇中的工资低下、住房条件差，工人们早就心怀不满。对于日益加剧的土地压力和城镇化所导致的社会变迁，农村民众感到紧张不安，而新的殖民地发展计划更是激怒了他们。由于白人农场主为了实现机械化耕作，因此要将非洲雇农赶走，收回此前分给他们的大片土地，所以欧洲人农场的非洲劳工不断遭到驱赶。殖民政府容不得非洲人大规模参与正式政党，这些不满只得通过不同方式表达出来。在城镇地区，激进的工会主义力量逐渐增强。在某些农村地区，一些宗教派别出现，作为表达政治不满的载体。1952 年，茅茅起义爆发，起义者的主要组成力量包括中部省的基库尤族民众、内罗毕东部的贫民居住区以及白人农场的劳动力。

作为 20 世纪 50 年代末非殖民化的第一步，殖民政府开始放松对于非洲人政治活动的限制，但是仍然禁止整个殖民地范围内的政党组织。只有当政党组织是在殖民地的某个地区范围内活动的时候，

---

① Musa Amalemba, "Buluyia Political Union visits Jomo Kenyatta at Maralal on Tuesday, 11 July 1961"; KNA MSS 12/21.

② E. S. Atieno Odhiambo, "The formative years: 1945 - 1955", in Bethwell Ogot and William Ochieng (eds), *Decolonization and Independence in Kenya*: 1940 - 1993, London, 1995, p. 44.

才是被允许的。在很多情况下，这一地理限制对殖民统治晚期的政治产生深刻影响，导致地方利益高于整个国家的利益。随着政治限制的放松以及肯尼亚范围内政党的合法化，由多个地方政党联合组成的肯尼亚非洲民主联盟于 1960 年成立。

肯民盟的第一任主席是罗纳德·恩加拉，海岸省最著名的政治领导人。这位身材矮小的领导人是米吉肯达族（Mijikenda）争取本地区资源控制权的主要旗手。米吉肯达族是由散布在印度洋沿岸的多个小群体共同组成，他们认为只有自己是本地区的土著居民。随着民族主义时代的到来，米吉肯达人声称，自己作为土著人口，有权决定海岸省的政治和经济前景。正如当地一位政治家在十年后所写的，他们"努力确认自己作为肯尼亚土著人口的身份认同，他们应当在海岸省享有绝对优先权"。①

恩加拉希望这一前景意味着海岸省实现一定程度的自治。然而，这与海岸省另一主要政治群体阿拉伯人的诉求相冲突。阿拉伯人认为，经过数世纪积累起来的经济优势地位，以及海岸省融入更为广阔的印度洋世界的漫长历程，这些都意味着海岸省的政治前途应当是面向桑给巴尔岛及其素丹的。按照阿拉伯人所领导的分离运动的设想，这片处于干旱的内陆和海洋之间的狭长而闷热的海岸地带，应当与肯尼亚的其他地区分离开来。恩加拉所领导的米吉肯达人也对于肯盟占据主导地位的前景感到担忧，他们担心这将预示着来自该国其他地方移民的大量涌入，以及围绕土地等资源发生纷争。恩加拉认为，对于海岸省而言，独立不仅意味着摆脱英国统治，而且要结束阿拉伯人的主导地位，并从地方层面，而非由肯盟所主导的

---

① Hyder Kindy, *Life and Politics in Mombasa*, Nairobi, 1972, p. 188.

权力中心来确定海岸省的发展政策。

　　肯民盟的政治家与恩加拉一样担心，他们认为倘若在肯盟领导下实现独立，他们的土地利益将会受到危害。这些群体担心，"倘若不能一劳永逸地确立自身的土著居民身份，新上台的非洲政府是不会善待自己的"①。因此，恩加拉所领导的这个党，按照非洲史学家戴维·安德森（David Anderson）的观点，"本质上是防御性的，是因恐惧而生的"。②恩加拉的同事中间最出名的是丹尼尔·阿拉普·莫伊（Dainel Arap Moi）。莫伊早年是一名受过专业训练的教师，1955 年进入殖民地立法委员会，此后步入政坛。在 20 世纪 50 年代末民族主义勃兴的情况下，与殖民地政府的联系毁掉了很多非洲议员同事的前途，而莫伊却毫发未伤。莫伊来自图根族（Tugen），类似这样的小族群在 1945 年之后逐渐并入到更大的卡伦金族之中，莫伊出生于大裂谷的巴林格（Baringo）。很多卡伦金族人和他一样，都对于独立充满期待，认为自己既然是裂谷省的合法占有者，理应接管白人高地的农场土地。

　　莫伊和其他的卡伦金族、马赛族领导人担心，基库尤族和卢奥族将会利用肯盟的政治优势来接管白人农场主留下的土地。1959 年南迪地区独立党（Nandi District Independent Party）在一份会议决议中声明："此前我们父母所占有，现在落在外国人手中的土地应当重新交回到南迪人手中。"③作为卡伦金人最大的一支，南迪人领导层

---

① Hyder Kindy, *Life and Politics in Mombasa*, Nairobi, 1972, p. 188.

② David Anderson, "'Yours in the struggle for Majimbo': Nationalism and party politics of decolonization in Kenya, 1955–1964", *Journal of Contemporary History*, 40 (3) (2005), p. 552.

③ Untitled minutes of meeting of Nandi District Independent Party, 4 September 1959; KNA DC/KAPT/1/10/21.

希望控制肥沃的开阔地带，这里曾经是白人农场主的乳畜业和经济作物的主要产地，并且是殖民地经济支柱。

肯民盟的设想十分简单，它希望通过持续的分权计划来控制裂谷省和海岸省的土地所有权。独立后的肯尼亚将会是一个联邦，效仿瑞士或者美国的制度模式。殖民时代的省份将会成为半自治地区，各有自己的议会和主席。中央政府权力将被削弱，对于土地等资源的控制权将由地区议会行使。肯民盟呼吁制定独立宪法，承认"肯尼亚各族有权控制自己的土地，并且有权自愿分配自己所控制的土地"。① 这一政策被称作"马金博主义"（majimboism），"马金博（majimbo）"在斯瓦西里语里是"地区"的意思。按照肯民盟领导人约翰·孔切拉赫（John Konchellah）的话说："马金博的含义是由我们来控制自己所拥有的土地，在推行马金博的情况下，过去所有的不公正将得以纠正，我们所拥有的土地将永不再被夺走。"② 在英国殖民部和内罗毕政府支持下，肯民盟和自由派白人移民政党"新肯尼亚组织（New Kenya Group）"提出一项计划，其中将联邦政府作为 1961 年至 1962 年在伦敦举行的宪法谈判核心问题。

在与英国的谈判中，肯盟就谈判中所涉及的地方主义展开激烈争辩。肯盟对于中央政府权力志在必得，因此认为这项政策意在约束自己。肯盟领导人原本打算在伦敦的谈判桌旁说服英国，最终还是放弃了这一打算。用奥廷加的话讲，肯盟派驻伦敦和谈代表团于1962 年"接受了这样一部我们所不情愿的宪法"，因为我们知道

---

① KADU, "Land tenure and agricultural and pastoral development for independent Kenya", July 1962, 3; KNA MAC/KEN/36/7.

② Speech by Hon. John Konchellah at opening session of conference of delegates of tribes resident in Rift Valley Region at Nakuru, 1963, 1; KNA MAC/KEN/36/7.

"一旦上台，我们就可以修改宪法"。① 肯盟领导层曾告诉美国外交官，独立宪法"只是一个临时文件"。② 肯雅塔坚决反对分权。在肯盟的一次集会上，肯雅塔问道：

> 四十余年来，我一直在告诉帝国主义者，我们必须实现自治，但是他们拒绝了；我们一直在同帝国主义抗争，如同一个人同狮子在搏斗，当我们制服了它之后，你愿意听别人的话，任由我们的国家四分五裂?③

1963年5月肯盟政府上台后，立即开始破坏与肯民盟所达成的分权宪法。

这一过程是令人担忧的。在肯盟政府通过议会修订宪法之前，地方政府试图趁机利用独立宪法赋予它们的权力。在全国范围之内，那些与其居住地有着深刻历史联系，但又被认为不属于这片土地的群体，他们被假借分权之名而赶走。在新设立地区边界上，土地的族群所有权概念表现尤其令人担忧。蒂马乌（Timau）靠近中部行政区和东部行政区在肯尼亚山北麓的新边界，这里的基库尤人占总人口四分之三，很多人一辈子都生活在这里。然而，到1964年4月，他们被逐出自己曾经的家园。正如当地议员所报告的，"他们的房屋被烧毁"，梅鲁族官员迫不及待地"以一种极其粗暴的方式将他们赶出这一地区"。④ 南巴林格（South Baringo）的一名官员写道："回到

① Oginga Odinga, *Not Yet Uhuru*, Nairobi, 1967, p. 229.
② Vass to Secretary of State, 18 May 1963; POL Political Affairs Kenya, RBAA 1958 – 1966; RG 59; NACP.
③ Oluoch to Minister of Information, Broadcasting and Tourism, 22 October 1963; KNA AHC/1/33.
④ Michemi to President, Central Region, 30 April 1964; KNA VQ/10/12.

你的出生地，只有图根族人才能根据萨巴提亚安置计划（Sabatia Settlement Scheme）得到安置"，他命令居住在埃尔达马勒温（El-dama Ravine）附近基隆布（Kilombe）图根族之外的人在独立之后离开。① 内罗毕的卢奥人警告肯雅塔，倘若将东尼扬扎的土地给了卢奥族以外的人，那么"就会出现另一个刚果"。② 在奔戈马（Bungo-ma），围绕着该地区究竟应由西部省还是裂谷省地区议会支配，这里发生了严重的暴力冲突。冲突过后，卢亚族（Luhya）领导人谴责"卡伦金人的野蛮部落"③，并警告"内战即将爆发"④。奔戈马仍然留在西部省之内，而基塔莱（kitale）最终成为裂谷省的一部分。作为对于非殖民化的回应，族群的政治重要性日益凸显，并且因为地方主义辩论而更加激化。族群政治在独立前后表现出日趋暴烈的倾向。

居住在埃尔多雷特（Eldoret）的马赛族代表塞缪尔·奥里·基美隆加奈（Samuel Ole Kimelonganai）在 1963 年写给肯雅塔的一封信中写道："趁着马金博还未毁掉肯尼亚国家，我们乞求阁下将其终结掉。"⑤ 他这一顾虑纯属杞人忧天。一旦实现独立，肯雅塔就开始实现他集权化的宪法理念。他摧毁地区议会、推翻宪法的手段极为简单。在取消分权的法案等待议会通过时，肯雅塔停掉了地方议会运转所急需的财政开支。到 1964 年 7 月，地区议会的银行账户已经没

---

① Kisiero to Tengut，13 December 1963；KNA DO/ER/2/14/10.

② Ochieng to Kenyatta，9 September 1963；KNA KA/6/28.

③ O"odang"a to Murumbi，22 July 1964；KNA KA/6/33.

④ Kisaka to Kenyatta，4 December 1963；KNA KA/6/33.

⑤ Ole Kimelonganai to Kenyatta，10 September 1963；KNA KA/6/32.

有钱了。东北省政务秘书写道："本地区实际上已经没有任何收入。"① 肯民盟领导层认识到肯雅塔的强势地位，纷纷寻求与政府和解。最终，在 1964 年 11 月底，肯民盟同意与肯盟合并，紧接着宪法修正案正式实施，肯尼亚成为共和国，肯雅塔当上了总统，肯尼亚成为高度集权的一党制国家。

再分配，承认与秩序至上观念

在独立之前，汤姆·姆博亚将关于分权的纷争称作"国家诞生的阵痛"。② 然而，他错了。尽管肯民盟在 1963 年 12 月独立时已经受到沉重打击，但是它与肯盟之间的争论焦点，仍然是此后肯尼亚政治的核心问题。在一项关于 1990 年前外交部部长罗伯特·奥考（Robert Ouko）遇刺案的研究中，戴维·威廉·科恩（David William Cohen）和阿蒂诺·奥德海姆博（E. S. Atieno Odhaiambo）强调"再分配"和"承认"二者之间关系在肯尼亚历史中的重要意义。③ "再分配"和"承认"这两个概念（总是相互关联的）是美国理论家和哲学家南希·弗雷泽（Nancy Fraser）④ 所提出的。弗雷泽认为，在后冷战时代，关于再分配的讨论已经被"认同政治"所取代。用她的话讲，"群体认同取代了阶级利益成为政治动员的主要媒介"。而且，类似于族群这样的认同群体寻求自身诉求获得承认，"取代了社

---

① Civil Secretary North Eastern to Permanent Secretary, Ministry of Local Government, 16 July 1964；KNA DC/GRS/3/7/12.

② Mboya, Challenge, pp. 46 - 47.

③ David William Cohen and E. S. Atieno Odhiambo, The Risks of Knowledge：Investigations into the death of the Hon. Minister John Robert Ouko in Kenya, 1990, Athens, OH, 2004, pp. 28 - 29

④ 南希·弗雷泽（1947—　），当代著名政治哲学家，批判理论在美国的主要代表人物。——译者注

会经济分配，成为纠正不公的办法以及政治斗争目标"①。在肯尼亚最著名历史学家贝斯维尔·奥戈特（Bethwell Ogot）②看来，左翼思潮在全球政治中的衰落，以及在肯尼亚和其他国家所出现的新自由主义兴起，所有这些都标志着"非洲社会主义"旗帜下的再分配目标已经失败。③

在本书中，我们将会看到，肯尼亚领导人鼓励以"承认"，而非"再分配"，作为政治辩论的中心。历史学家穆戈·盖特鲁（Mugo Gatheru）在肯尼亚独立时写道，他期待"在未来的肯尼亚国家，部落主义只是历史记忆，部落不过是仪式组织"。④事实证明，这一希望极其渺茫。精英阶层鼓励肯尼亚人首先并主要以族群方式来思考和行动，因而破坏了稀缺资源的再分配诉求。独立后数月时间，齐贝吉在执政党高层散发了一份讨论未来发展政策的文件。在他看来，新的肯盟政府所面临的关键问题是，"从殖民主义者那里继承了权力的精英，究竟是会用这一权力来推行必要的社会和经济变革，还是会屈服于财富、舒适和地位，从而沦为守旧派？"⑤肯雅塔对于再分配的不宽容，意味着尽管这只是言辞，但它仍然是强有力的。

尽管齐贝吉最初推动再分配，但是在肯雅塔（1963—1978 年）、莫伊（1978—2002 年）和齐贝吉（2002 年至今）三任总统执政时

---

① Nancy Fraser, "From redistribution to recognition: Dilemmas of justice in a 'post – socialist' age", New Left Review, 212（1）（1995）, p. 68.

② 联合国教科文组织《非洲通史》第五卷主编，著有多部肯尼亚史著作，2001 年获美国非洲研究协会"杰出非洲学者奖"。——译者注

③ Bethwell Ogot, *Who, if Anyone, Owns the Past? Reflections on the meaning of "public history"*, Kisumu, 2010, p. 153.

④ Mugo Gatheru, *Child of Two Worlds*, London, 1966, p. v.

⑤ Mwai Kibaki, *Where are we going?* May 1964, 2; KNA MAC/KEN/77/4.

期，政治精英依然顽固守旧。然而，再分配的需求变得更加强烈。正如非洲史学家约翰·伊利夫（John Iliffe）所指出的，在过去半个世纪时间里，撒哈拉沙漠以南非洲已经见证了人类历史上最为迅速的人口增长。[①] 这一人口增长的主要驱动力是现代医学，因为现代医学大大降低了婴幼儿死亡率。肯尼亚人口增长尤为迅速。1950年的肯尼亚人口约为400万，今天则有4000万。尽管人口爆炸的根源在于二战后时期，出生于第一波婴儿潮时期的人口直到1963年独立时才步入成年，并开始参与政治。因此，独立以来的肯尼亚政治史，是一部人口爆炸时代的政治史。

对于任何一位到访肯尼亚的外国人来说，人口爆炸的结果显而易见。尽管在很多外国人的想象中，肯尼亚是与辽阔平原联系在一起的，然而事实上拥挤的城镇令外来者感到震惊。在最为肥沃的地区，其至是农村地区的拥挤程度也快到人口"爆炸"的临界点。而人口爆炸所导致的最明显后果是关于资源的竞争，例如土地、工作或者发展项目的公共投资等方面。但是，人口变革也造成了两种激烈的政治辩论。

政治辩论的第一条线索是年轻人和穷人的抗议。在肯尼亚的不满者、失地者和贫穷人口中间，新生人口占据了绝大多数。由于工作和土地竞争日益加剧，很多在独立之后适值青年的肯尼亚人发现自己被剥夺的，不只是个人尊严和获取资源的眼前机会，而且也包括过上富裕安逸生活的任何希望。由于无法获得工作或者土地，日益增多的中小学毕业生，不得不凭借个人才智和运气来闯出一条生路。非正规经济领域是他们维持生计的唯一希望。1963年以后，他

---

① John Iliffe, *Africans：The history of a continent*, Cambridge, 2007, pp. 251 – 252.

们的愤怒多次爆发，并被谋求私利的政治领袖所利用。然而，精英们限制弱势群体抗议的需要，使得族群在政治生活中的重要性日益增加。政治精英将年轻人的愤怒引向所谓的族群反对派。当代肯尼亚的人口现状也使得保守主义成了政治辩论中的一支重要力量。资源拥有者竭力维持自己的控制，并避免土地、就业、住房和发展资金方面的竞争。

在研究和写作本书的过程中，笔者的一个目标是完善二十多年前的一个想法。1987 年，适值后殖民时代政治压迫达到极致，已故的肯尼亚杰出历史学家阿蒂诺·奥德海姆博描述了他所说的"秩序至上观念"。他认为，肯尼亚领导人一贯认为秩序与稳定是经济增长和发展所必需的。这一对于秩序的盲目崇拜被用来贬损那些对国家发展政策持异见者，同时也容忍国家对于公民人权的侵犯。[①] 这一观点至今仍然具有重要意义。

肯尼亚人和他们的领袖常常称，独立以来的肯尼亚维持着和平与稳定。为达到这一目标，政客们充分利用非洲之角和大湖地区其他国家的政治、经济和人道主义灾难形象。政客们对于这一比较的运用有时甚至达到令人发指的程度。1982 年 6 月，时任宪法事务部长的查尔斯·恩乔恩乔（Charles Njonjo）在议会中抛出将肯尼亚变为一党制国家的宪法修正案，他表示："我们肯尼亚人对于议会中的变化感到高兴，因为肯尼亚信奉民主"，"非洲还有其他地方每五年举行一次选举？没有"。[②] 恩乔恩乔将肯尼亚描述为稳定的"绿洲"，一个由法律和秩序所主导的国家，尽管恩乔恩乔剥夺了

---

① E. S. Atieno Odhiambo, "Democracy and the ideology of order in Kenya", in Michael Shatzberg（ed.）, *The Political Economy of Kenya*, New York, 1987, pp. 177 – 202.

② "Kenya becomes a one – party state by law", *Weekly Review*, 11 June 1982, p. 4.

他们的基本权利。

这些表述甚至在肯尼亚之外也颇具影响力,在 2007 年大选之后的暴力冲突期间,科菲·安南(Kofi Annan)抵达内罗毕主持和谈。他后来曾告诉记者罗格·科恩(Roger Cohen):"我脑中想到的是,肯尼亚不该发生这种事情!我们已经见证过该地区发生过诸多毁灭,例如卢旺达、索马里、苏丹和达尔富尔,肯尼亚一直是难民的安全天堂。突然之间,肯尼亚也陷入泥淖之中!"① 在 2008 年年初暴力冲突期间,肯尼亚人也时常表达出类似态度。这些暴力事件常常被描述为意外,是由选举舞弊所导致的偏差或例外,而非漫长的政治暴力历史的最新呈现。

有关政治压迫的档案记录

本书强调,最近大选后的暴力事件是深层次历史的一部分。本书面向非专业的大众读者。因此,本书将尽可能少地引用二手文献和理论探讨;不过,作为一种弥补,本书还是列出了大量参考文献。然而,本书分析还是受到很多非洲政治研究专家启发,这其中最重要的有罗伯特·贝茨(Roberts Bates)、让-弗朗西斯·巴亚特(Jean-Francois Bayart)、弗里德里克·库珀(Frederick Copper)、斯蒂芬·埃利斯(Stephen Ellis)、杰弗里·赫布斯特(Jeffrey Herbst)和保罗·努根特(Paul Nugent)。笔者更要感谢专门关注于肯尼亚的社会科学家。囿于篇幅,本书只能简略地向以下学者致敬,这其中

---

① Roger Cohen, "How Kofi Annan rescued Kenya", *New York Review of Books*, 14 August 2008, available at: www.nybooks.com/articles/archives/2008/aug/14/ how - kofi - annan - rescued - kenya/? pagination = false.

包括阿蒂诺·奥德海姆博（已故）、戴维·安德森（David Anderson）、布鲁斯·伯曼（Bruce Berman）、尼克·切斯曼（Nic Cheeseman）、戴维·威廉·科恩（David William Cohen）、安琪莉可·豪格鲁德（Angelique Haugerud）、杰奎琳·克洛普（Jacqueline Klop）、约翰·隆斯达尔（John Lonsdale）、加布里埃尔·林奇（Gabrielle Lynch）、苏萨娜·穆勒（Susanne Mueller）、戈德温·穆兰嘎（Godwin Murunga）和戴维·特洛普（David Throup）。关于本书所描述事件，倘若读者更感兴趣于分析性的详细描述，或者试图寻找其他解释，可以阅读以上这些学者的著作。

本书的观点建构主要借用了意大利历史学家卡洛·金斯伯格（Carlo Ginzburg）所说的"镇压的档案记录（archive of depression）"。[①] 本书前半部分运用了大量外交档案。这些档案记录者当时主要依赖一小群知情者，其中有些近于流言蜚语，并且紧盯着相关外国政府的重要战略目标，因此这些档案文献势必存在着诸多问题。外交官们的书信、电报和备忘录主要关注特定问题，例如腐败、政府高层人物和主要丑闻。但是，更为全面的政府档案记录，尤其是1978 年之后的档案记录，在肯尼亚是不存在的。即便存在，研究者们也无法接触到。由于对下文所述争议事件参与者的保留态度，因此内罗毕相关资料的缺失，意味着华盛顿和伦敦的外交档案最接近于所谓的后殖民档案。

本书第二部分在很大程度上依赖于非政府组织的文献资料。对于这些文献，我们也应当审慎对待。公民社会组织，例如教会组织

---

① Carlo Ginzburg, *The Cheese and the Worms*：*The cosmos of a sixteenth – century miller*, Baltimore, 1992, p. xxi.

和异见流亡者组织，它们既是20世纪八九十年代政治权力滥用的积极研究者，同时也是社会变革鼓吹者。这一政治议题必然影响到他们对于这一时期肯尼亚事件的分析叙述。然而，他们所论及的范围以及将自己研究成果公之于众的勇气，这在当时是无人能比的。而且，这些资料的优点远远超过其局限性。

这些文献揭示出后殖民时代政治生活最有意思的一个方面。与本书所描述的腐败和暴力相伴随的，是围绕着这些政治特征所展开的公开坦诚辩论。通过议会质询、司法委员会、相对开放的媒体、教会布道和日常讨论等方式，这些活动同时也是当时公开辩论的主题。然而，统治精英这样行事的能力仍然不受限制。肯尼亚所经历的民主和威权主义双重经历，这是很难解释的，不过我们仍然可以根据"有罪不罚文化（culture of impunity）"来进行理解。在过去多年时间里，人权活动家不断提出这一概念，以重新检讨法律和秩序，并进行持续的宪法改革。"有罪不罚文化"的意思是，由于政府对于警察、司法和选举体系的控制，这使得对于重大案件的惩罚是不可能的，即便引起媒体极大关注和批评。2010年生效的宪法意在解决这些问题，但是究竟能否达到目标，目前仍然难讲。

在一定程度上，档案文献的偏见和基调，也在这里重复出现。他们主要关注由成年男性所控制的正式政治制度，而非处于附属地位的其他男性、妇女和儿童；档案在特定方面所表现出的沉默也显现在这里。本书所运用的档案文献必然使得关注点主要集中在肯尼亚精英阶层。因此，作家必旺加·万尼那（Binyavanga Wainaina）关于当代肯尼亚新闻业的批评也适用于本书："我们的媒体主要关注于政治人物的肥皂剧。因此，肯尼亚如同一个戏剧舞台，我们作为观众欣赏少数人在舞台上表演，然后鼓掌喝彩，哭泣或大笑。"① 这在很大程度上是对于一小群人的描述，他们不过是自独立以来一直生活在这里的上千万肯尼亚人中间的极少数。

不过，本书也有理由关注掌权者及其所控制的制度。本书是一本关于治国理政的著述，如同其他关于独立以来的撒哈拉沙漠以南非洲国家的研究一样，本书也是关于过去五十年来的后殖民国家危机的著作。因此，我们必须重点考虑这一时期控制肯尼亚国家的精英阶层，正如罗伯特·贝茨所说，正是由于他们的所作所为，才使得国家在公民眼中丧失了合法性。掌权精英们并未通过控制议会、总统或者司法机构来保护肯尼亚人民和他们的生活，而是用来攫取资源，这其中最重要的是土地。人们常常将这一危机的症状，包括族群对立和政治暴力，与导致这一危机的原因相混淆。②

在历史上不同时期，肯尼亚不同群体多次质疑国家行为究竟代表何人利益，以及他们缘何与其制度相互作用。这些问题首先是与独立和主权的概念相联系。英国在肯尼亚事务中持续存在的影响力以及南亚裔人口在后殖民经济中的地位，这是 20 世纪 60 年代的关注焦点。由于它有能力让民众分享发展红利，因此这一时期国家合法性是有保证的。这在很大程度上得益于有利的全球经济条件，出口收入有力地支持了公共财政和基础设施领域投资，从而为农业改良、医疗和教育事业发展创造了条件。一旦经济环境恶化，发展不再成为主题，国家的目标本身就遭受质疑。

---

① Binyavanga Wainaina, *Middle ground*, Kwani? 5（2）（2008），p. 17.

② Robert Bates, *When Things Fell Apart*：*State failure in late – century Africa*, Cambridge, 2008.

政治权力与其说是以争夺强大或者合法的国家为基础，不如说起源于对肯尼亚与外部世界的交汇的控制。在独立之时，权力在于调停肯尼亚和英美等更为富裕的西方盟国之间的关系。近年来，这一关系与其说存在于肯尼亚和外国之间，不如说存在于肯尼亚和私人外来投资者以及发展基金捐助者之间。这就是弗里德里克·库珀所说的"守门人国家"。① 后殖民时代的肯尼亚政治，在很大程度上就是精英们为成为守门人而相互争夺，同时又动员足够的民众支持以维持自身权力地位的过程。

自由

肯尼亚人在独立时有着太多期待。对于肯尼亚这样一个复杂多样的国家，1963 年 12 月 12 日的独立日是少有的真正团结的宝贵时刻。肯尼亚每个城镇村庄都以不同方式来庆祝这一节日。维多利亚湖上举行着独木舟竞赛。在蒙巴萨以南的里克尼（Likoni），人们用烟花表演和仪仗队来庆祝肯尼亚独立国家的诞生。在 12 月 11—12 日午夜时分，内罗毕的乌呼鲁公园灯光变暗了。在最后一段的英国国歌声中，英国国旗缓缓降下。一分钟后，伴随着新肯尼亚国歌和二十多万观礼者的欢呼声，新生民族国家旗帜冉冉升起。肯尼亚国旗由黑、红、绿三个横长方形构成，黑色象征着肯尼亚人民，红色象征着为自由斗争而流的鲜血，绿色象征着肯尼亚富饶的农业资源，红色长方形上下各有一白边，象征着统一与和平，国旗中间的盾牌象征着坚决捍卫自由。对于肯尼亚和外国观察家来说，这面新国旗

---

① Frederick Cooper, *Africa Since* 1940：*The past of the present*, Cambridge, 2002, pp. 156 – 190.

意义深远。

北越驻开罗外交使团表示，"越南人民和越南民主共和国政府对于肯尼亚人民在伟大领袖约莫·肯雅塔领导下的解放斗争致以极大的同情和敬意。肯尼亚独立的消息令人倍感鼓舞"[1]。肯尼亚艰难争取独立的过程，为其赢得了其他新独立国家公民的极大同情。印度南部古勒塞格勒普拉（Kulasekharapura）地区中心秘书写道，该中心民众"以极大兴趣学习贵国民众在约莫·肯雅塔先生有力领导下，为对抗英帝国主义和白人君主政体而展开的艰苦卓绝斗争"。"在肯尼亚实现独立的欢庆时刻，"该信继续写道，"我谨代表个人和我们印度的杰出民众，祝愿肯尼亚政府和人民更加进步繁荣。"[2] 对于外国祝福者而言，肯尼亚独立是反思自第二次世界大战结束以来世界变化程度的重要原因。对于肯尼亚人而言，独立不仅意味着自治机会，而且包括未来的繁荣和社会正义。

---

[1] Nhan to Okello, 21 October 1963；KNA KA/4/7.

[2] Moni to Murumbi, 4 November 1963；KNA KA/4/7.

第一章　自由与苦难，1963—1969 年

> 由穆齐·约莫·肯雅塔种下，并由鲜血、汗水和泪水所浇灌的乌呼鲁之树，已经长成参天大树。在肯雅塔领导下，我们正团结迈入崭新的历史阶段，我想这应该是举国上下的共识。
>
> ——奥金加·奥廷加在卢蒙巴研究所肯雅塔雕像揭幕仪式上的讲话，内罗毕，1964 年 12 月 14 日[①]

齐心协力

作为当地政府任命的庆典仪式组织者，平克（Pink）上校对于拉穆（Lamu）的独立庆典感到自豪。平克上校身为财政官员，他充分运用自己的军人背景。这位拉穆的佩特利（Petley）酒店店主相信，这里的活动规模将超过其他更大的城镇。拉穆与首都内罗毕距离遥远，但这并未影响拉穆人的热情。如同这个崭新国家的其他居民一样，这座东北海岸小岛上的居民也积极参与到独立庆典之中。

---

① Lumumba Institute, untitled pamphlet, 1964, 8; KNA MSS/35/2.

1963 年 12 月 11—12 日，拉穆的民众欣赏了足球比赛、盛装游行以及独立时刻的烟花表演。捐赠食物分发到急需帮助的医院病人手中，儿童们分得了糖果，海面上举行着帆船比赛。不过，最令平克上校感到满意的是张灯结彩的海边。在拉穆这样缺电的城镇，这是非比寻常的：一位当地商人慷慨地提供了发电机，这才使得海边能够装点一新。

拉穆的独立庆典取得成功的秘诀，平克上校写道："在于'哈拉穆比（Harambee，意为齐心协力）'这个词。在地区政府专员及其下属英明领导下，各族男女齐心协力，期待使得这一时刻值得永远铭记。"① 独立时的拉穆是新肯尼亚的缩影——这个多种族国家极力通过遵循约莫·肯雅塔的信条"哈拉穆比"来消除历史分歧。

除了这些庆典活动，拉穆居民的日常生活与民族国家、官僚制和国际边界的新时代一点都不沾边。拉穆岛是古老的贸易和社会网络的一部分，而这要比新肯尼亚的民族归属概念早得多。很多的拉穆居民，如同该国其他地方居民一样，不愿意调整旧有网络来适应新国家框架，或者将物资和人口流动控制权拱手让给后殖民国家。此前数十年里，非洲之角民众一直践行着人类学家和政治学家詹姆斯·斯科特所谓的"不被统治的艺术"；为逃脱国家控制和影响，他们跨越人烟稀少、无法有效控制的边境。②

谢里夫·赛义德·阿里·巴斯库提（Shariff Seyyid Ali Baskuti）是典型的肯尼亚北部居民。他出生于索马里基斯马尤（Kismayu）附

---

① Pink，"Independence Day in Lamu and district"，27 November 1963；KNA DC/LMU/2/11/27.

② James Scott，*The Art of Not Being Governed：An anarchist history of upland Southeast Asia*，New Haven，2009.

近一个小岛，1939 年当他还是孩童时，父母举家迁徙到拉穆。到 20 世纪 60 年代中期，他靠着摩托艇维持生计，主要在拉穆和基斯马尤之间运送农产品和消费品，摆渡乘客。根据拉穆地区专员（District commissioner，DC）说法，谢里夫同时还有着更为秘密的航程："他是一个残忍的间谍，国家公敌。"地区专员认为，"应当把谢里夫赶走或者逐回索马里。"① 在肯尼亚独立之前数周时间里，谢里夫将拉穆地区政府官员名单交给名为"希弗塔"（shifta，匪徒）的叛军。在肯尼亚独立之前数周，这支叛军举起了反抗旗帜。这场反叛持续了四年时间，地区专员声称，谢里夫期间将基斯马尤领导层的命令传达给叛军战士，并且在肯尼亚北部和索马里南部一带运送叛军和给养。如同肯尼亚东北部很多人一样，谢里夫对于伴随独立而来的国家建构计划持怀疑态度。倘若说他有民族归属感的话，那也是对于索马里而非肯尼亚的。正是在这两种情感中的某一方面（或者两方面）驱动下，谢里夫，以及千千万万像他一样的人，加入"希弗塔"反叛组织，他们为了将肯尼亚东北部并入索马里而战斗。

反叛参与者付出了惨重代价。这场"低烈度"战争一直持续到 1967 年，近 2000 人因被肯尼亚当局认定为叛军而惨遭杀害。肯雅塔并未为这些被杀者流下一滴眼泪。他起初甚至声称这些叛军压根就不是肯尼亚人。他说这些人是由摩加迪沙（Mogadishu）政府派来的索马里公民，图谋制造混乱，侵占肯尼亚领土。"必须在这些入侵者中留下一个活口，倘若做不到，也要让索马里政府知道这是他们的人。"肯雅塔总理要求道。② 然而，肯雅塔的这番话，纯属自欺欺

---

① DC Lamu to PC（Provincial Commissioner）Coast，24 June 1968；KNA CA/41/3.

② Ruchti to Secretary of State，18 December 1963；POL 2 General Reports & Statistics Kenya，RBAA 1958 – 1966；RG 59；NACP.

人。尽管叛军得到摩加迪沙的支援，但事实上主要是肯尼亚居民。
而且，起来反抗的不仅有索马里人，肯尼亚北部少量的图尔卡纳族
（Turkana）和其他族群成员也加入其中。他们并不关注主权问题，
而是担心国家政策会限制人口流动，并对他们的日常生活造成前所
未有的影响。

起义者所反抗的是整个世界范围内出现的历史进程，当时的欧
洲帝国主义正在走向尽头。世界各地的非殖民化使得关于主权、公
民身份和认同的讨论得以展开。在后殖民世界里，新民族只是这些
不同概念得以表达的一种方式而已。弗里德里克·库珀，非洲非殖
民化研究方面最为著名的历史学家，曾经写道"非洲人所预想的
'想象共同体'大于或者小于民族"。① 在肯尼亚，肯民盟代表着更
小的族群共同体诉求。尽管归属于更大的共同体的概念很容易变味，
但是在独立之时却很受欢迎。很多自豪的民族主义者吹嘘自己是全
球泛非主义共同体的一员，或者认为肯尼亚、乌干达和坦桑尼亚的
独立是实现东非联邦的重要进展。

肯尼亚的很多非非洲裔公民也有着自己更大的共同体。贸易和
家庭网络使得肯尼亚的南亚裔人口与全球移民流动联系起来。一些
肯尼亚民族主义者仇视南亚人在独立之后继续待在肯尼亚，他们认
为这一联系与民族和公民身份概念相悖。因此，南亚人在肯尼亚民
族概念中的地位，一直是后殖民阶段激烈辩论的焦点。肯尼亚当时
有大约 17 万亚洲人。由于害怕被流放，而且担心财产国有化，其中
的 3 万人在独立之后选择离开，尽管流放或财产国有的情况只是偶

---

① Frederick Cooper, "Conflict and connection: Rethinking African colonial history", A-
merican Historical Review, 99 (5) (1994), p. 1519.

然出现。沿海的阿拉伯人同样意识到他们与印度洋西岸亲属之间的
联系。1967 年，中东地区的六日战争（Six Day War）爆发后，拉穆
的阿拉伯人涌入商店购买收音机，为的是收听最新战况，"有些人则
希望应征入伍，有人希望募集钱款来帮助中东地区兄弟"①。在新独
立的肯尼亚民族国家，有些人认为自己同时隶属于不同群体，但很
多公民压根不认为自己是肯尼亚人。

希弗塔

新国家的内部边界以及中央与地方的权力分配很快就确定下来，
倘若在 1963 年，这是很多人连想都不敢想的。很多人原本担心分权
问题会引发大规模暴力，然而这被证明毫无根据。然而，关于新设
立的东北部行政区以及海岸和东部这两个行政区北部的命运问题，
肯尼亚政府未能成功解决。正如邓肯·恩代格瓦在回忆录中所写，
对于掌权者来说，似乎"挑战是在北部地区"②。索马里人不容忽
视。尽管索马里人在独立时只占到肯尼亚 800 万人口的 1%，但是他
们所居住领土占肯尼亚总领土的五分之一。内罗毕新政府不愿意将
这片领土拱手让给索马里国家，因此在此后四年时间里，肯尼亚安
全部队试图制服叛军。

殖民统治经历使得北方的索马里人不能信任政府官员，或者对
肯尼亚政治实体有任何好感。作为殖民利益的边缘，干旱少雨的北
方在英国统治下并未受到重视。殖民官员满足的只是维持秩序，很
少在发展方面做出努力。然而，肯尼亚北部的索马里人明显感受到

---

① DC Lamu, Lamu District Security Report 16 June–30 June 1967, 4; KNA CA/41/1.
② Ndegwa, *Walking*, p. 349.

邻近的独立国家索马里和"大索马里"概念的吸引力。对于分布在埃塞俄比亚、肯尼亚、吉布提和索马里的索马里族人来说，"大索马里"是将他们团结起来的旗帜。这一概念最早是由英国殖民官员所提出的，二战后英国外交大臣厄内斯特·贝文（Ernest Bevin）出于经济因素考虑而重新强调这一概念。[①]

在贝文声明发布之后数年时间里，"索马里统一"的观念在索马里人中间逐渐深入人心。1960 年，英属和意属索马里兰合并组成索马里共和国，当时还希望法属索马里，也就是现在的吉布提也能加入其中。这一年底，北方省人民进步党（Northern Province People's Progressive Party，NPPPP）在肯尼亚北部成立，宣称要从英国殖民地独立出来。事实证明，北方省人民进步党颇受欢迎，它在 1961 年选举中赢得绝大多数索马里人支持。1962 年 3 月，肯尼亚索马里人领袖明确表示，他们"是单一索马里民族的成员"。[②] 然而，内罗毕民族主义者对此无动于衷。

无论是肯盟还是肯民盟，他们都不愿意在肯尼亚领土完整问题上妥协。为支持自己的观点，他们引用地区组织非洲统一组织（Organisation of African Unity，OAU）协定。为了避免再度发生类似刚果（金）的冲突，该协定规定独立国家不得调整殖民边界。肯尼亚民族主义者之所以希望控制北部，也是由于现实原因。正如 1963 年 5 月

---

① Ernest Bevin, "Mr. Bevin's proposal", in Catherine Hoskyns (ed.), Case Studies in African Diplomacy, Number II: *The Ethiopia – Somali – Kenya Dispute* 1960 – 1967, Dar es Salaam, 1969, p. 9.

② Somali Government, "A people in isolation: Statement by the Somalis of the Kenya Northern Frontier District, March 1962", in Hoskyns, Case Studies, p. 21.

美国驻内罗毕领事所报告的，"石油所带来的期待起着重要作用"①。尽管勘探工作持续至今，这些预期仍未能实现。然而，正如英国国会议员和肯尼亚北部前殖民官员利顿（Lytton）勋爵在 1963 年所评论的，"争论焦点并非石油"②。对于肯盟而言，拒绝讨论北方自治，这符合它在分权问题上一贯坚持的中央集权政策。倘若赋予东北省某种形式的自治，那么裂谷省的自治也将更加难以拒绝。而且，独立的真正战利品是裂谷省和欧洲移民所腾出的土地，而不是北方地区。

因此，肯盟强烈反对索马里分裂。1963 年，由奥廷加所领导的驻非洲统一组织代表团发布声明称："我们肯尼亚人绝不会向索马里部落主义者让出一寸土地，这一点是毫不妥协的。"③ 尽管英国所做的调查表明，肯尼亚北部希望分裂出去，但是肯盟立场占了上风。④ 英国政府为了确保肯尼亚的欧洲移民农场主利益，因此，在同肯尼亚的民族主义代表团谈判期间，英方做出妥协，接受了肯盟在索马里问题上的立场。

对于肯尼亚继续统治北方地区的前景，北方省人民进步党和索马里政府感到愤怒。为了遏制日益高涨的抗议浪潮，殖民政府逮捕了北方省人民进步党的三名领导人，并在 1963 年 3 月和 5 月将他们隔离到偏远地区。同年年底，德格·马利姆·斯塔穆卜（Degho

---

① Vass to Secretary of State, 18 May 1963；POL Political Affairs Kenya, RBAA 1958 – 1966；RG 59；NACP.

② Hansard, House of Lords Debate, 3 April 1963, vol. 248, c. 603.

③ Kenyan delegation to the African Summit Conference, "Memorandum submitted to the conference by the Kenya Delegation and entitled Pan African Unity and the NFD Question in Kenya", in Hoskyns, Case Studies, p. 39.

④ Northern Frontier District Commission, Kenya：Report of the Northern Frontier District Commission, London, 1962, pp. 18 – 19.

Maalim Stamboul），该党总书记也被逮捕。斯塔穆卜的父亲，马利姆·穆罕默德·斯塔穆卜（Maalim Mohamed Stamboul）酋长随后被指控组织东北省叛乱。6 月份，肯盟上台后发誓绝不让出独立果实。然而，要求分裂的呼声日渐高涨。在写给伦敦的殖民大臣的电报中，北方省人民进步党莫亚莱（Moyale）支部称，独立后的肯尼亚统治是一种"新形式的帝国主义。我们要求立即分离"。① 电报和抗议很快就升级为反叛。

这场反叛得到索马里政府的一定支持。"我们说着同样的语言，"1962 年索马里总理阿布迪拉希德·阿里·舍马克（Abdirashid Ali Shermarke）说道，"我们有着共同信念、文化和传统。我们怎么能将我们的兄弟视作外国人？"② 因此，肯尼亚的希弗塔战士获得索马里人的轻武器援助，这些是索马里人从亲密盟友苏联那里大量获得的。在冲突持续的四年时间里，希弗塔运用这些武器针对肯尼亚武装力量、警察和政府官员发动零星攻击。1964 年 2 月 10 日晚，希弗塔战士针对加巴图拉（Garba Tula）警察哨所发动袭击，类似这样的小规模袭击是希弗塔战争的典型案例。在加巴图拉，"希弗塔暴徒从近距离开火"，"警察予以反击，双方交火持续了一个小时，不过双方均无伤亡"。希弗塔小队在交火后不久逃离，带走上百头骆驼，这些都是该地区的放牧人丢失的。③ 这场冲突只能算是零星战斗：一方是小规模的士兵和警察；另一方是规模不大的希弗塔小队。

在这些零星冲突中，双方都有所伤亡。这场战争尽管规模小，

---

① Progressive Party to Secretary of State for the Colonies, 22 July 1963；KNA GO/3/2/81.

② John Drysdale, "The Somali way of life", in *Hoskyns, Case Studies*, p. 2.

③ Office of the Director of Intelligence and Security to Civil Secretary Eastern, 15 February 1964, 18－19；KNA BB/1/156.

但是极为肮脏。针对无辜平民的暴行时有发生。1966 年 5 月 6 日，加巴图拉的政务专员（District Ofiicer）格瑞肖姆·马贾尼（Gerishom Majani）接见了当地副酋长（sub-chief）（地方政府机构的一部分）所率领的代表团。代表们指控肯尼亚士兵，指责他们在加巴图拉附近的库拉玛维（kulamawe）杀死了 3 个当地人。马贾尼亲自前往调查，发现当地人指控属实，死者中甚至包括一名 7 岁女童。士兵用过的来复枪弹夹被随意丢弃在居民家中地板上，这是肯尼亚军队的常见装备。① 不过，希弗塔士兵也不见得多受欢迎。1965 年 3 月，一位名叫俄科托伊·恩噶鲁普（Eketoei Ngalup）的当地人，被迫在位于库比图尔卡纳（Kubi Turkkana）的家中接待路过的叛军，他后来回忆道："四名希弗塔士兵来抢我的牛。我还被迫帮他们从中找出九头肥壮的……他们要我闭嘴，如果我敢说个'不'字，就会被希弗塔杀死。"② 恩噶鲁普的一位邻居也说："他们反复威胁我们，尤其是当这群匪徒刚进来时。"③ 由于叛军士兵们只能从索马里人那里得到零星供给，他们不得不在两国边境上穿梭游击，靠搜刮当地农民谋生。

当地行政官员和治安官所采取的措施，并未赢得索马里人支持。希弗塔小队活跃地区被宣布为禁区，在禁区内发现的任何人都遭逮捕，倘若村庄周围有希弗塔活动而未上报政府，那么该村庄所有人都将遭受惩罚。政府还强迫索马里人在新建村庄里定居，这些村庄四周围绕着警察哨所，这是借用殖民政府的惯用手段。按照平叛专家的说法，到 1967 年，大约 10% 的东北省和邻近东部省北部地区人

---

① DO Garba Tula, untitled statement, May 1966；KNA/DC/ISO/4/7/14.

② Sworn statement by Eketoei Ngalup, undated；KNA DC/ISO/4/7/14.

③ Sworn statement by Lokui Longomo, undated；KNA/DC/ISO/4/7/14.

口实现"村落化"。当地官员告诉东北省的索马里人，新村庄意在帮助他们"放弃游牧生活方式，帮助当地民众，这样他们就可以在有着学校、医疗设施和治安保障等生活设施的村庄生活"。① 事实上，政府承认这一索马里人转移安置计划目的是"消除希弗塔活动"。② 通过切断希弗塔小队的粮食和情报供应，并将当地人口置于监视之下，政府希望凭借这样的新村庄来消灭叛军。长远来看，肯尼亚政府希望这些村庄"真正能使得游牧人口'恢复'定居生活"。③ 然而，当地人口对于村庄化毫无热情。相反，成千上万的索马里人为躲避村庄生活而逃离这一地区。

20 世纪 50 年代，殖民政府针对茅茅运动所采取的村庄化措施导致了灾难性后果。肯尼亚政府针对希弗塔所采取的手段极为相似。英国军队的介入极大地影响到希弗塔战争的性质。英国为肯尼亚政府军提供后勤和技术支持，并且为肯尼亚军官提供培训。而且，很多卷入冲突之中的官员此前有着反茅茅运动的经历。1966 年 4 月，约翰·穆布鲁（John Mburu）被任命为东北省省专员（provincial commissioner），他最早是在 1956 年因为平叛而被招募进入殖民地政府。东北省省专员艾利乌德·马希胡（Eliud Mahihu）是从 1953 年进入殖民地政府，他曾经在茅茅战争中从事宣传工作。

很多的新政府官员与殖民前任有着类似的偏见和态度。J. S. 纳瑞布（J. S. Naribo），是一名负责监管东北省发展计划的社会发展官

---

① Kenya Government Information Services North Eastern Province （NEP），Garissa Handout，13 July 1966；KNA PC/GRSSA/3/21/1.

② Ministry of Economic Planning and Development，*Development in North – Eastern Province and Isiolo and Marsabit Districts of Eastern Province*，1967，1；KNA AE/19/34.

③ DC Mandera，Mandera District Annual Report 1967，3；KNA PC/GRSSA/3/3/3.

员，他在 1966 年 8 月指责索马里民众"游手好闲"。① 该月早些时候，两名地区官员声称索马里人喜欢"他们的牲畜更胜于自己的子女"。② 肯雅塔也曾经评论说，索马里人"几乎连香蕉都不会种"。③ 当地发展速度缓慢也不利于改善索马里人对于内罗毕政府的看法。到 1967 年，该地区总共只有两所中学。由于殖民和后殖民国家历史上的忽视与偏见，因此很多索马里人对于肯尼亚毫无忠诚感可言，这也就不足为奇了。

肯尼亚与索马里、埃塞俄比亚、苏丹和乌干达等国接壤。肯尼亚国家权威合法性甚至还未到达边界地区就已消逝。1964 年 9 月，一名驻扎在加里萨（Garissa）的公务员吃惊地发现，该镇很多公民向他打招呼时候竟然问道："你好！肯尼亚现在怎样？"他写道："这里的人认为塔那（Tana）河对岸才是'肯尼亚'。"④ 整个战争期间，肯尼亚官员承诺打败叛军之后，将会为当地提供发展资金。"想要去索马里的人，可以卷铺盖走人，"1966 年 4 月新任省专员在抵达加里萨之后告诉群众，"对于有志于建设肯尼亚的人，我们表示欢迎。他们实现自己所在省的文明开化的努力应当得到鼓励。"⑤ 这些承诺并未兑现。战争结束后情况并未发生任何变化。

由于肯尼亚盟友不愿意提供扩大战事所需的军火，而索马里政

---

① Kenya Government Information Services NEP, Garissa Handout, 24 August 1966; KNA PC/GRSSA/3/21/1.

② Kenya Government Information Services NEP, Garissa Handout, 16 August 1966; KNA PC/GRSSA/3/21/1.

③ Ferguson to Secretary of State, 21 June 1967; POL Kenya – Somalia, Central Foreign Policy Files 1967 – 1969（CFPF 1967 – 69）; RG 59; NACP.

④ Ruora to Permanent Secretary, Ministry of Information, Broadcasting and Tourism, 9 September 1964; KNA DC/GRS/2/7/14.

⑤ Kenya Government Information Services NEP, Garissa Handout, 27 April 1966; KNA PC/GRSSA/3/21/1.

府则由于北部的经济危机而无法继续支持叛军，因此双方被迫于1967 年坐下来谈判。在赞比亚总统肯尼思·卡翁达（Kenneth Kaunda）斡旋下，双方于 10 月份达成和平协定，承诺尊重肯尼亚主权。索马里对于战争的介入宣告结束。摩加迪沙几乎立即停止了物资供给。"索马里政府刚刚突然中断粮食和装备供应。"一名叛军士兵在被捕后告诉肯尼亚审讯官。由于战事无法继续，叛军不得不接受肯尼亚政府的赦免并投降。

到 1968 年 1 月，肯尼亚北部几乎重新归于平静。至关重要的牲畜交易重新开张，战前的人口和商品的跨境自由流动也得以恢复。在曼德拉镇（Mandera），当地地区专员报告说，边境两边索马里人在布拉哈瓦（Bulla Hawa）"每天自由来往，购买店铺商品和其他必需品，这让他们回想起紧急状态之前的旧有贸易关系"。[1] 到 9 月份，拉穆也恢复平静。当地地区专员写道："局势正恢复正常。"[2] 然而，和平并未真正恢复，索马里人远未与肯尼亚政府达成和解。

肯尼亚北部局势仍不稳定。希弗塔士兵投降时并未交出手中武器。正如一名被捕的希弗塔战士告诉肯尼亚安全部队，"所有希弗塔将武器交给索马里人"[3]。这些武器被用来武装牲畜劫掠者和其他犯罪分子，并被用在两国边境上。索马里人对于肯尼亚政府的感情也没有改观。按照 1971 年担任南加里萨议员的阿布迪·哈吉·阿赫迈德（Abdi Haji Ahmed）所说，内罗毕政府"不管我们的死活"。"我们没有学校，"阿赫迈德抱怨道，"我们没有供水。他们并未原谅我

---

① DC Mandera, Monthly Report, January 1968, 1；KNA PC/GRSSA/3/21/25.

② DC Lamu to PC Coast, 20 September 1968；KNA CA/41/3.

③ Modogashe Police Station to Divisional Police Headquarters, Isiolo, 8 December 1967；KNA DC/ISO/4/7/14.

们的希弗塔反抗，我们仍然被视作外来人。"独立以后的肯尼亚经济增长并未对东北省产生影响。"倘若得不到任何财富，那么我们生活在富有的肯尼亚又有什么好处？"阿赫迈德问道。① 在希弗塔战争占据了索马里人注意力的同时，其他地区的肯尼亚人也在追问着同样问题。

自由与苦难

1964 年 1 月 16 日，刚独立一个月时间，内罗毕街头举行了一场公共集会，这与此前欢庆殖民统治结束的集会有很大不同。这次集会参与者并非去年 12 月成千上万的庆祝者，而是 500 名对于新政府处事方式不满的抗议者。政府当初承诺通过民族解放而实现社会解放。在这些集会者看来，这样的承诺纯属虚妄，因为他们根本找不到任何工作。对于这些抗议者来说，肯盟的口号"自由与工作"（*Uhuru na Kazi*）听起来如同一个冷笑话。这些走上街头的人高呼着"自由与痛苦"（*Uhuru na Taabu*）的口号。他们要求部长们卖掉他们的豪车，把车钱分给肯尼亚社会中急需帮助者。这是再分配政治要求的明确表现，而这很快成为此后五年时间里政治辩论中的常见说法。然而，重新分配呼声遭到有力回应：政府禁止在内罗毕和其他主要城镇举行集会，意在避免再次发生类似的抗议活动。②

起初，抗议群众在政府中得到支持。在独立后第一届政府中，副总统奥金加·奥廷加、信息广播与旅游部长阿钦·奥尼科和教育

---

① Memorandum of conversation between Abdi Haji Ahmed，John Atchley and Robert Black-will，6 May 1971；POL Kenya 1970，Subject Numeric Files，1970 – 1973（SNF 1970 – 1973）；RG 59；NACP.

② Imray to Hickman，25 January 1964；TNA：PRO DO 213/65.

部副部长比尔达德·卡吉亚都是再分配的强烈支持者。然而，他们逐渐遭到边缘化。无论对于前殖民宗主国，还是冷战中的超级大国来说，他们同姆博亚和肯雅塔等人在发展政策上的斗争，都是极为重要的。伊丽莎白·施密特（Elizabeth Schmidt）认为，冷战在非洲是"独立进程动力"的一个基本部分，它导致了当代非洲"强烈的反民主和领导危机"。[①] 1963 年至 1969 年间，肯尼亚政治与全球局势密不可分。相应地，冷战也对该国政治打下了深刻烙印。

这首先是从肯尼亚领导人寻求外国支持者资助的政治运动开始的。领导人纷纷找到与自己在独立和发展问题上观点最接近的捐助者。奥廷加或许从来都不是共产主义者，但是他致力于再分配经济政策："我明白，共产主义国家强调的是人人皆得食。倘若这是共产主义的含义，那么共产主义就没什么错。"[②] 他因此寻求苏联、中国及其盟友的支持。姆博亚从来都不是美国的忠实朋友，他尤其对于美国在刚果的行动持批评态度，但是他信奉美国的自由价值观念，相信外国私人投资作为经济增长催化剂的重要性。他希望美国"将其所信奉的这些理念付诸实践，践行美国革命的教义，而非只是夸夸其谈"。[③] 肯雅塔则乐意让英国在肯尼亚继续发挥影响力。在独立之后关于发展的激烈辩论中，所有这些国际联系为肯尼亚人提供了话语和资金支持。

---

① Elizabeth Schmidt, Cold War and Decolonization in Guinea, 1946 - 1958, Athens, OH, 2007, pp. 4 - 5.

② Odinga, Not Yet Uhuru, p. 296.

③ Mboya, speech delivered at Africa Freedom Day rally, 17 April 1961; KNA MAC/KEN/70/1.

肯尼亚的冷战

抗议者高呼"自由与苦难"口号走上内罗毕街头，这距离奥廷加后来所说的肯尼亚冷战开始仅仅过了四天时间。[①] 1 月 12 日，岛国桑给巴尔发生政治和社会革命。对于肯尼亚的保守派领导层及其在伦敦和华盛顿的国际支持者而言，邻近岛国剧变让他们感受到东非社会中不满的社会下层的力量。在肯尼亚情报部门看来，桑给巴尔革命似乎"为共产党控制该岛创造了机会"[②]。1964 年年初，革命不断加剧东非各国政府不安全感。与此同时，坦噶尼喀、乌干达和肯尼亚军队发生哗变。肯尼亚兵变发生在纳库鲁附近的拉内特（Lanet）军营，士兵们抗议薪酬过低，反对英国继续在军队中保持影响力。坦噶尼喀和肯尼亚的兵变都是小规模的，并且都在英国军队干涉下归于失败。概括起来，这些兵变和桑给巴尔革命揭示出，刚刚实现非殖民化的东非国家难以抵御冷战浪潮的冲击。

为在冷战浪潮中找寻出路，肯雅塔政府在整个 20 世纪 60 年代坚持不结盟，至少在口头上如此。用肯雅塔的话讲，"我们拒斥西方资本主义和东方共产主义，为自己选择了积极的不结盟政策"[③]。"不结盟"是一个崇高梦想，但是却并不适合肯尼亚独立时严峻的国际环境。美国对于桑给巴尔革命感到震惊，因为这似乎给共产主义力量在该地区提供了一个立足点。在 1965 年亚非峰会之前，中国和

---

① Odinga, Not Yet Uhuru, p. 279.

② Director of Intelligence, Weekly Intelligence Report, 31 March – 6 April 1964, 1; KNA BB/1/156.

③ Republic of Kenya, African Socialism and its Application to Planning in Kenya, Nairobi, 1965, p. i.

苏联卷入了新独立国家领导权的争夺。而且，中国试图结束国际孤立地位，并赢得像肯尼亚这样的新独立国家的官方承认。肯尼亚的确也承认了中华人民共和国，而非台湾。

为应对这些相互冲突的利益，独立仪式刚刚结束，肯尼亚的部长级代表团就着手改善与很多地区和国际层面的国家与机构之间的关系。这其中包括1963年圣诞节前夕派往美国的代表团。代表团中除了奥廷加外，还有肯雅塔最信赖的顾问们，包括约瑟夫·穆隆比。穆隆比父母分别是马赛人和果阿人（Goan），他在刚独立时被任命为政府部长。穆隆比早年曾在印度接受教育，是肯盟中少有的熟悉索马里和索马里社会的人，他曾经在两国边境生活十年之久。美国方面对于代表团人员构成感到满意，特别是因为其中包括了亲英的检察总长查尔斯·恩乔恩乔（Charles Njonjo），以及肯雅塔亲戚、毕业于斯坦福大学的卫生部长恩乔罗格·蒙盖（Njoroge Mungai）。陪同部长们出访的还有一位外部事务部（Ministry of External Affairs）年轻公务员罗伯特·奥考。穆隆比对纽约投资者们的演讲透露了此行基调。他向这些投资者保证："你们的投资将是安全的。我们必须允许商人们谋利，企业也将不会被国有化。"① 虽然肯雅塔政府有不结盟和非洲社会主义言论，但是它总体上是亲西方、亲资本主义的。美国之行只是巩固了肯尼亚新领导人和美国决策者以及商界领袖之间已有的密切关系。

在很大程度上，这些关系是美国所提供的规模庞大奖学金计划的结果，大量的肯尼亚学生借助这一计划得以前往美国接受高等教

---

① "Kenya official assures U. S. on investments, trade", *New York Times*, 20 December 1963, p. 43.

育。20 世纪 50 年代末，随着英国政府与肯尼亚民族主义者的宪法谈判加速推进，人们开始关心公务员资格问题。殖民者对于教育的忽视意味着，肯尼亚缺少充足的大学毕业生来填补英国官员撤退后所留下的职位空缺。为解决这一问题，姆博亚和他在肯尼迪基金会（Kennedy Foundation）以及美国国务院里的支持者制订了一项名为"空运"（airlift）的计划：为肯尼亚学生确立了一项庞大的奖学金和旅行资助计划，使得肯尼亚学生能够就读于美国大学。到 1960 年，超过 200 所美国大学加入这一计划①，此后直至 1965 年，这些学校共接纳了超过 1000 名肯尼亚学生。②

在访美结束后，另一个代表团于 4 月份和 5 月份分别飞赴中、苏两国，这其中也包括奥廷加。正如姆博亚早已奠定肯尼亚与美国友好关系基础一样，奥廷加早在独立之前已经同莫斯科和北京建立联系，代表团在苏、中两国受到热情款待。在莫斯科，肯尼亚政府同苏联签署协议，苏联提供资助建设拥有 200 张病床的医院和技术学院。③ 中国政府同意提供人力、技术专家以及价值 1500 万美元的优惠贷款来资助塔那（Tana）河流域的大型灌溉项目。④ 这些协定使得一些肯尼亚政府官员和西方外交官感到担忧，因为奥廷加并未得到缔结这类协定的授权。⑤

而英国则对于威胁到它在肯尼亚影响力的任何迹象都极为敏感。

---

① Tom Mboya, Freedom and After, Nairobi, 1986, p. 143.

② Nalle, "Problems relating to Kenya students in the United States", 5 November 1965; EDX 10 Educational and Cultural Exchange, Foreign Student Program (Student Incident); RBAA 1958 – 66; RG 59; NACP.

③ Joint Soviet – Kenyan Communique, April 1964; KNA MAC/KEN/89/7.

④ Garvey to Butler, 27 May 1964; TNA: PRO DO 213/214.

⑤ UK High Commission Nairobi to Commonwealth Relations Office, 19 May 1964; TNA: PRO DO 213/214.

伦敦和内罗毕高级专员公署关注于保护私人利益和欧洲移民农场主的处境。他们也对于持有英国护照的南亚人从肯尼亚大规模移民英国的征兆感到恐惧。在英国人眼中，肯雅塔是最佳的利益保护者，也是肯尼亚政治经济稳定的最佳保证。英国与新政府缔结了一系列协定，以保护肯雅塔免受内外威胁。其中内容最为广泛的协定是防务方面的。英国军队获准使用蒙巴萨港口设施、肯尼亚山地区的步兵训练和飞行的权限，而肯尼亚政府则承诺向英国供应商购买国防装备。作为回报，英国为肯尼亚军队提供培训和装备，并承诺在发生骚乱或者苏联支持索马里入侵情况下提供援助。①

由于这些协定，英国在肯尼亚独立之后仍旧维持着对于安全部队的影响力。在 300 名英国军事训练官中，其中一半穿着肯尼亚陆军制服，他们与肯尼亚军队一道分赴全国各地。英国军官领导组建起伞兵连，肯尼亚空军高级军官接受英国同事领导，而英国皇家空军继续留在肯尼亚帮助平定希弗塔叛乱。理查德·卡特林（Richard Catling）在独立后的头一年继续担任警察总监，此后被副手刘易斯·米歇尔（Lewis Mitchell）所取代。近 300 名英国警官一直服役到 1965 年年底。

英国在内阁中也有密友，其中最主要的是恩乔恩乔，他早年曾在伦敦的格雷律师学院（Gray's Inn）受训成为律师。恩乔恩乔出现在公共场合时从来都是身着细条纹西装，扣眼插着一枝玫瑰，他的这身装扮为他赢得了"查尔斯爵士"的绰号。恩乔恩乔不仅享受英伦裁剪技艺，而且与英国外交官保持着密切关系。他与前后数任英

---

① Cabinet Joint Intelligence Committee, *The outlook for British interests in Kenya up to 1975*, 27 May 1970, 2; TNA: PRO PREM 15/509.

国高级专员关系密切，并且是一名虔诚的英国圣公会教徒（Angli-
can）。他对于所有英国事物都极富热情。英国外交部评论道："一个
流行的笑话说，检察总长的办公室将是非洲化的下一个目标。"① 布
鲁斯·麦肯齐（Bruce McKenzie）是恩乔恩乔在政府中的盟友，他是
英国在肯尼亚政府中维持影响的主要支柱。麦肯齐出生于南非德班
（Durban），因第二次世界大战时在地中海战区作为飞行员表现英勇
而成为战争英雄，1946 年麦肯齐迁往肯尼亚。他在纳库鲁地区经营
农场，后来成为肯盟政府理想的农业部长人选，当时肯雅塔希望平
息移民农场主和英国政府的恐惧。甚至有消息称，他可能也是一名
英国和以色列的特工。②

　　其他侨民被肯尼亚人称作"再生者"（retreads），这些人成为多
个政府部门高层公务员。在政府之外，依然能够感受到英国影响。
《东非标准报》（East African Standard）编辑肯尼斯·博尔顿（Ken-
neth Bolton），同时也是恩乔恩乔和麦肯齐的朋友，他常常根据英国
高级专员公署（British High Commission）提供的材料刊登有关共产
主义渗透的文章。③ 博尔顿在与政治相关的社交场合十分活跃，这让
他妻子感到不舒服，因为英国高级专员公署认定她过去是一个法西
斯主义者。一名外交官说，"在黑人和白人共同参加的聚会上，她总
是穿着白色长袍，避免与非洲人握手接触"④。在英国侨民与肯尼亚

---

① Foreign and Commonwealth Office, "Leading personalities in Kenya", 1972, 5; TNA:
PRO FCO 31/1192.

② Richard Dowden, Africa: Altered states, ordinary miracles, London, 2008, p. 44;
Pat Hutton and Jonathan Bloch, "How the West established Idi Amin and kept him there" in Ellen
Ray, William Schaap, Karl van Meter and Louis Wolf（eds）, Dirty Work 2: The CIA in Afri-
ca, London, 1980, p. 177.

③ MacLaren to Ure, 17 March 1966; TNA: PRO FO 1110/2090.

④ MacLaren to Ure, 14 August 1965; TNA: PRO FO 1110/1967.

盟友的关系中，像这样类似于殖民主义顶峰时代的极端种族主义极为罕见。

"双 O"

英美两国外交官认为奥廷加最有可能对他们与肯尼亚政府关系构成威胁。这些外交官将奥廷加称作"双 O"（Oginga Odinga），他与苏联和中国方面保持着密切关系。然而，这一伙伴关系并非不可避免。在独立前数月，内罗毕的一位英国官员说道："奥廷加和他的人既不理解也不同情马克思列宁主义意识形态。"该官员认为"除了反帝国主义口号之外，甚至是当他们自己谈话时，也不运用典型的马克思主义概念"。[①] 奥廷加加强与共产主义大国的关系，这更多是因为需要强有力的外国庇护者。他起初找到美国人，但是在姆博亚要求下，美国拒绝了他的请求。直至高级专员麦克唐纳抵达之前，英国盟友主要是肯民盟。因此，奥廷加转向共产主义国家。1963 年，据英国人说，奥廷加从共产主义政府那里得到"数十万英镑"。[②]

奥廷加并不否认与共产主义国家的密切关系。他将自己与共产主义国家的关系描述为"以相互理解"为基础的友谊，这意味着"我在俄国、中国或者美国的朋友可以接受我的礼物，而我也可以接受他的礼物或者其他援助"。[③] 他对于学生奖学金尤其感兴趣，因为这可以为他提供营造恩庇网络所需资源，从而与姆博亚的美国奖学

---

① "Indication of an early swing to left in Kenya", 12 August 1963, 4；TNA：PRO FO 1110/1704.

② Ibid. .

③ Oginga Odinga," Let the people of Kenya, Africa and the world know", unpublished pamphlet, June 1962, p. 10.

金计划相抗衡。独立前夕，总共大约 400 名肯尼亚人在共产主义国家学习。一般认为，到 1965 年年初有将近 1900 名肯尼亚人或者正在共产主义国家学习，或已经学成回国。①

奥廷加的奖学金计划令西方外交官和肯尼亚政府某些部门感到不安。他们搜集到相当多证据表明，这些被派遣到东欧和中国的留学生通常接受的是军事教育，而不是纯粹的学术训练。1965 年，肯尼亚驻苏联大使不清楚究竟有多少同胞在他们这里学习。他告诉美国同事，很多人"在独立之前通过'走后门'来到苏联，还有很多人不是正式通过设在内罗毕的奖学金委员会，而是通过其他渠道源源不断进入"。② 由于相关信息缺失，肯尼亚政府对此极为担心。政治保安处（Special Branch）认为，大约 300 名学生在接受的训练中"明确宣称要通过暴力推翻非共产主义国家政府，由此可以推断，他们所接受的军事训练是以此为最终目的"。③ 奥廷加后来声称，这些计划得到肯雅塔同意，因为"国家独立之前，英国不同意提供培训非洲军官的机会"。④

由于肯雅塔牢牢掌控着公务员系统，从共产主义国家学成归来的大学毕业生发现在国内很难找到工作。完成军事课程的学生被排斥在肯尼亚军队门外。⑤ 肯尼亚政府还怀疑其他一些人在国外时已经

---

① Barclay to Armitage – Smith, 23 September 1963；TNA；PRO FO 1110/1704；Ure to Simmons, 16 March 1965；TNA；PRO FO 1110/1967.

② Wortoel to Secretary of State, 16 September 1964；POL 2 Kenya Political Affairs & Relations, Kenya – USSR；RBAA 1958 – 1966；RG 59；NACP.

③ Kenya Police Special Branch, Weekly Intelligence Report, 17 – 23 March 1964, 2；KNA BB/1/156.

④ Odinga, Not Yet Uhuru, pp. 277 – 278.

⑤ Director of Intelligence, Special Branch Weekly Intelligence Report, 14 – 20 September 1965, 1；KNA BB/1/158.

被洗脑。1965 年 5 月，政治保安处警告说：

> 越来越多的年轻人被灌输马列主义原则，他们准备采取极端措施来确保"人民政府"不被"资本主义"或者"帝国主义傀儡"所推翻……这些年轻人的存在使得针对敌手的可能的暴力威胁成为现实。[①]

相比之下，从美国归来的留学生则在政府公务机构和非洲化的私营商业领域任职。结果形成了一支由大学毕业生所组成的干部队伍，他们聪慧过人而又心怀不满。尽管他们可能是同情奥廷加，但是在回国后被排斥于政治权力之外，这使得他们相信应当支持肯盟的激进派。

独立后，奥廷加并未试图平息美英两国的紧张情绪。正如华盛顿所认为的，1964 年至 1965 年间，中国对于奥廷加的影响逐渐增强。内罗毕的中国使馆越来越激烈地抨击美国及其在肯尼亚政府中的盟友。而且，美国使馆害怕，此前一向由奥廷加的亲密盟友奥尼科所掌管的国营广播和信息服务部门"现在很大程度上落入了苏联或者捷克手中"。[②] 英国外交官担心的是，奥廷加会把侨民从安全部队中有影响的职位上驱逐出去。奥廷加驱逐军官伊恩·亨德尔森（Ian Henderson）的举动引起了极大震惊，这位军官因为参与镇压茅茅运动而臭名昭著。尽管奥廷加后来声称自己是在肯雅塔授意下行

---

① Director of Intelligence, Special Branch Weekly Intelligence Report, 27 April – 3 May 1965, 1；KNA BB/1/158.

② Nalle, "Countering Chicom intrusion：Kenya", 18 May 1965；POL 2 Kenya Political Affairs & Relations, *China – Kenya Relations*；*RBAA* 1958 – 1966；RG 59；NACP.

动，但是人们相信这是奥廷加的单方面行动。[1] 英国担心，亨德尔森遭到驱逐，将会成为奥廷加从公务系统和军队中清洗英国侨民的开始。

奥廷加之所以能够驱逐亨德尔森，是因为他作为内务部长的权力。作为内务部长，他有权控制移民程序，这也使得政府和外交使节中反对他的人极为担忧。例如，1964 年 10 月，一架搭乘了 21 名归国毕业生的捷克斯洛伐克飞机降落在内罗毕的因巴卡西（Embakasi）机场。在下飞机后，这些学生未经通常的机场手续就匆匆离开。他们坐上监狱部的车辆（这是奥廷加部长管辖下的另一个部门）直接前往内政部。另外还有四辆车专门运送飞机上的货物，并直接送往奥廷加的办公室。[2] 英国、美国和肯尼亚情报部门担心的是，奥廷加在秘密囤积武器，蓄谋建立能够发动武装夺权的准军事力量。

肯雅塔却并不相信。尽管他认为奥廷加和其他更为激进的领导人富有野心，但是据一名美国外交官在 1964 年 12 月所写：

> 肯雅塔仍然缺少采取正面行动的意愿。他为自己的立场辩护的理由是，奥廷加和奥尼科对他个人是忠心耿耿的，他也必须保证政府内的部落团结。对于其他有野心的候选人（姆博亚、卡吉亚和恩盖）的怀疑，使得肯雅塔必须采取制衡策略来维持自身权力。[3]

---

[1]　Odinga, Not Yet Uhuru, p. 277.

[2]　British Land Forces Kenya to Ministry of Defence, 12 October 1964；TNA：PRO DO 213/159.

[3]　Ruchti, "The U. S. position in Kenya", 24 December 1964；POL 1 Kenya – General Policy Background；RBAA 1958 – 1966；RG 59；NACP.

　　而且，肯雅塔也不愿意卷入与竞争对手的个人争斗之中。根据自己的囚牢经历，肯雅塔清楚地知道政府迫害很容易在政治领导人中创造出英雄人物。据他对麦克唐纳所说，总统不愿意逮捕或者开除奥廷加，而是希望他与这位副手之间的分裂"是由奥廷加自己，而非肯雅塔的错误造成的"。① 与此同时，肯雅塔也采取了预防措施。当肯民盟解散，其议员加入政府时，保守的莫伊被任命为内务部长，从而剥夺了奥廷加的移民事务控制权。肯雅塔及其支持者也确保在 12 月份实施的共和国宪法里并没有"总统病故于任上时，副总统自动接任"这一条。接下来，肯雅塔开始收拾激进派，并且竭力削弱竞争对手赖以获取支持的机构。

平托

　　肯雅塔收拾激进派的第一步，是针对皮奥·伽玛·平托（Pio Gama Pinto）——奥廷加最重要的支持者。在美国使馆看来，平托是奥廷加身边"杰出的政治战略家"。② 英国人也认可这一点。麦克唐纳将平托描述成"一个忠诚的共产主义者，是奥廷加秘密组织主要的幕后策划者"。麦克唐纳还认为平托已经动员了议会中反对肯雅塔的后座议员，并且领导了"其他的反政府组织"。③ 但是，平托之所以能够成为重要人物，还有他自身的原因。

　　平托出生在内罗毕，是果阿族后裔，并且在印度接受的教育。

---

　　① MacDonald to Bottomley, 12 May 1965; TNA: PRO DO 213/65.

　　② Ferguson to Secretary of State, 4 June 1967; POL 12; RBAA 1958 – 1966; RG 59; NACP.

　　③ MacDonald to Secretary of State for Commonwealth Relations, 5 May 1965, 2 – 3; TNA: PRO DO 213/65.

平托曾在肯尼亚以及印度和果阿参加过民族主义斗争。在完成学业后，十七岁的平托参与了殖民时代的印度工会运动，1949 年返回肯尼亚后继续从事工人运动。作为《每日新闻》（*Daily Chronicle*）的编辑、工会活动家、肯尼亚印度人协会（Kenyan Indian Congress）领导人以及肯尼亚联盟（Kenya League）创始人，平托同殖民统治的非正义和暴行进行了顽强抗争。约瑟夫·穆隆比回忆他同平托第一次见面时评价道"我同他一见如故"，这代表了很多肯尼亚人的心声。不过，平托给人印象最深刻的是他旺盛的精力。穆因嘎·奇塔里·乔克维（Muinga Chitari Chokwe），曾经担任议会上院议长，不过上院后来被取消了。据乔克维回忆道，在 20 世纪 50 年代初，"年轻而又精力充沛的"平托曾一间间办公室挨个走访，为的是动员反殖民主义抗争，"他像羚羊一样向前猛冲"[1]。由于参与激进的反殖民政治，平托在茅茅运动期间被捕。他坐了三年牢，此后两年时间被限制在卡巴内特（Kabarnet）。1959 年最终获释后，平托重新投身于民族主义斗争。由于不是非洲裔，所以他直到 1962 年才被允许加入肯盟。平托创办了党报《肯盟之声》（*Sauti ya KANU*），并且在肯盟赢得 1961 年和 1963 年选举胜利的过程中扮演了关键角色。[2]

由于对民族主义事业的巨大贡献，平托在国会议员投票选举中脱颖而出，被同事们推举为数量不多的"特别选举"议员之一。而且，在葡属南部非洲和葡属西部非洲殖民地日益高涨的反殖民斗争中，平托也扮演了重要角色。由于在这一过程中所建立的联系，平

---

① Oginga Odinga et al. Pio Gama Pinto：Independent Kenya"s first martyr, Nairobi, 1966.

② Pinto to all KANU members of House of Representatives，29 May 1963，2；KNA MAC/71/1.

托和其他激进的肯盟领导人能够获得外国支持。其结果是，相对于肯盟内部的保守派而言，奥廷加派"资金更为充足，组织更加良好，实现目标的决心更为坚定"。[①] 平托还为同属肯盟进步派别的朋友和盟友提供了议会内外高超的组织才能和战术理念。

1965 年 2 月 24 日上午，平托像往常一样带着女儿捷列什卡（Tereshka）在内罗毕寓所附近行车道上行驶。平托和妻子爱玛（Emma）一共养育了三个孩子，捷列什卡是其中最小的一个，还不到两岁大。当他等着行车道尽头的车库门缓缓开启时，三个人走近汽车。在跟平托打了招呼之后，这些人隔着车窗玻璃开了枪。平托当场死在车中。关于刺杀事件动机的猜测很快在平托的朋友和同事中间流传开来。在刺杀事件几天之后，卡吉亚告诉议员朋友们，平托被杀"绝非一般的谋杀，这是一场政治谋杀"。[②]

在平托遇刺当天，两个名为基西鲁·穆图塔（Kisilu Mutua）和切戈·索（Chege Thuo）的年轻人被逮捕。索在法庭当场被宣布无罪释放，但是穆图塔则被判处绞刑，在上诉之后被改判终身监禁。2000 年获释后，穆图塔继续为自己的清白而抗争。这起逮捕并未终止关于组织暗杀的幕后真凶的讨论。内罗毕精英云集的俱乐部餐馆等社交场合助长了谣言传播。有人认为美国人是杀害平托的幕后真凶，因为他是共产主义代理人。正如美国国务院所记载的：

> 其他谣言主要是说平托作为亚洲人遭人嫉恨，猜测他被杀是因为得到共产党的慷慨援助，而他可能一直侵吞这些钱款，

---

① Ruchti, "The U. S. position in Kenya", 24 December 1964, 3 – 4; POL 1 – General Policy Background; RBAA 1958 – 1966; RG 59; NACP.

② Minutes of KANU Backbenchers Group meeting, 1 March 1965; KNA KA/2/14.

或者是因为试图敲诈一名高官，因为他与苏联关系过近，或者是被基库尤人杀的，因为他们担心他会是基库尤人支配地位的主要威胁。①

倘若美国外交官们所说的"基库尤人"指的是肯雅塔周围的基库尤政治领导人和安全部队高级军官的核心集团，那么他们是正确的。

美国大使阿特伍德（Attwood）在备受争议的回忆录中写道，平托之所以会被杀，是因为他是"奥廷加的主要智囊人物"。② 政府保守派之所以杀掉平托，是为了破坏激进派。《民族报》（The Nation）在 2000 年所做的调查认定政治保安处参与组织此次暗杀。③ 1967年，有议员指控肯雅塔的一个名叫阿瑟·万约克·松古（Arthur Wanyoike Thungu）的卫兵，同时也是基安布（Kiambu）的肯盟官员，"与皮奥·伽玛·平托遇刺一案有着极大关联"，并且受到"内罗毕总部的罪犯调查科警官的讯问"。④ 英国高级专员公署认定（但未得到证实）"可能是恩乔恩乔除掉了亲中国的平托"。⑤ 关于万约克和恩乔恩乔牵涉其中的指控，虽然无法证实，但是至少指出了此案件的可能范围。1965 年年初，肯雅塔在物质和思想方面的权力日益强化，政治至高地位无可动摇。在这一情况下，很难想象任何体

---

① O" Neill to Mulcahy, 26 February 1965；POL 6 - 1 Pinto；RBAA 1958 - 1966；RG 59；NACP.

② William Attwood, The Reds and the Blacks：A personal adventure, New York, 1967, p. 245.

③ "How Pinto murder was plotted and Kisilu framed", The Nation, 19 June 2000.

④ Luke Obok, "Motion for the adjournment under Standing Order 14：Attack on Mr and Mrs B. M. Kaggia", in National Assembly Debates（Hansard），14 December 1967；3332.

⑤ Allinson to Dawbarn, 7 March 1973；TNA：PRO FCO 31/1496.

制之内的人敢在没有得到他首肯情况下实施这起暗杀。

肯雅塔用尽办法打消这些闲言碎语。很少有议员或者其他肯尼亚人胆敢触犯总统。平托的葬礼，是由他的老友约瑟夫·穆隆比主持，穆隆比与平托都来自果阿族，他们曾经是民族独立斗争时期的战友。穆隆比表示，平托"做出了巨大牺牲，我们期盼这个年轻而杰出生命的无谓牺牲，至少能够警醒全体民众，使得大家意识到子弹并不能解决任何问题——这是一种逃避"。然而，甚至是穆隆比也不敢批评谋杀的主要受益者——肯雅塔本人。相反，他号召哀悼者"要以我们总统姆齐·约莫·肯雅塔为榜样，化悲痛为力量"。[1] 肯雅塔是万万惹不得的。

政变阴谋

平托被杀的影响极为剧烈。1965 年 4 月 4 日，恩乔恩乔在英国高级专员署与麦克唐纳会面。恩乔恩乔认为，谋杀案之后的调查已经揭露出具体讨论发动政变图谋的通信。恩乔恩乔告诉麦克唐纳，激进派的政变图谋迫在眉睫，很可能发生于 4 月 12 日。[2] 恩乔恩乔要求英国立即提供军事援助。在英国内阁授意下，英国皇家海军海神之子号（HMS Albion）被派遣到蒙巴萨，还有一整营英国军队在亚丁湾基地整装待命。[3] 与此同时，肯尼亚政府还采取行动解除了奥廷加及其支持者的武装力量。4 月 8 日、10 日，激进派领导人的住

① Murumbi, "Funeral oration", 1965; KNA MAC/KEN/71/5.

② MacDonald to Secretary of State for Commonwealth Relations, 29 June 1965, 1 – 2; TNA: PRO DO 213/65.

③ Minutes of Cabinet Defence and Policy Committee, 12 April 1965; TNA: PRO CAB 148/18.

所和办公室遭受一系列攻击。[①] 据以色列情报部门的说法，从奥廷加的办公室搜出了数百支手枪、弹药和 500 挺轻机枪。[②]

麦克唐纳所声称的与恩乔恩乔的谈话，是政府所掌握的奥廷加发动政变的唯一证据。在没有其他任何进一步的文献记录，而其他证据表明政变不可能发生的情况下，就此得出结论说政变即将发生，这显然过于草率。事实上，美国外交官否认了 1964 年年底发生政变的可能性，其中相当重要的原因是激进派"似乎愿意准备'更有序地'接管权力"，这是美国使馆向国务院所做的汇报。[③] 在平托被杀之后不到几周时间，一切如常。激进派在肯盟内部得到极大支持，并且掌握着政府重要职务。尽管奥廷加不可能凭借副总统职位而接任总统，但是他在政治领导层和整个国家的地位仅次于肯雅塔。总统甚至在激进派中间也不是那么不受欢迎。

与此同时，肯雅塔也被广泛视作激进派同保守派之间的"裁判员"。[④] 他与奥尼科的关系尤为密切，甚至奥廷加也并未质疑总统作为肯尼亚民族主义领导人的无可争议地位。肯雅塔对于比尔达德·卡吉亚的憎恨可以追溯到 20 世纪 50 年代，当时他们曾一起坐过牢。不过卡吉亚的支持基础主要是家乡穆拉雅（Murang'a）。在这一地区之外，卡吉亚并没有推翻总统的民众基础。任何认定政变存在可能性的说法，都必须解释肯雅塔为何表现出异乎寻常的大度。尽管奥廷加的某些支持者被逮捕，但是主要的激进派政治家却并未受到侵

---

① Attwood, Reds and the Blacks, p. 246.

② Lador, untitled memorandum, 14 April 1965；POL 23 – 27 Kenya Subversion, Espionage, Sabotage；RBAA 1958 – 1966；RG 59；NACP.

③ Ruchti, "The U. S. position in Kenya", 24 December 1964, 5；POL 1 Gen. Policy Background Kenya；RBAA 1958 – 1966；RG 59；NACP.

④ Ibid. .

扰。在缺少任何进一步政变证据的情况下，这表明轻信盲从达到了极致。

当然，很难排除政变即将发生的可能性。新的证据以后或许会出现；但是在此之前，更为可信的说法是，在冷战造成极大焦虑的情况下，恩乔恩乔和肯雅塔身边的其他人对于未经证实的谣言表现得过于多疑、反应过度。"在当时情况下，噩梦总是看似真实，"加迪斯写道，"尽管在寒冷的黎明时分，这似乎有些荒唐。"① 更可能的情况是，为了帮助肯雅塔击败奥廷加的挑战，恩乔恩乔或者麦克唐纳会故意夸大威胁。为了捞取政治资本，保守派的检察总长和其他领导人完全有能力将模糊的、没有威胁的密谋夸大为全面的威胁警报。然而，不管密谋是否确有其事，事件披露所产生的政治利益很快显现出来。部长们几乎立即表态坚决拥护肯雅塔，要求对奥廷加副总统及其在政府中的支持者采取行动。② 政府之中很快就形成了两大派别：以肯雅塔和姆博亚为首的保守派；以奥廷加为首的激进派。

4 月 14 日，一艘满载着军事顾问和武器的苏联船只菲兹克·列别杰夫（Fizik Lebedev）驶入蒙巴萨港。原本对激进派发动政变持怀疑态度者，也不得不相信这一可能性的存在。这一事件与政变阴谋似乎有着密切关联，因为就在此两周前，托马斯·马林达（Thomas Malinda）在议会中声称："武器弹药正在从共产主义和其他外国源源不断地运进肯尼亚，目的就是发动武装革命推翻我们的政府。"③

---

① John Lewis Gaddis, We Now Know：Rethinking Cold War History, Oxford, 1997, p. 188.

② Stanley to Aspin, 12 April 1965；TNA：PRO DO 213/65.

③ "Kenya：Arms and Odinga", *Time*, 23 April 1965.

对于马林达的警告，很多肯尼亚人和外国外交官仍然记忆犹新，因而对于苏联武器的运入感到震惊。然而，事态远没有那么严重。该船所运送的并非给政变密谋者的武器，而是履行 1964 年的武器交易协定，当时英国和澳大利亚拒绝了肯尼亚政府购买武器的要求，苏联政府是在这一情况下承诺向肯尼亚提供武器。[①]

恩乔恩乔和国防部部长蒙盖最初并未拒绝苏联船只运来的武器和随行的十七名军事训练官。不过，英国高级专员公署有着截然不同的看法。英国高级专员公署官员向肯尼亚方面指出，接受苏联武器将会破坏两国间的防卫协定，因此要求总统公开拒绝苏联武器。4 月 29 日，肯雅塔要求苏联船只、军事训练官和武器折返苏联。总统说这些武器是"陈旧的二手武器，无法满足肯尼亚现代军队的需求"。[②] 穆隆比跟一名英国军官开玩笑道："我知道这些装备曾经在俄国革命时期使用过，相信不会开此先例的。"[③] 高级专员公署仍未感到放心。

在武装占领导致群体激愤以及平托遇刺的情况下，肯雅塔仍然以一种有条不紊的方式应对副总统的挑战，行事极为低调。总统悄无声息地打压奥廷加的支持者，排斥激进派所控制的机构。肯雅塔的下一个目标是肯盟自身。奥廷加认为，为了实现再分配的政策目标，应当赋予肯盟在政府中的更大权力。负责掌管肯盟全国各地支部的政党领导人对此深表赞成。为实现这一目标，副总统决定创建

---

① MacKnight to Williams, 15 April 1965；POL 23 – 7 Kenya Subversion, Espionage, Sabotage；RBAA 1958 – 66；RG 59；NACP.

② Foreign Office to certain of Her Majesty's representatives, 5 May 1965；TNA：PRO FO 1110/1967.

③ Walker to Commonwealth Relations Office, 15 April 1965；Kenya Misc. Old 1965；RBAA 1958 – 66；RG 59；NACP.

技术学院以培训政党活动家。奥廷加认为，这将会增强政党的意识形态凝聚力，并且培养出一批能够担当治理重任的高素质干部。

这一学院是以刚果（金）民族主义领导人命名，名为卢蒙巴研究所（Lumumba Institute），这所位于内罗毕郊区的研究所于 1964 年 12 月正式成立。第一批学员于次年 3 月开始学习。根据在莫斯科签订的协定，苏联对于研究所建设提供资助。图书馆和教室里满是苏联、捷克斯洛伐克、波兰、匈牙利、中国、东德、南斯拉夫和印度政府捐赠的图书器材。① 两名苏联教官的薪水由莫斯科承担，其他肯尼亚教官都曾在莫斯科社会科学研究所（Moscow Institute of Social Science）接受过培训。② 尽管奥廷加和肯雅塔都是研究所名义上的捐助人，但是它的日常运转是由奥廷加的盟友所掌管。

政府中的保守派担心，该研究所会成为输送亲奥廷加活跃分子的生产线，从而导致其对于地方和中央的执政党组织的垄断。作为回应，研究所管理层声称所开课程依据的是肯雅塔的指示和 1963 年肯盟宣言。③ 然而，研究所很快与激进派联系起来。这里成为财政部副部长汤姆·奥开洛·奥东戈（Tom Okello Odongo）等人发表演讲的地方。1965 年 4 月初，奥开洛·奥东戈利用卢蒙巴研究所提供的平台宣称："我们此刻应该更多地偏向东方阵营"。④ 这些言论自然得到听众的热烈欢迎：无论是学员还是奥东戈都未顾及肯雅塔的愤

---

① Foreign Office Information Research Department to Chancery et al. , 22 April 1965；TNA：PRO FO 1110/1967.

② Lumumba Institute, untitled pamphlet, 1964, 13；KNA MSS/35/2；Foreign Office Information Research Department to Chancery et al. , 22 April 1965；TNA：PRO FO 1110/1967.

③ Lumumba Institute, untitled pamphlet, 1964, 3；KNA MSS/35/2.

④ Kenya News Agency handout no. 223，"Assistant minister speaks at the Lumumba Institute"，8 April 1965；TNA：PRO DO 213/65.

怒。一些学员组成了压力集团，就一系列政治和社会经济问题发布公开声明。这些声明抨击肯雅塔政府的经济政策，认为这"事实上只会导致资本主义剥削的延续"。① 这些表态使得研究所的教职员工很难讨得肯雅塔及其支持者的欢心。

政府中的保守派极力要求关停卢蒙巴研究所。第一批学员刚刚入学两个月时间，议会就投票决定由肯尼亚教育部接管研究所。这实际上等于终结了该研究所。研究所总共培训了一个班共计85名学生。据美国大使说，当这些学生6月份毕业时，他们"在接过毕业证书的时候'高呼肯尼亚和共产主义万岁！'的口号"。② 这是学生们的最后一次欢呼。毕业典礼一个月之后，这些卢蒙巴研究所学生试图占领肯盟总部，并推选自己所支持的人来做政党领导人。结果27名学生被捕，情报部门认定他们"只不过是爪牙"。政治保安处相信幕后有地位更为重要的激进派领导人。而且，据称新华社记者王德明（音译）也卷入其中。26名被捕者与他或在内罗毕工作的外交官关系密切。③

政变阴谋的"暴露"，拒绝苏联武器以及卢蒙巴研究所事件，这些都导致奥廷加的孤立。部长同事们开始担心他和他的意图。随着奥廷加在内阁中影响力减弱，政府对于苏联援助的热情也减弱。虽然苏联仍然决心继续履行现有协定，肯雅塔政府则态度冷淡得多。④

① US Embassy to Secretary of State, 3 May 1965; EDU 3 Educational and Cultural Affairs Kenya, Lumumba Institute; RBAA 1958 – 1966; RG 59; NACP.

② Attwood, Reds and the Blacks, p. 249.

③ Director of Intelligence, Special Branch Weekly Intelligence Report, 30 June – 6 July 1965, 1; KNA BB/1/158.

④ Otuko to Permanent Secretary, Ministry of External Affairs, 15 July 1965; KNA AE/28/2.

肯雅塔政府对于中国的敌意更大。数周后，与卢蒙巴研究所学生关系密切的这位姓王的记者被驱逐，据称是因为他为奥廷加派提供金钱和指导。这位记者被驱逐后，议会就是否应当与中国断交展开了激烈辩论。[①] 为了能够在与奥廷加的斗争中获胜，肯雅塔放弃了不结盟承诺。

非洲社会主义

肯尼亚的冷战是在对于独立普遍幻灭情况下发生的。根据情报信息，到所谓的政变阴谋发生之时，政府高层人人皆知"在我国某些地方，尤其是中部省和尼扬扎省，激进派政客要比支持政府的人容易获得拥护"。[②] 尽管在外交舞台获胜，但是肯雅塔在国内却输给了奥廷加。在全国范围内，地方领导都表达出对于独立的不满。各个省份和主要城镇纷纷举行大型集会，抨击政府某一方面的政策。在昔日的白人高地、城镇和大农场中，劳资纠纷频频发生。整个1965 年，饥荒一直严重威胁着东部省和海岸省，引发了这里的严重不满。在中部省，当地政客要求立即将土地免费赠予穷人。西部省的卢亚族领导人批评肯雅塔在任命政府部长、分配发展资金时偏袒基库尤人。[③]

一位名叫威利·卡蒙巴（Willie Kamumba）的内罗毕人的观点，代表了当时很多肯尼亚人的立场。社会主义和共产主义观念并没有

---

① MacKnight to Trimble, 2 August 1965; POL 2 Kenya General Reports & Statistics; RBAA 1958 – 1966; RG 59; NACP.

② Director of Intelligence, Special Branch Weekly Intelligence Report, 30 March – 5 April 1965, 1; KNA BB/1/158.

③ Director of Intelligence, Special Branch Weekly Intelligence Report, 9 – 15 February 1965, 1; KNA BB/1/158.

什么吸引他的地方。"我参加过茅茅战争，"他写信给肯雅塔，"我现在同共产主义作战。为了消灭共产主义，我们必须战斗至最后一刻。我们将一直拥护您。"不过，他的个人忠诚中间也夹杂着不满，因为政府未能让基层民众从发展中获益。"我们为了乌呼鲁（独立）而战，但是我们又得到了什么，我们的乌呼鲁?"卡蒙巴责问总统。① 在全国各地都可以感受到民众对于政府发展战略的不满，甚至包括肯尼亚山地区，这里是肯雅塔的基库尤人核心地带。卡里乌基·卡干达（Kariuki Kagunda）是尼耶利地区卡姆亚（Kamuya）的居民。政府为了建造咖啡加工厂，强拆他原先的住所。卡干达对此气愤难当。"上帝啊!"他写信给肯雅塔，"帮帮这些没有土地的人们! 总统先生，您为何坐视不管? 你的工作难道不是帮助民众保护牲畜和庄稼吗? 你在帮助'金钱'而不是人民!"卡干达认为，肯雅塔及其部长们"就如同无耻娼妓……将自己的孩子丢到厕所而弃之不顾"。② 卡干达和卡蒙巴的想法很有代表性。

正如卡蒙巴所说，社会主义（或者说再分配）在肯尼亚人中间并非广受欢迎的意识形态。这毕竟与肯尼亚的政治传统不相符。"肯尼亚人所期望的是高收入和财富，"罗伯特·贝茨写道，"他们需要财富积累，投资发财；他们希望展示财富的象征：华丽服装，富丽堂皇的房子，顺心如意的家庭。"③ 在 1965 年国际劳动节集会上，民众打断了演讲者，抗议"共产主义细菌"的传播，坚称"共产主义

---

① Kamumba to Kenyatta, 19 October 1965；KNA KA/6/24.

② Kagunda to Kenyatta, 23 July 1965；KNA KA/6/27.

③ Robert Bates, *Beyond the Miracle of the Market：The political economy of agrarian development in Kenya*, Cambridge，2005，p. 69.

并非我们的选择"。① 尽管如此，肯尼亚民众仍然期待享受独立的红利，并希望政府尽快实施新的发展战略。奥廷加的潜力在于他能够迎合民众的这一不满情绪，而不是利用肯尼亚人对于社会主义和再分配的热情。

尽管平托遇刺，奥廷加派别却仍然组织良好，他向那些对于独立感到幻灭的人释放出明确讯息。例如，肯盟马查科斯（Machakos）支部书记对此十分关注。据这位肯盟官员表示，奥廷加和他当时的盟友、当地议员保罗·恩盖在东部省非常活跃，"他们的宣传集中于政治口号（反美、反帝国主义、亲苏联、土地改革以及苏联在太空所取得的成就，等等）"。而且，奥廷加派别的运转极为高效，特别是他们"在年轻领导人中间大量分发小额现金"。② 东部省省专员艾利乌德·马希胡（Eliud Mahihu）表示，奥廷加在恩布（Embu）和梅鲁（Meru）地区有着一个支持者网络，这些人主要是曾经参与茅茅运动的退伍老兵，当地的肯盟支部办公室以及在当地社会中居于主导地位的咖啡种植合作社。在他们的帮助下，奥廷加逐步得到了"那些感到不满者"的支持，并能够"利用他们的不满"。为了巩固这些成果，奥廷加还常常向当地学校慷慨地提供捐赠，以赢得当地基层民众的支持。③ 在肯雅塔看来，居住在中部高原附近的经济作物生产者和肯盟党员，这些人是自己的天然选民。倘若这些男女对于他的领导丧失信心，投向激进派一边，那么肯雅塔就必须采取紧急行动。

---

① McBain to Tesh, 4 May 1965；TNA：PRO DO 213/65.

② Ruchti to Wild and Culpepper, 7 November 1964；POL 6 - 1 Political Affairs & Relations Kenya, Odinga, Oginga；RBA 1958 - 1966；RG 59；NACP.

③ Mahihu to Ndegwa, Permanent Secretary, Office of the President, 15 May 1965；KNA BB/1/158.

　　因此，保守派在 1965 年 4 月底仓促推出一项极为关键的经济政策文件。① 这一文件正式名称是"委员会 1965 年第十号文件"（Sessional Paper No. 10 of 1965），该文件内容笼统，细节不详。尽管被冠以"非洲社会主义"，这一政策事实上是以私人产权和私人外国投资为基础的发展战略。文件中并无太多新意：早在一年前的《外国投资保护法案》中已经明确承诺保护外国投资。在接下来的六年时间里，到 1970 年，来自国外的私人投资将翻一番，达到每年度 9200 万美元。② 肯雅塔试图将 1965 年文件描述为"一个能够在实践中产生实际意义的社会哲学"。③ 而卡吉亚则不屑地将其称作资本主义。④

　　这些仓促拼凑起来的政策文件无法与奥廷加的个人魅力以及他所提出的再分配呼吁相抗衡。尽管如此，肯雅塔仍然激烈地批评奥廷加及其发展理念。肯雅塔直接挑战副总统的平等和再分配诉求的主要依据是基库尤人社会史中所形成的劳动精神，这同时也是肯尼亚很多族群所共有的。肯雅塔将奥廷加和其他激进派称作"假先知"，他认为肯尼亚人倘若要摆脱贫困，必须要自助。在肯雅塔看来，贫穷是肯尼亚人身上所背负的"十字架"，他们必须意识到自己"须得辛苦工作"，"必须充分抓住"政府所提供的自我改善机会。⑤ 那些独立的受益者对于这一信息表示拥护。当参观穆维尔（Mwea）

---

　　① Republic of Kenya, African Socialism.

　　② William R. Ochieng, "Structural and political changes" in B. A. Ogot and W. R. Ochieng' (eds), Decolonization and Independence in Kenya: 1940 – 1993, London, 1995, p. 85.

　　③ Jomo Kenyatta, address on Jamhuri Day, 12 December 1968, 15; KNA KA/4/17.

　　④ Director of Intelligence, Special Branch Weekly Intelligence Report, 20 – 26 April 1965, 1; KNA BB/1/158.

　　⑤ Kenyatta, address to nation on Independence Day, 12 December 1967, 7 – 8; KNA KA/4/16.

一家合作创办的碾米厂时，肯雅塔"向该项目中的这些遵守纪律、辛苦工作的农民致意"。这些合作社成员"并未整天坐在地上喝酒，浪费自己辛苦赚来的钱财"。① 肯雅塔愿意待在这样的地方。由于新政府放松了殖民时期对于农业领域的控制，穆维尔稻米农户能够从扩大经济作物生产中受益。然而，在同那些被排除在发展进程之外的人打交道时，肯雅塔就不那么自信了。肯雅塔意识到，对于那些无望改善自身命运的人来说，奥廷加的再分配诉求要比他的自助口号更具说服力，因此他只能继续减少奥廷加与这些不满者直接接触的机会。肯雅塔总统寄希望于经济以较高速度持续增长，试图以此说服贫穷民众相信有机会改善生活水平。

利穆鲁大会

在保守派与激进派的竞争过程中，肯民盟的消亡增强了总统力量。尽管肯盟和肯民盟在独立之前曾经有过激烈的政治争夺，但是相比于奥廷加或者奥尼科而言，肯民盟领导人的本性更接近于肯雅塔：毕竟莫伊、恩加拉和肯雅塔都试图实现族群的稳定，并且都对于再分配持怀疑态度。1964 年肯盟与肯民盟合并，这使得总统在全国范围内获得了很多新盟友。一旦进入政府，昔日的这些反对派领导人开始成为肯雅塔经济政策的热情支持者。1967 年，肯民盟重要人物、东基塔莱议员马辛德·穆利罗（Masinde Muliro）告诉《星期日民族报》（*Sunday Nation*）记者，"非洲社会主义者在本质上是资

---

① Kenyatta, speech at opening of Mwea rice mill, 14 February 1969, 9 – 10；KNA KA/ 4/17.

本主义者"①。穆利罗拥有 1500 英亩土地和一家农业运输公司，同时也是玉米生产委员会主席，该机构负责监管主要粮食作物玉米的生产与销售。肯民盟的消亡不仅增加了政府中的保守派数量，而且也为肯雅塔彻底整肃肯盟提供了难得的机会。

在合并之后，前肯民盟分部和成员被吸纳进入肯盟框架之内，也就是说肯民盟地方分部和中央都要经过选举进入肯盟。汤姆·姆博亚作为肯盟总书记，负责管理这些选举。② 姆博亚清楚该如何来做。在吸纳肯民盟成员的过程中，必须将激进派排挤出去。奥廷加力量势必变弱，因为他只得到肯盟的基层和地方官员的支持。

这一过程极其漫长。某些分部的选举开始于 1965 年 7 月，但是新合并组建的肯盟全国执行委员会职务的最终选举要到九个月之后才举行。奥廷加的支持者认为，姆博亚策划操纵肯盟的地方选举，这一点毋庸置疑。肯盟南尼扬扎主席，约瑟夫·戈高·奥乔克（Joseph Gogo Ochok）对此感到愤怒。"对于经由宪法选举产生而且得到民众支持的政府而言，姆博亚已经成为严重困扰。"他在给总统的信中写道。③ 奥廷加仍然艰难前行。在整个竞选过程中，为了支持自己的盟友，他艰难地完成募集资金和其他公共活动。在整个过程中，保守派一直对他紧盯不放，因为他们试图消除激进派对于肯盟基层组织的强大吸引力。

例如，在 1965 年 11 月奥廷加访问海岸省基利菲（Kilifi）之后不久，肯盟当地分部召开会议讨论奥廷加此行意义。与以往不同的

---

① Quoted in Cherry Gertzel, Maure Goldschmidt and Donald Rothchild（eds），Government and Politics in Kenya：A nation - building text, Nairobi, 1969, pp. 83 - 84.

② Mboya to Kenyatta, 21 September 1965；KNA KA/11/4.

③ Ochok to Kenyatta, 14 November 1965；KNA KA/6/28.

是，两名来自外地的议员参与会议：来自拉穆的议员阿布·索莫（Abu Somo）、工作与通讯部副部长埃里克·波密特（Eric Bomett）。在此次会议上，当地的肯盟党员和客人们"讨论了奥廷加演讲中的某些论断，并将这与奥廷加极力引入海岸省的共产主义联系起来"。波密特是莫伊的姐夫，他是保守派的坚定拥护者，他在会议结束时命令取下墙上的奥廷加照片并烧毁。阿布·索莫照办。[①] 这个画像被认为是奥廷加野心的生动写照。

在肯盟地方支部选举中，保守派所向披靡。奥廷加的竞选基金来源也受到极大压力。激进派的选举资金主要来自奥廷加的外国朋友，但是内罗毕的苏联和中国大使馆期望自己的投资能够得到回报。这些外交官很快就认识到，由于来自肯雅塔和姆博亚的压力，奥廷加获胜的希望极为渺茫。1966 年年初的几周里，这两个共产主义国家的大使都被召进了国家宫（State House）。肯雅塔要求他们停止支持奥廷加，否则将会遭到驱逐。随后，苏、中两国使馆通知奥廷加将会停止对他的资助。接下来，奥廷加以前往伦敦的哈利街（Harley Street）就诊为名，秘密前往共产主义国家驻伦敦使馆，试图恢复被切断的资金支持。尽管奥廷加获得成功，但是这些资助是有条件的。苏、中两国资助者不愿看到肯盟的分裂或者奥廷加夺权。相反，苏中两国要求他重新确立自己在肯盟内部的地位，以便于将来肯雅塔离任后能够成为最强有力的竞选人。[②] 然而，副总统的竞争对手不愿意让他继续在肯盟内保持影响力，他们决心要把他清除出政府和执政党。

---

① DC Kilifi, Secret Intelligence Report, 15 November – 15 December 1965, 1 – 3; KNA CA/41/1.

② MacDonald to Bottomley, 5 February 1966; TNA: PRO DO 213/66.

随着地方支部相继完成地方官员选举，从 3 月 11 日起，各地代表参加在内罗毕和附近的利穆鲁（Limuru）举行的全国大会。会议第三天，也就是最后一天，两派之间争夺政党控制权的斗争达到白热化程度。很多代表是在姆博亚帮助下得以当选，姆博亚要求他们就取消党副主席和内阁副总统职务的动议进行投票。姆博亚建议，奥廷加的职务由代表全国七个省份和内罗毕的八名副主席取而代之。奥廷加闻此大为震怒。在面向代表们的投票前演讲中，他警告说："倘若会议果真这样做，肯尼亚将会分裂为两个或更多的派别。"①然而，这一动议很容易就获得了通过。

接下来，代表们投票选举肯盟总部干部。保守派一次次地在投票中击败了激进派对手。肯雅塔继续担任党主席，姆博亚当选总书记。新的八名副主席全部是肯雅塔的关键盟友，包括齐贝吉和前肯民盟领导人莫伊和恩加拉。大获全胜的肯雅塔宣布会议闭幕。总统警告说："任何个人或群体都不得用舶来的意识形态来腐蚀我们的民众，更不得从事颠覆活动，政府对此绝不姑息。""肯尼亚曾经同帝国主义斗争，"肯雅塔告诉代表们，"并且决心将任何类似的活动消灭在萌芽之中。"②激进派正是这样被击败的。

"小普选"

利穆鲁大会之后不久，奥廷加辞去肯盟和政府职务。然而，他并未承认在权力斗争中失利。相反，他组建了一个新的政党肯尼亚

---

① Minutes of KANU Re-Organisation Conference, 11–13 March 1966, 5; KNA KA/2/14.

② Minutes of KANU Re-Organisation Conference, 11–13 March 1966, 5–7; KNA KA/2/14.

人民联盟（Kenya People's Union，KPU，肯人盟），并且很快得到激进派同志的支持，其中包括比尔达德·卡吉亚（Bildad Kaggia）和阿钦·奥尼科。对于奥尼科来说，同老友肯雅塔和肯盟的决裂是极为痛苦的。然而，他的辞职信语气十分坚决。他认为政府已经丧失了"推进社会平等的勇气——更不要说意愿了"。针对不平等的斗争显然成了"获取对外援助而付出的代价"。[①] 肯人盟创立者希望建立一个致力于社会财富再分配的政党，这是肯盟已经放弃的原则。而肯盟政府对于这些主张的回应是尖酸刻薄的。在肯盟宣传部门看来，奥尼科所承诺的分配型政策框架是全然不现实的，由于"财政、人员和资源等因素，这些决定着实行完全免费社会服务的节奏"。[②] 对双方而言，肯人盟的成立标志着再分配争端进入了新阶段。

肯盟政府企图在肯人盟立足未稳时将其除掉。根据规定，在任议员倘若加入新党则必须重新竞选议员资格，因此在 6 月份的三个周末共举行了二十九场补选。这些补选被一同称作"小普选"（Little Genral Election），肯雅塔趁机摧毁新生的肯人盟。肯雅塔以往对于多党制的怀疑再次浮出水面，但是也并非只有他一人对议会反对派持反感态度。在整个撒哈拉沙漠以南非洲，一党制国家处于政治正统地位，它们主要负责推动发展而非民主。例如，内罗毕大学（University of Nairobi）的学生领袖也担心，多党制将使得"国家重新陷入浪费巨大的、蜕化的前独立时代政治纷争"。[③] 然而，学生们有一点和肯雅塔是不同的，他们反对通过恐吓手段迫使奥廷加和肯人盟屈服。

---

① Oneko, "Why I have decided to resign", April 1966; KNA MAC/KEN/73/1.

② KANU, "KANU statement on Mr. Oneko's resignation", 25 April 1966; KNA KA/11/4.

③ Maranga and Kola to Kenyatta, 15 March 1966; KNA KA/11/4.

随着补选前的激动和紧张情绪不断发酵，政府越来越向于诉诸恐吓手段。在奥廷加和肯人盟支持的核心地区尼扬扎，政府调遣准军事的公共服务警察（General Service Unit，GSU）来镇压大选前的反政府抗议活动。在该省主要城镇，军队举行阅兵游行以显示国家安全部队的力量。基苏木（Kisumu）的肯人盟市长格蕾丝·奥尼扬格（Grace Onyango）却不为所动。她谴责这类伎俩的目的似乎只是"恐吓卢奥族人"。奥尼扬格承诺"肯人盟将打一场干净的战争，绝不会诉诸暴力，根本没有必要恐吓他们，因为他们是不容易被吓倒的"。① 补选所导致的政治化在全国范围内都有所表现。在拉穆，对于政府的支持占据上风。"无论你走到哪里，到处听到的问候语都是'姆齐和琼古（Jogoo，斯瓦西里语，意为'小公鸡'）。"地区专员写道。这指的是对于肯雅塔的常用称谓以及肯盟的标志。② 该岛小镇上到处都是举着标语的肯盟支持者，他们口中还唱着党歌"肯盟缔造国家"。③ 独立之后肯尼亚内部团结程度之浅，由此可见一斑。

比尔达德·卡吉亚所在的穆拉雅的坎达拉（Kandara）选区的小普选造成极为深刻的仇恨。由于支持奥廷加，卡吉亚被批评危及基库尤人对于政府和政府资源的控制。肯盟穆拉雅支部书记杰西·噶琼戈（Jesse Gachogo），同时也是肯盟全国总部高级官员，他领导策划了反卡吉亚运动。噶琼戈将卡吉亚描述为一个"堕落的人，倘若不愿意沾染反肯盟和反政府力量的病菌，例如肯人盟、'奥廷加主

---

① Shitemi to Permanent Secretary，Ministry of Defence，6 June 1966；KNA PC/NZA/4/20/1.

② DC Lamu，Lamu District Security Report，1 – 15 June 1966，2；KNA CA/41/1.

③ District Assistant Faza to DC Lamu，20 June 1966；KNA CA/41/1.

义'，等等，就应当对其避而远之"。① 恶毒语言反映出政府迫切希望在 1966 年大选中击败非卢奥族的肯人盟。

除了反对派居于优势的尼扬扎，政府千方百计地限制肯人盟的竞选活动，这些地方的选举过程存在极为严重的舞弊现象。除了噶琼戈对于卡吉亚的攻击外，莫伊在裂谷省领导了对于奥尼科和其他的肯人盟议员的攻击。肯雅塔试图利用自己的民族主义合法性而将对手描述为牢骚满腹的卢奥族人。再分配要求被湮没在族群呼喊声中。不过，族群话语也涉及此前十余年的不同经历。

"肯盟内部有着两个不同的世界，"罗伯特·贝茨认为，"一方面是中部省和东部省的世界，另一方面则是尼扬扎的世界。"20 世纪五六十年代，有着小块土地的农民扩大了各种经济作物的生产。产量扩大的好处在中部高原表现最为明显，这里降雨量丰沛，基础设施较好，以及接近内罗毕市场，这些因素意味着这里的农民相比于其他地区的农民而言，产量更高，销量更多，价格也要更高。相比之下，在尼扬扎，"种植咖啡或者茶叶的成本极为高昂，饲养高品质牛也是风险极高，"罗伯特·贝茨写道，"但是他们也缺少进入主要市场的机会以及良好的基础设施。"尽管蔗糖生产此时已经扩大，但是还需要再等数年时间尼扬扎的农场和家庭才能看到这一产业的利润。发展经历的巨大差异在很大程度上解释了肯人盟对于尼扬扎省的卢奥族人所具有的巨大吸引力。② 由于历史差异和政府策略，在"小普选"之后，反对派在族群和地理上遭到孤立。在被击败的肯人盟候选人里面，最出名的要数卡吉亚和奥尼科（他丢掉了纳库鲁镇

---

① Gachogo, "Press statement", 21 April 1966; KNA KA/11/4.

② Bates, Beyond the Miracle, pp. 63 - 64.

的席位），补选之后的肯人盟主要是卢奥族议员组成的残余力量，他们所代表的是尼扬扎选区。[①] 尽管如此，肯人盟仍然赢得了九个席位，比预期的要多，而且民意测验显示它比肯盟多出两万张选票。

两党

奥廷加的决心丝毫未减。在 1967 年 6 月肯人盟新闻简报中，他极具讽刺意味地抨击肯盟自独立以来的统治，他批评肯盟处于一种"逐渐衰退"的状态之中。部长官员们不再代表"公民（'wananchi'）利益"，政府"倡导并施行部落主义的分裂政策"。独立果实并未被公平公正地分享。非洲化只发生在一些小店铺，而不是"控制国家经济的大公司"。[②] 奥廷加及其支持者认为独立果实已被外国人所窃取，尤其是英国投资者和南亚商人。许多肯人盟党员感到震惊的，不只是政府与前殖民宗主国之间的联系，而且也包括美国人和姆博亚之间的密切关系。肯人盟的北布西亚（Busia North）议员乔治·奥杜亚（George Oduya）将姆博亚描述为"一个安全威胁"，可能会"与美国中情局一道采取残忍举动，触犯肯尼亚民众乃至于整个非洲的利益"。[③] 由于肯盟未能找到反驳奥廷加及其支持者的方式，因而政府试图继续压制肯人盟的声音。

在小普选之后，压制措施仍然继续。肯人盟出人意料的成功，使得肯雅塔及其支持者相信，他们需要压制这个新生的反对党，而

---

① Peck to Bottomley, 1 July 1966；TNA：PRO DO 213/188.

② Oginga Odinga, "Message to Wananchi of Kenya on Madaraka Day 1967", Ujamaa, 1 June 1967；POL12 Kenya；RBAA 1958 - 1966；RG 59；NACP.

③ Clerk of the National Assembly, "Programme of parliamentary business for week commencing 11 July 1967", 3；KNA AE/28/9.

非寻求与其合作。原本作为殖民统治象征的拘押，重新成了统治工具。1966 年 8 月至 11 月，多名肯人盟活动家遭到逮捕并被无限期拘押。政府还采取行动切断了肯人盟与选民之间的沟通渠道。古拉姆·莫胡伊德－丁·帕拉查（Ghulam Mohuyd-Din Paracha）是一个印刷厂生产经理，负责印刷肯人盟宣传册子和新闻报道材料，他在 1967 年 3 月被驱逐到巴基斯坦。对于肯盟政府而言，这些宣传册子和肯人盟领导人的言论构成了极大威胁。

肯雅塔将政府团结在一起。奥尼科告诉总统，肯盟的存在完全是因为"约莫·肯雅塔领导着它"，这句话一语中的。① 除了姆博亚之外，总统并没有太强的支持阵容。因此，为了一劳永逸地打败奥廷加，肯雅塔除了动用此前数十年里积累的政治资本之外，别无他法。在接下来的三年时间里，肯雅塔在各种场合不断嘲讽诋毁反对党及其领导人。肯雅塔对于社会主义和肯人盟的思想和个人方面的攻击，最明显的表现是他在 1968 年劳动节的公开演讲。在演讲中，肯雅塔将肯人盟领导人描述为外国势力支持的"颠覆力量，试图用'乌呼鲁'（独立）并未实现这样的言语来蛊惑城镇工人，或者乡下辛苦劳作的农民"。他批评道，在肯人盟所鼓吹的肯尼亚图景里"不需要努力工作……不需要生产……这将是一个奇怪的世界，其中所有的财产、需要与服务都将是免费提供"。肯雅塔用他长期信奉的劳动伦理来批评肯人盟，这也是很多同胞的共识。肯雅塔批评道，奥廷加和他的盟友"并未谈及劳动力的组织化，人性的堕落，而这是这些理论所必须正视的。把某件东西从一个人手中偷走，而只是为了把它免费送给另一人。对于这所导致的痛苦，他们（奥廷加等人）

---

① Oneko to Kenyatta, October 1966；KNA MAC/KEN/73/1.

根本不予考虑"。"他们害怕诚实劳动力的尊严，"肯雅塔评价对手，"倘若民众可以自由选择工作，并为了获得相应的酬劳而付出聪明才智勤劳工作，那么奥廷加等人的前途就变得渺茫了。"① 这不只是个人之间的权力之争，更是关于发展伦理的思想和意识形态的斗争。在肯雅塔看来，再分配政策不仅危及经济增长和政治稳定，而且在道德上是堕落的。

　　在意识形态方面激烈反对肯人盟的同时，肯雅塔也竭力将反对派边缘化为卢奥族的政党。肯雅塔向属于肯人盟的非卢奥族人议员施加了巨大压力，迫使他们加入肯盟。到 1967 年 2 月，这一策略初见成效，肯人盟中的基库尤人高级官员 K. N. 吉乔亚（K. N. Gichoya）退出了反对派。由于意识到肯人盟在尼扬扎地区之外吸引力有限，反对派曾经在 1967 年考虑过创建第三党，意在吸引卢奥族之外的政府批评者。② 族群政治趋势越来越明显。希米亚·姆贝－欧尼扬戈（Sheemiah Mbeo-Onyango），这位来自卢奥族的肯盟议员在议会中表示"每个部门都集权化了，或者被诸如中部省这样的单个省所控制，或者'基库尤化'，即被基库尤这一部落所控制"。然而，甚至是对于肯雅塔行动的批评也是以族群不满和威胁的方式来表达的。上面所说的这位议员的同事利奥纳德·奥赛卢·恩亚历克（Leonard Oselu Nyalick），他也是肯盟里的卢奥族议员，他认为："我们正在逐渐走向分裂，我们尤其要正告基库尤兄弟们，当前的挫折是由他们的活动引起的，必须趁态势还有挽回余地之时停止这些活动，倘若这样还会发生流血冲突，到时责任就不在我们了；他们

① Kenyatta, speech on Labour Day, 1 May 1968, 5 –6；KNA KA/4/16.
② De Ling to Reid, 4 September 1967；TNA：PRO FCO 31/206.

将经受着和我们一样的痛苦。"① 肯雅塔对此警告非但置若罔闻，反而选择大开杀戒。

屠牛

1968 年 8 月，肯盟宣布举行选举，这为肯盟攻击肯人盟及其领导人提供了机会。由于卡吉亚在 1968 年 2 月 17 日举办的集会未获政府同意，他因而遭到逮捕。数周后，他被判一年监禁，上诉之后减刑至六个月。而且，奥廷加也被禁止出国。政府再次实施限制措施，阻挠反对派在选举前举行公共集会。在这种情况下，肯人盟不得不以婚礼或葬礼为掩护而举行秘密政治集会。肯人盟募集选举资金的努力也受到压制。据奥赛卢·恩亚历克说，"奥廷加总是有大量资金，从而使得他能够立于不败之地"。② 对于政府来说，切断奥廷加的资金供应是当务之急。3 月份，奥廷加的两位支持者，欧奇奥拉·阿乔拉（Ochaola Achola）和基马尼·瓦亚基（Kimani Waiyaki）被指控借助与乌干达的联系来为肯人盟提供资金，并被判处监禁。③外来资金也受到严格监管。1968 年 3 月 31 日，捷克斯洛伐克记者伊热·福赖特（Jiří Forejt）被驱逐出境，罪名是危害国家安全。④ 最后，政府篡改地方选举结果。在 7 月 27 日的纳库鲁会议上，肯雅塔要求这些即将返回的官员（大多为地区专员）拒绝接受地方选举中

---

① US Embassy to Secretary of State, 28 April 1968; POL 15 – 2 Kenya; CFPF 1967 – 1969; RG 59; NACP.

② Ferguson to Secretary of State, 1 June 1968; POL 14 Kenya; CFPF 1967 – 1969; RG 59; NACP.

③ US Embassy to Secretary of State, 20 March 1968; POL 14 Kenya; CFPF 1967 – 1969; RG 59; NACP.

④ US Embassy to Secretary of State, 2 April 1968; POL 15 – 1 Kenya; CFPF 1967 – 1969; RG 59; NACP.

的肯人盟竞选人的提名书。① 而参与当地职务选举的肯盟候选人则未遇到任何反对。

　　尽管肯盟是通过种种见不得人的方式击败肯人盟，但是这并未妨碍肯盟领导人获胜之后的喜悦之情。在内罗毕，总统的儿子彼得·穆伊盖·肯雅塔（Peter Muigai Kenyatta）为肯盟内罗毕分部党员举办了一场庆贺宴会，"在这次宴会上，他们给五头公牛冠以肯人盟领导的名字，并将其屠宰掉，然后大快朵颐。此举非同寻常，因为公牛正是肯人盟的党标"②。在蒙巴萨，大约 20 万人参加胜利庆典，总统本人也亲临现场。肯雅塔向支持民众保证，肯人盟将会"被肯盟彻底摧毁"。③ 奥廷加或者肯人盟已经无力挽回局面。肯人盟损失了大量的政府官员、议会议员和党员。到 1968 年 10 月，议会中只剩下一名非卢奥族的肯人盟议员。奥廷加的共产主义支持也已经中止。从 1969 年起，苏联等共产主义国家更愿意与肯盟政府合作。④ 奥廷加感到极为沮丧，他试图与肯雅塔和解，但是遭到姆博亚的拒绝。姆博亚坚持认为自己身为肯盟总书记，因此奥廷加应该找他来谈。⑤ 政府非但未与奥廷加缓和关系，反而继续破坏奥廷加的权力基础。

---

　　① Coote to Secretary of State, 17 August 1968；POL 14 Kenya；CFPF 1967 – 1969；RG 59；NACP.

　　② Goodall to Tallboys, 21 August 1968；TNA：PRO FCO 31/206

　　③ Coote to Secretary of State, 28 August 1968；POL 14 Kenya；CFPF 1967 – 1969；RG 59；NACP.

　　④ Funk to Secretary of State, 3 April 1971；POL 29 Kenya；SNF 1970 – 1973；RG 59；NACP.

　　⑤ Brighty, "Record of a private conversation between the Secretary of State and Mr. Bruce McKenzie, Kenya Minister of Agriculture", 30 August 1968；TNA：PRO PREM 13/2743.

第二章　大人物，1968—1969 年

自由，或者独立并非最终目的。它并不只是以国旗为标志的政治主权。

——汤姆·姆博亚在伦敦非洲局[1]的演讲，1963 年 9 月 30 日[2]

继承

1968 年 5 月的第一个周末，肯雅塔住在位于蒙巴萨以北班布里（Bamburi）的海滨府邸。周日的某个时候，他突发中风，病情严重。心脏病和血液专家带着医疗设备从蒙巴萨火速赶往总统府邸。总统夫人恩吉娜"妈妈"（Mama Ngina）急忙从内罗毕赶往班布里，陪伴在病重的总统身边，随行的还有检察总长查尔斯·恩乔恩乔和副

---

① African Bureau，英国民间组织，主要致力于支持非洲独立事业，于 1952 年成立，解散于 1978 年。——译者注

② Tom Mboya, Conflict and Nationhood：The essentials of freedom in Africa, London, 1963, p. 6.

总统丹尼尔·阿拉普·莫伊。总统内兄、政务部长穆比尤·科伊南格（Mbiyu Koinange）像以往周末一样恰好就在班布里。① 总统的病情虽未公之于众，但是显贵们迅速赶往海滨，引起新闻记者的警惕，他们揣测到可能出大事了。第二天早上，国内外媒体到处都在散播肯雅塔去世的谣言；《民族日报》（Daily Nation）甚至还准备了一份悼念号外，不过没有派上用场。②

肯雅塔的心腹们做了大量工作，他们试图制造一种假象，让人们以为总统不过是身体微恙，并且已经快复原了。5 月 29 日，国防部长恩乔罗格·蒙盖（是肯雅塔的亲戚，同时还是他的私人医生）告诉议员们："总统阁下身体非常健康，现已正常工作。眼下没有任何身体不适迹象，我确信全国人民都将为此欢欣鼓舞。"③ 事实却并非如此。中风之后过了六周时间，美国大使发现总统"就连回答常见问题都很困难"。④ 肯雅塔的统治能力受到巨大打击。

由于肯雅塔中风之后数月一直处于恢复期，权力暂时由内阁部长所组成的两个委员会接掌。肯尼亚民众并未注意到个中差异，但是总统长期无法执政引发了统治精英的危机感。人们逐渐开始担心，倘若总统死在任上，接下来究竟会发生什么。尽管肯雅塔确切出生日期不详，但是到 1963 年他至少已经七十岁，并已罹患多种严重疾病。事实上，早在独立之后一个月时，英国高级专员公署已经认为，

---

① Ferguson to Secretary of State, 6 May 1968；POL 15 – 1 Kenya；CFPF 1967 – 1969；RG 59；NACP.

② "When Jomo, 'died' before", Hull Daily Mail, 25 August 1978.

③ Ferguson to Secretary of State, 30 May 1968；POL 15 – 1 Kenya；CFPF 1967 – 1969；RG 59；NACP.

④ Ferguson to Secretary of State, 13 June 1968；POL 15 – 1 Kenya；CFPF 1967 – 1969；RG 59；NACP.

接班问题"毫无疑问将是当今肯尼亚最为重要的问题"。① 肯尼亚的盟友、外国投资者和本国精英都认为，要保持稳定、控制和经济增长，肯雅塔将是最佳保证人。由于奥廷加的倒台，英国不再担心肯尼亚在肯雅塔死后会向左转，但是所有人都知道，总统手下的这些统治精英宗派林立，利欲熏心。由于担心争夺总统职位而引发漫长的暴力斗争，所以无论是肯尼亚国内还是外国观察家们，都对于总统日益恶化的健康状况保持高度关注。

在独立初的三年时间里，詹姆斯·吉丘鲁（James Gichuru）是保守派的公认继承人。他和肯雅塔有很多相似之处。他愿意与英美两国保持良好关系，作为一名基库尤族的重要政治家，他似乎是后殖民时代精英阶层利益的最佳保护人。吉丘鲁也因为民族主义者的身份而赢得民众支持。然而，他的嗜酒如命以及糟糕的身体状况，使部长们对他的支持到 1967 年已经减弱。② 部长之间的共识也随之消失。两个竞争对手取代了吉丘鲁：丹尼尔·阿拉普·莫伊和汤姆·姆博亚。他们二人分别得到政府内部不同派别的支持，并且代表着具有广泛影响的利益。肯雅塔一直拒绝公开指定接班人，部长们曾在内阁提出这一问题，但是遭到肯雅塔愤怒拒绝。③ 尽管总统战胜了中风，又活了十年时间，然而继承之争成为击败肯人盟之后的主要政治问题。

---

① Stanley to Aspin, 29 January 1964；TNA：PRO DO 213/65.

② Greatbach to Scott, 26 March 1968；TNA：PRO FCO 31/209.

③ Ferguson to Secretary of State, 13 June 1968；POL 15－1 Kenya；CFPF 1967－1969；RG 59；NACP.

平庸之辈

肯雅塔曾经私下表示希望莫伊来做他的继承人，尽管他不愿意公开提及此事。中风之后第二天，肯雅塔挣扎着在病榻前慷慨激昂地告诉莫伊，"需要树立他作为既定的总统候选人的形象"。① 总统知道，莫伊需要对付汤姆·姆博亚这位强劲对手。对于肯尼亚人来说，移民流动是生活中的重要内容，就此看来，姆博亚在很多方面可以算作肯尼亚现代公民的典型代表。姆博亚的祖籍可以追溯到鲁辛加岛（Rusinga Island），这座维多利亚湖上的小岛靠近南尼扬扎，不过他很长一段时间生活在锡卡和内罗毕。在来到首都之后，他才作为工会活动家步入政坛。姆博亚希望将这一广泛支持运用到与莫伊的斗争之中。

姆博亚还可以指望美国的支持。整个 20 世纪 60 年代初，通过美国劳工组织和中间派的国际自由工会联盟（International Confederation of Free Trade Unions），姆博亚得到美国中央情报局资助。不过，经由姆博亚的肯尼亚劳工联盟（Kenya Federation of Labour）的金额最多时也只不过区区每月 1000 美元。② 这一相对较少的数额表明，姆博亚并未得到购买情报所需的大笔资助，而只是作为奥廷加的搅局者。

事实证明，姆博亚对他的美国支持者来说颇具价值。无论奥廷加是在肯盟还是肯人盟，他一直是奥廷加派水火不容的敌手。正是

---

① Greatbach to Scott, 8 May 1968；TNA：PRO FCO 31/209.

② Dan Schechter, Michael Ansara and David Kolodney, "The CIA as an equalopportunity employer" in E. Ray, W. Schaap, K. van Meter and L. Wolf（eds）, Dirty Work 2：The CIA in Africa, London, 1980, pp. 58 – 60.

在姆博亚指挥下，卢蒙巴研究所被关闭，奥廷加在肯盟内遭到边缘化。同样也是在他策划下，肯盟出台了 1965 年发展政策声明。而且，姆博亚还策划骚扰议会中的奥廷加支持者。对于奥廷加以及像卡吉亚这样的支持者而言，姆博亚是他们的首要对手。1965 年，中国方面的援助资金主要被用来打破姆博亚在家乡南尼扬扎的维多利亚湖畔的支持基础。① 肯人盟也诽谤中伤他，诬蔑他是美国秘密特工。个人争斗、意识形态差异以及冷战背景，所有这些因素糅合在一起，使得姆博亚与奥廷加对着干。

在不同时期，二人一直针锋相对。这其中最为重要的是工会运动期间。20 世纪 50 年代，由于工会在茅茅运动兴起以及击败殖民统治的过程中扮演了重要作用，因此它当时拥有极大的力量。事实证明，工人运动代表着肯尼亚社会中广泛的不满情绪，它因此拥有巨大能量，这一点令很多掌权的民族主义领导人感到恐惧。作为一名部长，姆博亚并不支持工会方面的政治激进主义。姆博亚警告说，工会"现在必须扮演巩固独立、推动经济重建的任务。新政府绝不打算让工会或者其他群体阻碍经济发展"。② 很多工会领袖却并不这样认为。

1964 年至 1965 年，罢工和消极怠工时有发生。情报机构认为，奥廷加派"认为控制工会运动是推进其政治目标所必需的"。③ 因此，肯雅塔和姆博亚试图削弱工会的政治权力，他们把这视作攻击再分配政治的一部分。1965 年 8 月，由于担心罢工迫在眉睫，政府

---

① Imray, "Notes on politics in Nyanza", 15 October 1965, 2；TNA：PRO DO213/65.

② Mboya, Challenge, p. 66.

③ Office of the Director of Intelligence, Special Branch Weekly Intelligence Report, 28 September – 5 October 1965, 1；KNA BB/1/158.

制订了建立统一工会组织的计划。① 次月，政府组织的工会联盟
（Confederation of Trade Unions）宣告成立。该组织合并了现有工人组
织，增强了国家对于工会活动的控制，并避免工人运动成为激进派
的工具。

工会遭受瓦解，从而使得姆博亚失去了最有力的支持者。为了
帮助肯雅塔击败奥廷加，姆博亚失去了工会支持。姆博亚曾经试图
在其他领域打击奥廷加，这也同样深刻影响到姆博亚成为老总统接
班人的前景。尽管他可以依靠议会中的议员朋友支持，但是随着肯
雅塔个人统治地位的巩固，政治权力中心在 20 世纪 60 年代逐渐从
议会转向行政机构。类似情况也出现在肯盟，尽管姆博亚作为总书
记一直负责日常工作，但是该组织在国家决策和政策实施过程中影
响力十分微弱。肯雅塔担心基层党员同情激进派，因而极力确保它
不得参与政府事务。在迅速发展的内罗毕，姆博亚的天然支持基础
显得微不足道，这更影响到姆博亚的政治前途。

姆博亚的卡姆昆吉（Kamukunji）议会选区涵盖了内罗毕市中心
的大部分地区。不过他为改善城镇工人命运而进行斗争的经历意味
着，他能够获得整个城市的支持，尤其是内罗毕城东贫民区的支持。
内罗毕城东居民尤其需要在政府中找到一个强有力的庇护人。"对于
内罗毕而言，贫困如同这座城市一样古老。"一位肯尼亚经济史学家
在 1972 年评价道。② 经济史学家这个职业在肯尼亚凤毛麟角。然而，

---

① Office of the Director of Intelligence, Special Branch Weekly Intelligence Report, 10 –
16 August，1；KNA BB/1/158.

② Roger van Zwanenberg, "History and theory of urban poverty in Nairobi：The problem of
slum development"，working paper no. 26，Institute for Development Studies，University of Nai-
robi，April 1972，p. 1.

情况在独立之后变得更糟糕。迅速的人口增长、农村地区的土地匮乏以及城镇化等推动因素，这些使得内罗毕居民人数自 1963 年以来急剧增长。人口增长对于市政当局所带来的挑战是显而易见的。早在独立之时，拥挤不堪已经是一个严峻问题：例如，伊斯特利（Eastleigh）的每处住所平均居住有十五人。[①] 由于市政当局既没有现存住房，也没有必需资金来扩充住房存量，因此来到城市的移民只得在非正规定居点建房或者租房，逐渐填满了殖民城镇地图上代表着森林草地的绿色区域。

独立之后数年时间里，将近 7 万人居住在马塔莱河谷（Mathare Valley）的贫民窟之中，这里是所有非正规定居点中最大的一个。这些人艰难度日，他们享受不到任何城市基础设施。"几乎没有任何公共厕所，"城镇官员报告说，"这里到处都是粪便垃圾。"由于道路不通，因此没有办法清扫垃圾；由于没有自来水，大多数居民要么从严重污染的马塔莱河汲水，要么从市镇委员会所经营的商店里买水。[②] 由于担心内罗毕城将会变成"贫困的失乐园"，当地官员认为最好的解决办法是将城镇贫民重新安置到农村地区。[③] 肯雅塔对此表示赞成，并且时常劝告城镇中的不满者"回到乡下去"。

尽管城市在肯尼亚现代史上起到了重要作用，它们却并非政治权力的主要来源。卡姆昆吉是一个多族群选区，而这是一个由倡导乡村价值的政治家所主导的族群政治时代。内罗毕、基苏木和蒙巴

---

① E. P. Wilkinson, "Nairobi's population growth and the problem of housing", c. 1963, 3；KNA KA/1/52.

② Minutes of meeting on "Immediate public health measures to be taken against cholera in Nairobi City", City Hall, Nairobi, 16 March 1971；KNA KA/1/52.

③ DC Nairobi, "Illegal squatting in Nairobi", February 1965；KNA KA/1/52.

萨的居民在议会中并未得到充分代表，并且通常被当地政府所忽视。因此，对于试图成为肯雅塔合法继承人的姆博亚而言，城镇选区并无太大价值。政治辩论主旨也发生变化，严重影响到姆博亚接班的希望。尽管他不同意肯人盟所提出的立即实现再分配的政策，但是他认为再分配是独立之后政府为之而努力的最终目标。因此，再分配作为政治辩论议题的消逝，不仅削弱了奥廷加的力量，同时也有损于姆博亚。

除了政治辩论内容的变化之外，政治实践的变化进而也导致姆博亚的孤立。随着总统健康状况的恶化，以及议会和内阁力量受到削弱，肯雅塔所青睐的高度个人化政务处理方式成为主导模式。在他遍布全国各地的私人和官方寓所里，总统接见来自各省区的代表，听取他们的陈情，并签发法令。譬如，1970 年 7 月，在噶屯度（Gatundu）寓所，肯雅塔接见了桑布鲁（Samburu）地区代表团，这些人带来了“来自我们民众最热烈的问候”。代表团强调桑布鲁地区对于肯雅塔政府的忠心，以及在希弗塔战争中蒙受的损失，并向政府提出了多项要求，其中包括向该地区增派警力以保护该地安全，建立集体村庄，设立野生动物保护区以保护该地区农民利益，政府为桑布鲁地区划定畜牧农场，并提供更多的发展资金。①

尽管这些接见最初只是偶然事件，但是逐渐成了公民和政府首脑之间极为规范化的交往模式。代表团通常是由省专员组织的，任何希望加入代表团并与肯雅塔讨论具体问题的人，应当先征得总统助手同意。肯雅塔也希望通过这些接见来展示自己的慷慨大方。1969 年 3 月梅鲁代表团拜访时，肯雅塔为当地建设新医院拨款 3.3

---

① Lenayiarra to Kenyatta, 25 July 1970；KNA KA/6/52.

万美元。① 这一代表团机制显示出，以总统为中心的个人化权力已经逐渐制度化。而且，这些权力仪式显示出承认政治逐渐渗透到政府决策过程之中。这种拜访本身是族群诉求的表现形式，这些代表团在由自行任命的特定族群代表的带领下，将自己族群的具体诉求呈报总统裁决。

省政府官员们将肯雅塔的这种私人化治理方式复制到全国范围之内。省专员和地区专员都曾是肯雅塔麾下的得力干将。正如议会议员、巴林格地区肯盟秘书亨利·切博伊沃（Henry Cheboiwo）所说："巴林格地区专员实际上是肯尼亚共和国总统阁下的眼线。"② 肯雅塔赋予省专员和地区专员"维护政府形象与影响的责任"。③ 肯雅塔渴望赋予政府形象以新内涵，他因此给予地方官员极大权力，允许他们掌管土地委员会，这些委员会负责裁定土地界限、批准土地交易。④ 省政府官员则贪婪地滥用总统赋予的权力，这让民选政治领袖们感到气愤难当。20 世纪 60 年代，东部省省专员艾利乌德·马希胡就是因为滥用权力，激起该地区政客强烈愤怒，因而臭名昭著。例如，在恩布地区的恩甘杜里（Ngandori）连续发生四起谋杀案之后，马希胡宣布实施宵禁，因而明显违背了宪法。当地议员将他的行为描述为"对于我们遵纪守法的公民无端而残忍的惩罚"。⑤ 但是，肯雅塔政府并未减少马希胡对于东部省公民日常生活的干预，

---

① Koinange, "Brief on memorandum by the Meru people for Sunday, 23 March 1969", 1; KNA KA/6/22.

② Cheboiwo to Bomett, 5 August 1967; KNA KA/6/14.

③ Kenyatta, speech at the official opening of the Provincial Administration Seminar at the Kenya Institute of Administration, Kabete, 5 May 1969; KNA KA/4/17.

④ Minutes of the KANU Parliamentary Group meeting, 20 December 1966, 5; KNA KA/2/14.

⑤ Mbogoh to Moi, 7 August 1967; KNA KA/6/22.

也没有对于政府不同部门之间的权力分配做出调整。

姆博亚的行为方式与整个政治环境格格不入。姆博亚本人青睐于政治机制（machine politics），而整个政治体制的权力日趋私人化。作为肯盟总书记，他抱怨党员们"什么事情都去找总统办公室，总是期待肯雅塔能够介入各地区的所有争端和各种分歧"。① 相比之下，肯雅塔则愿意看到平常百姓向他寻求帮助和指导。正如美国使馆所觉察到的，这一权力的私人化是一种"统治策略"，肯雅塔意在借此削弱姆博亚。肯雅塔担心姆博亚更为娴熟的组织才能，因此决心遏制这位年轻的竞争对手。② 不过，姆博亚竭力迎合这一政治环境。1967 年 6 月，他带领着卢奥族领导人在内罗毕国家宫拜会肯雅塔。该代表团在向总统表达忠心的同时，要求政府放松针对肯人盟的镇压措施。③

然而，姆博亚却并非一个合格的族群主义者。他缺少争夺最高权力所需要的稳定的族群基础。由于地区、阶级和意识形态等方面的"断裂"，卢奥族人内部四分五裂，他们的政治情感因为 20 世纪 60 年代的一系列事件而分歧重重。更多的卢奥族人将奥廷加而非姆博亚视作他们的领导人和在内罗毕的代表。而且，姆博亚的"卢奥族性"（Luoness）也受到严重质疑。他属于卢奥族中的苏巴（Suba）一支，自 19 世纪后期卢奥族移民进入南尼扬扎省之后，苏巴人曾多次在加入卢奥族之后又宣布脱离。尽管到 20 世纪中期苏巴人与卢奥

---

① Mboya to Jahazi et al. , 3 October 1965；KNA KA/11/9.

② Ferguson to Secretary of State，29 February 1968；POL 15 Kenya；CFPF 1967 – 1969；RG 59；NACP.

③ Anon. , "Jodong Luo Oromo gi Jaduong" Jomo Kenyatta"，21 June 1967；KNA MAC/KEN/70/2.

族在文化和语言方面的差异已经很难辨别，苏巴人在尼扬扎族群政治中的地位仍然十分模糊。

姆博亚绝不愿意放弃民族主义。1968 年 2 月初，他在凯里乔（Kericho）一所学校开学典礼上表示："倘若我们自己内部分裂，我们就无法构建民族。我们必须消除各种形式的部落主义，集中力量塑造一个强大而繁荣的民族。"① 但是，由于肯雅塔成功地将肯人盟边缘化为仅仅代表卢奥族利益的政党，民族主义因而成了一个"时代错误"。1969 年比尔达德·卡吉亚获释时，甚至他自己也无法重新回到以往的反对派同志中间。卡吉亚不愿意为了恢复在肯人盟的领导席位，而冒着被基库尤本族人厌恶的危险。

曾经用来削弱奥廷加的手段，又被用来对付姆博亚的总统野心。到 20 世纪 60 年代，姆博亚发现自己成了操纵政治机器的政客（machine politician），不得不与个人化权力打交道；作为一名党务活动家，他亲自负责排挤肯人盟，目的是排挤奥廷加及其支持者；作为一名工会领袖，他亲自削弱了工人运动的力量，意在消除主要竞争对手奥廷加的支持基础；他同时还是一名族群政治时代的民族主义者。但是姆博亚只能怪自己。毕竟，在肯雅塔打击奥廷加的过程中，具体执行者正是姆博亚本人，而非其他部长（除了查尔斯·恩乔恩乔外）。在 1967 年 12 月险遭刺杀之后，姆博亚于次年 5 月因精神压力过大而入院治疗，这些表明姆博亚对于自己的前途忧心忡忡。

---

① US Embassy to Secretary of State, 14 February 1968; POL 15 – 1 Kenya; 1967 – 1969; RG 59; NACP.

攻击姆博亚

姆博亚的总统野心解释了他为何情愿遭受这些创伤。姆博亚的这一野心，再加上他的才智、个人魅力，以及议员和部长们的支持，因而成为莫伊的强劲对手。由于总统健康状况日益恶化，对于继承权感兴趣的势力蠢蠢欲动，竞争对手的主要支持者们为了削弱姆博亚继承肯雅塔职位的可能性，采取了一系列针对他的笨拙伎俩。尽管莫伊是卡伦金人，但是他背后的主要支持者是肯雅塔的基库尤族核心层。1968 年吉丘鲁去世之后，基库尤族没有自己的适合候选人。而且，基库尤人也意识到，全国范围内不满的日益增强以及肯雅塔统治下的基库尤人特权，这都意味着非基库尤族候选人更容易得到肯尼亚民众认可。莫伊似乎是最佳人选，作为非基库尤族，他能够为基库尤族精英持续的幕后财富积累提供掩护。这些都是由恩乔恩乔所领导的。我们现在会把莫伊看作老练睿智的政治操纵者，但是在当时他还做不到这一点。检察总长恩乔恩乔试图利用自己对于国家立法机构的控制来打压姆博亚，扶植莫伊势力。

从 1968 年年初开始，恩乔恩乔向议会提交了一系列修宪提案，意在减少姆博亚接替多病总统的机会。在肯雅塔中风之后，恩乔恩乔更是加紧行动。恩乔恩乔试图说服议员同意将宪法规定的总统最低年龄从三十五岁提高到四十岁——姆博亚当时是三十八岁。检察总长也试图削弱议会在总统继承过程中的地位。按照现行宪法，议会可以选举总统接班人，显然姆博亚所能得到的支持远远多于莫伊。而且，恩乔恩乔所提出的宪法修正案草案还规定总统职位候选人必须得到正式登记政党的支持——换言之，独立候选人将不被接受。

恩乔恩乔企图通过操纵肯盟党员投票来击败姆博亚，并且还企图罢免姆博亚的肯盟总书记一职。①

恩乔恩乔的修宪图谋在议会内遭到联合抵制。姆博亚得到议员同事们的爱戴，他是议会事务的杰出组织者。他在内阁之中也得到极大支持，劳伦斯·萨基尼（Lawrence Sagini）、叶米亚·尼亚加（Jermiah Nyagah）和罗纳德·恩加拉是姆博亚最坚定的支持者。对于恩乔恩乔将姆博亚描绘成不忠的美国新帝国主义傀儡的企图，他们予以激烈反击。② 在内阁部长中，反对姆博亚的只有莫伊、恩乔恩乔、恩乔罗格·蒙盖、尤里乌斯·基亚诺（Julius Kiano）和保罗·恩盖。在代表八个省份的八名肯盟副主席中，姆博亚得到其中五位的支持。只有齐贝吉和吉丘鲁被认为是莫伊的支持者，而莫伊本人是代表裂谷省的副主席。③ 作为对于这些反抗的妥协，恩乔恩乔不得不取消了关于总统年龄条件的提案。尽管如此，他所提出的其他宪法修正案在 6 月底获得通过并成为法律。

根据宪法修正案，选举肯雅塔继承人的职权从议会转移到肯盟。经过议会的宪法之争后，反姆博亚派也试图降低姆博亚对于政党的控制。在全国范围内，肯盟的多个地方支部发生了一系列权力斗争，莫伊的拥护者试图将姆博亚支持者赶下台。以地方支部管理不当为借口，反姆博亚派推动肯盟举行了一系列的地方支部选举，将姆博亚的众多支持者们赶下台——正如姆博亚自己曾经在 1965 年和 1966 年年初策划排挤奥廷加那样。例如，在海岸省，莫伊派试图解除罗

----

① Hughes to Secretary of State, 25 April 1968；POL 15 – 1 Kenya；CFPF 1967 – 1969；RG 59；NACP.

② Ibid. .

③ Ling to Tallboys, 31 July 1968；TNA：PRO FCO 31/206.

纳德·恩加拉的地区最高行政长官职务。① 杰西·噶琼戈，曾在三年前策划了针对卡吉亚的攻击，这时在争夺肯盟的穆拉雅支部领导权过程中输给了莫伊的盟友尤里乌斯·基亚诺。② 类似地，在纳卡鲁，尽管亲姆博亚的马克·马维萨嘎（Mark Mwithaga）在"小普选"中击败了奥尼科，但是莫伊及其支持者却能够剥夺马维萨嘎对于肯盟支部的控制权。③ 1969 年年初，莫伊的副总统地位似乎坚不可摧。

由于支持者接连遭遇挫折，姆博亚显得有些士气低落，他在1969 年年初不得不承认自己已经在与莫伊的斗争中败北。④ 不过，5月尼扬扎的杰姆（Gem）举行的补选，似乎成了他时来运转的机会。这一职位此前一直由肯盟的克莱蒙特·阿格温斯－柯德海克（Clement Argwings-Kodhek）担任，此人在年初的一起疑点重重的车祸中丧生。任命新的肯盟候选人，这成了政府中的姆博亚派和莫伊派之间爆发冲突的焦点。莫伊派成功推举威克利夫·拉丁·奥莫罗（Wycliffe Rading Omolo）成为肯盟候选人。然而，奥莫罗却并不是当地支部欢迎的候选人。在重新加入肯盟之前，他曾经是该地区的肯人盟官员。如同此前很多同事一样，他仍然保持着对于姆博亚的仇视态度，认为他是导致反对党当时处境艰难的罪魁祸首。然而，姆博亚得到杰姆的肯盟党员支持，因为当地党部是由他的岳父、资深的民族主义政治家沃尔特·奥德勒（Walter Odele）所掌管。关于任命奥莫罗一事，奥德勒曾亲自向肯雅塔抱怨，但是遭到拒绝。姆博亚决

---

① Ferguson to Secretary of State，13 July 1968；POL 15－1 Kenya；CFPF 1967－1969；RG 59；NACP.

② Ibid..

③ Ibid..

④ Ferguson to Secretary of State，8 January 1969，2；POL 15－1 Kenya；CFPF 1967－1969；RG 59；NACP.

定杰姆补选期间躲得远远的，并拒绝给予奥莫罗支持。①

肯人盟候选人瓦松戈·希杰约（Wasongo Sijeyo）在补选中出人意料地胜出。肯雅塔对于选举结果感到极为尴尬，担心这可能使得肯人盟获得更为广泛的支持。在不久之后的内阁会议上，肯雅塔做出了出人意料的表态。总统告诉部长们，现在必须停止在继承问题上的内讧。他特别强调不应该浪费姆博亚的选举才能，因为这将导致政府难以承受的后果。尽管姆博亚本人未参与此次会议，但是对于肯雅塔所提出的赋予姆博亚尼扬扎未来选举的负责全权控制的提议，所有与会者一致表示同意。姆博亚的内阁支持者们在离开会场时"欢欣鼓舞，因为总统命令全党必须充分利用姆博亚的才能"。②姆博亚的地位似乎得以巩固。

两周后，肯雅塔宣布议会选举将于年内举行，在此之前将不再举行肯盟选举，这一消息更加巩固了姆博亚的地位。尽管姆博亚的支持者在年初的地方支部选举中惨败，但是姆博亚本人仍然占据着总书记职务。肯雅塔宣布短期内不再举行政党选举，这意味着姆博亚将会继续担任该职务一年时间。倘若总统病故、挑选接班人过程开始，他在党内的影响力暂时无虞。然而，姆博亚知道自己处境危险。由于杰姆选举结果出人意料，反对派试图剥夺他对于政治制度的正式控制权的企图归于失败，姆博亚担心反对派会对自己采取"非常规"手段。6 月底，在刺杀谣言四起情况下，他出国暂避风头。正如卸任议员菲兹·德·苏尔扎（Fitz de Sourza）所说，只是在

---

① Coote to Secretary of State, 23 April 1969; POL 14 Kenya; CFPF 1967 – 1969; RG 59; NACP.

② Coote to Secretary of State, 16 May 1969; POL 14 Kenya; CFPF 1967 – 1969; RG 59; NACP.

"所有基库尤朋友保证他在肯尼亚的人身安全"情况下，姆博亚才返回国内。①

7 月 5 日，星期六，姆博亚回国大概一周时间，这天下午，姆博亚和保镖驱车前往内罗毕市中心的政府路上的赛米（Sehmi）药店。姆博亚将车停在店门口，药店上午营业时间结束并已关门。不过，姆博亚和药店店主熟识，当他们看到他的车就打开了大门。就在下车走向店门口的时候，他还停下来与恰好路过的朋友巴拉克·奥巴马（Barack Obama），也就是当今美国总统的父亲打了个招呼。在同奥巴马寒暄之后，姆博亚道别并进入药店。他热情地问候莫希妮·赛米夫人之后，他们二人同店里的药剂师聊了一阵子，之后姆博亚离开了店铺。就在离开时，姆博亚突然遭人开枪暗算，胸部中了两枪。凶手跳上汽车逃离现场，姆博亚先是倒在赛米的怀里，然后跌倒在门口地上，一句话都没讲出来。姆博亚鲜血直流，很快停止呼吸。② 一直守在姆博亚身边的保镖未能阻止凶手，只好瘫坐在大街上号啕大哭。③

等姆博亚被送到内罗毕医院时已经死亡，医生们试图在手术台上救活他，但是已经无力回天。枪击案消息很快就传开了，他的朋友和同事涌入医院。这其中也包括公共服务警察和普通警察。数分钟后，就在安放姆博亚遗体的房间外边的走廊里，安全警察和姆博亚的朋友们厮打在一处。④ 随着越来越多的姆博亚支持者赶到医院，

---

① Allinson to Holmes, 31 May 1971; TNA: PRO DO 226/13.

② "The last few minutes of minister's life", *East African Standard*, 7 July 1969.

③ US Embassy to Secretary of State, 7 July 1969; POL 15 – 1 Kenya; CFPF 1967 – 1969; RG 59; NACP.

④ Coote to Secretary of State, 10 July 1969; POL 15 – 1 Kenya; CFPF 1967 – 1969; RG 59; NACP.

这些人大多是卢奥族人，他们开始向围观者呼喊反政府、反基库尤的口号。愤怒的悼念者将一名前来负责做临终祈祷的基库尤族神父强行赶出医院。当姆博亚遗体被送往内罗毕家中时，很多前来吊唁的基库尤人遭到毒打。[①] 政府部长们也不受欢迎。莫伊前往吊唁，但是群众把他推搡出了房间，并用石块砸他的汽车，莫伊只好灰溜溜地离开医院大楼。甚至是姆博亚的生前老友劳伦斯·斯基尼（Lawrence Sgini），现任的地方政府部部长，也未能前往吊唁。[②]

全国范围内群情激愤。谋杀案三天之后，在送葬队伍启程前往尼扬扎之前，内罗毕的神圣家族大教堂（Holy Family Basilica）为姆博亚举行了一场安魂弥撒。教堂里挤满了社会名流，教堂外面还站着 5 万名哀悼者。由于担心情绪激动的人群发生骚动暴乱，政府安排了大量的士兵、警察和公共服务警察在附近巡逻。当肯雅塔乘车抵达教堂时，大约两百名哀悼者包围了汽车。他们呼喊着肯人盟的口号，厉声辱骂总统和政府，还用石头砸这些政府官员的汽车。安全部队则用催泪瓦斯予以回击。哀悼者用石块和其他投射物攻击安全部队，并且砸毁路边店铺，骚乱由此全面升级。安全部队用更多的催泪瓦斯来对付哀悼者，并用警棍驱散教堂附近的哀悼者。骚乱声甚至在教堂里回响，安魂弥撒也不得不因而中断。[③] 按照原定计划，姆博亚遗体将暂厝教堂一夜，不过这一计划很快就被放弃了。催泪瓦斯的浓烟泄漏进了教堂，里边的很多与会者被熏得喘不过气，

---

① US Embassy to Secretary of State, 7 July 1969；POL 15 - 1 Kenya；CFPF 1967 - 1969；RG 59；NACP.

② Coote to Secretary of State, 10 July 1969；POL 15 - 1 Kenya；CFPF 1967 - 1969；RG 59；NACP.

③ Ibid. .

肯尼亚似乎陷于分崩离析之中。

安魂弥撒第二天，姆博亚的遗体被送往故乡尼扬扎安葬。护送姆博亚最后一程的车队有两英里长。车队离开内罗毕，并在清早经过达高莱堤（Dagoretti），送葬队伍这时遭到一群基库尤人抛掷石块袭击，这些基库尤人对于哀悼者之前攻击肯雅塔表示不满。与此同时，卢奥族人在达高莱堤也遭到毒打，他们的店铺被基库尤族暴徒袭击。但是，一旦车队离开了内罗毕，灵柩所到之处，都有成群的肯尼亚人整天等在路边悼念。成千上万的民众使得送葬队伍经过纳瓦沙（Naivasha）、纳库鲁（Nakuru）和凯里乔的时候不得不减慢速度。当车队在傍晚时分抵达基苏木时，再次发生骚乱。警察和公共服务警察用警棍赶走了哀悼群众，并用催泪瓦斯对付这些试图接近灵柩的群众。① 然而，尼扬扎人和其他肯尼亚人决心向姆博亚这位民族主义英雄致哀。在通往姆博亚祖籍所在地鲁辛加岛的沿途道路上，民众一直站在路两旁等候，姆博亚遗体最终于 7 月 11 日运抵鲁辛加岛。

姆博亚的墓地周围聚集着无数悲恸欲绝的哀悼者，他们目送姆博亚入土为安。这其中最重要的是奥廷加，他与姆博亚之间昔日的争斗已经成了过眼云烟。奥廷加身着卢奥族年长者传统装扮，受到哀悼者的狂热拥护。② 姆博亚之死使得卢奥族人实现了前所未见的团结，不过姆博亚却再也看不到这一幕了。"姆博亚成了一名烈士和

---

① Coote to Secretary of State，10 July 1969；POL 15 – 1 Kenya；CFPF 1967 – 1969；RG 59；NACP；Norris to FCO，10 July 1969；TNA；PRO FCO 31/356.

② Coote to Secretary of State，14 July 1969；POL 15 – 1 Kenya；CFPF 1967 – 1969；RG 59；NACP.

'本族的英雄'，一种卢奥族政治团结感油然而生。"奥格特如是写道。① 然而，之前其他的竞争者并不愿冰释前嫌，对于肯雅塔提出的所有各国使馆降半旗的要求，内罗毕的中国使馆并未理会。②

中国之所以如此回应姆博亚遇刺事件，这显然与莫伊试图指责外国共产主义力量是刺杀事件的策划者有关。来自两党的议员都认为政府应当进行适当的调查，而不是政治上的哗众取宠。③ 在谋杀案之后不久，警方声称抓住了凶手纳哈逊·伊萨克·恩金加·恩乔罗格（Nahashon Isaac Njenga Njoroge），但是议员们对此并不相信。尽管 20 世纪 60 年代初，他曾作为留学生在保加利亚待过四年时间，但是恩金加并没有与冷战相关或者其他明确的动机。④ 除了在犯罪现场搜集到的关于凶手的十分含混的描述之外，仍然不清楚究竟是何证据使得警察把恩金加从位于市中心的办公室将其逮捕。在被带走关押的时候，恩金加问逮捕他的这些警察："为什么抓我？而不是那些大人物？我们只是奉命行事。"当警察问"大人物"是谁时，他拒绝回答。⑤

后果

在 8 月中旬审判前听证会上，恩金加将关于"大人物"的问题公之于众，这更是引发了关于谋杀案的广泛猜测。如同平托遇刺案

---

① Bethwell Ogot, *A History of the Luo – Speaking Peoples of Eastern Africa*, Kisumu, 2009, p. 783.

② Coote to Secretary of State, 11 July 1969；POL 15 – 1 Kenya；CFPF 1967 – 1969；RG 59；NACP.

③ Norris to Johnston, 16 July 1969；TNA：PRO FCO 31/356.

④ Goodall to Tallboys, 23 July 1969；TNA：PRO FCO 31/356.

⑤ Edis to Purcell, 20 August 1969；TNA：PRO FCO 31/356.

一样，围绕着姆博亚遇刺情况和动机，各种各样谣言很快就散播开来。肯人盟在政府中的仇敌声称，肯人盟是谋杀案的幕后主使，而政治保安处也接到了指称奥尼科是主要策划者的证词。然而，这些都被否定了，理由是缺乏确凿证据。① 另一种更为可信的谣言是，查尔斯·鲁比亚（Charles Rubia）是幕后主使。政府并未采取具体行动来平息这些谣言，但是与警察调查非常接近的信息表明鲁比亚是幕后主使。②

野心勃勃的鲁比亚把姆博亚视作自己仕途的"绊脚石"，这一点众人皆知。他们二人此前一直在争夺对于内罗毕公众的影响力——姆博亚是一名工会活动家和政府部长，而鲁比亚是一名当地的政客。鲁比亚最初是于1955年进入内罗毕市镇委员会，并由此步入政坛。1962年，鲁比亚当选内罗毕市长，任职期间政绩显赫，因此连续三次被市镇委员推选留任。1967年，鲁比亚最终从内罗毕市长任上辞职，转而集中精力谋划自己在国家层面的政治前途。众所周知的是，他已经有了对付姆博亚卡姆昆吉选区的策略。鲁比亚还是一名成功商人，他很乐意运用自己的巨额财富来推进政治事业，他正是凭借这样的手段在1968年将内罗毕肯盟分部从姆博亚支持者手中夺了过来。③

对于试图破坏姆博亚继承人资格的莫伊和恩乔恩乔而言，鲁比亚起初看似是理想盟友，所以他们支持他竞选内罗毕的肯盟主席一

---

① Goodall to Purcell, 27 August 1969；TNA：PRO FCO 31/356.

② Goodall to Tallboys, 23 July 1969；TNA：PRO FCO 31/356.

③ Foreign and Commonwealth Office, "Leading personalities in Kenya, 1972", 111；TNA：PRO FCO 31/1192.

职。① 他们也认为鲁比亚是姆博亚的肯盟总书记职务最合适的挑战者。② 不过，他们很快也将鲁比亚视作威胁。鲁比亚既富裕又有魅力，既受欢迎又有能力，并且还有独特手段和品格，所有这些都是莫伊和恩乔恩乔所不具备的。例如，对于副总统莫伊来说，鲁比亚和他之间的任何对比都令他感到不高兴。然而，鲁比亚显得有些自不量力。在成功控制了肯盟内罗毕分部之后，他试图运用自己在市镇委员会的影响力来阻止肯雅塔的女儿玛格丽特（Margret）竞选内罗毕市长。他非但未能成功，反而惹怒了肯雅塔、恩乔恩乔和其他政府高层。③ 鲁比亚崛起很快，失势也快。

鲁比亚是绝佳的掩饰，但是幕后主使并不打算将他推到被告席上。他们只是希望旁敲侧击地贬损他，而他与姆博亚的竞争使得这些谣言似乎是真实可信的。尽管如此，当恩金加案即将庭审时，负责案件调查的警官是一名定居于肯尼亚的英国人，他向英国高级专员公署明确表示自己"并不相信鲁比亚介入其中"。④ 美国国务院相信，姆博亚谋杀案主谋是肯雅塔身边那些一直反对姆博亚接任的基库尤族部长们。⑤ 英国起初有些怀疑，不过最终表示赞成。1973 年，英国高级专员公署声称，恩乔恩乔"在姆博亚遇刺案中的干系重大"。⑥

---

① Ferguson to Secretary of State, 28 September 1968；POL 12 Kenya；CFPF 1967 – 1969；RG 59；NACP.

② Hughes to Secretary of State, 25 April 1968；POL 15 – 1 Kenya；CFPF 1967 – 1969；RG 59；NACP.

③ Ferguson to Secretary of State, 28 September 1968；POL 12 Kenya；CFPF 1967 – 1969；RG 59；NACP.

④ Goodall to Purcell, 27 August 1969；TNA：PRO FCO 31/356.

⑤ Denney to Secretary of State, 11 September 1969；POL 12 Kenya；CFPF 1967 – 1969；RG 59；NACP.

⑥ Allinson to Dawbarn, 7 March 1973；TNA：PRO FCO 31/1496.

当审判于 9 月 3 日开始时，恩金加成了众矢之的。消息灵通的观察者普遍预测，法庭最终审判他有罪。首席法官基蒂利·穆温德瓦（Kitili Mwendwa）告诉英国外交官，"他深信审判结果将是判定恩金加有罪"①。侨居肯尼亚的英国警官和高级官员相信，被告最终会被认定有罪并被绞死。② 审判总共持续了八天时间，正如原先预料的，恩金加被判有罪并被判处死刑。恩金加声称将提起上诉，并且满不在乎地离开了法庭。③ 一个月之后，法院再次开庭审理，庭审只用了一天时间就草草结束。结果是驳回上诉，维持原判。恩金加的律师为其做的是承认自己是谋杀案从犯的有罪辩护，并暗示幕后有更大阴谋。不过，恩金加仍然拒绝供出幕后主使。④ 该案检察官约翰·霍布斯（John Hobbs）私下承认，"恩金加显然只不过是阴谋的执行者"，不过恩金加自己仍是有罪的。⑤ 然而，恩金加仍然顽固地保持沉默，直至试完所有法律途径。

恩金加自救的最后一招，是请求肯雅塔大发慈悲（尽管案件事实上是由首席法官定夺）。当这一请求也遭拒之后，恩金加也就无路可走。11 月 8 日晚，恩金加被行刑官弄醒，这是一名侨居肯尼亚的英国军官。恩金加对此感到极为震惊。在行刑官把他从牢房带往绞刑架的路上，他早已瘫软如泥。行刑官得到来自恩乔恩乔的明确命令。只有监狱长、行刑官和恩乔恩乔知道这件事。按照惯例，监狱教士也应参加行刑，却未收到通知，而监狱医生之所以到场，只是

---

① Edis to Purcell, 3 September 1969；TNA：PRO FCO 31/356.

② Goodall to Purcell, 27 August 1969；TNA：PRO FCO 31/356.

③ Edis to Purcell, 12 September 1969；TNA：PRO FCO 31/356.

④ Edis to Purcell, 15 October 1969；TNA：PRO FCO 31/356.

⑤ Goodall to High Commission, 15 September 1969；TNA：PRO FCO 31/356.

因为行刑官私下联络了他。在英国人看来，快到不可思议的审判速度，审判过程的秘密性以及恩金加对此感到惊愕，所有这些都"印证了一种可能性，那就是他此前得到过保住他性命的承诺，随后又被草草背弃，以免他开口乱讲"。[1] 按照这一解释，恩金加之所以保持沉默，是因为他已经得到承诺，他的死刑判决将会被减刑为监禁。穆温德瓦拒绝给予赦免，这意味着，那些肯雅塔身边之人无法兑现原先承诺，而恩金加意识到自己死期不远，可能把他所知道的阴谋全都抖出来。为了让恩金加立即闭上嘴，所以他被草草处死。[2]

从南迪山区到基苏木

姆博亚遇刺所引发的余震波及整个肯尼亚社会。枪击案消息一经公布，立即导致族群仇视加剧，尤其是在裂谷省，这里自独立以来一直有大量基库尤人定居于此。7 月 17 日，一群来自裂谷省图尔博（Turbo）全副武装的卡伦金人，他们将两名基库尤人暴打一顿。就事件本身而言，这算不上什么大事。当地政府表示，"紧张状态得以缓和，没有什么值得担忧"[3]。当地基库尤人对此深表疑虑。"南迪人（Nandis）把基库尤人活活打死。（他们）从早到晚一直在叫嚷。居住在卡普塔贝（Kaptabei）安置点的基库尤人现在只能在外边睡觉。"萨姆韦尔·恩古吉（Samwel Ngugi）的这番描述显然是添油加醋的，因为事实上 1969 年 7 月在图尔博没有一人被杀。恩古吉指责当地南迪—卡伦金人烧毁基库尤族房屋，肆意打伤基库尤族居民，

---

① Norris to FCO, 19 November 1969；TNA；PRO FCO 31/356.

② Hart to Hunt, 28 January 1977；TNA；PRO FCO 31/2121.

③ PC Rift Valley to Kariithi, 14 August 1969；KNA KA/6/52.

并呼吁请政府给予保护。① 在局势动荡的这几周时间里，隆迪亚尼（Londiani）幸免遭受严重冲突，而卢布瓦（Lumbwa）的基库尤农民为免受吉卜赛吉斯人（Kipsigis）攻击而躲在当地政府官员家里。② 肯雅塔对此的回应是继续提升基库尤族精英的地位，并且巩固基库尤基层民众支持。

总统试图通过"起誓"来团结基库尤人。起誓仪式在年初就已经开始，不过在姆博亚谋杀案之后加速推行。起誓仪式源自基库尤人解决争端的习俗，在 20 世纪 40 年代反殖民抗议活动中被政治化。起誓成为茅茅运动的同义语，它大量运用了充满着基库尤族宗教象征主义的仪式和用品，与基库尤人的割礼仪式有着相似之处。基库尤人发誓支持起义者，共同反抗英国。然而，在 20 世纪 50 年代，起誓导致了更大分歧：基督徒认为这是异教徒的宗教仪式，而其他人则谴责起誓者运用暴力方式强迫基库尤人在不情愿的情况下起誓。因此，起誓在 20 世纪 60 年代的复兴引发了巨大争议。

1969 年至 1970 年年初，成千上万的基库尤人、恩布人、梅鲁人和坎巴人来到肯雅塔家乡。根据新近估计，有超过 30 万人来到噶屯度。③ 据记载，他们发誓道：

> 肯尼亚政府处于基库尤人领导之下，而这是必须保持下去的。倘若任何一个部落试图与我们基库尤人作对，我们就必须

---

① Ngugi to Koinange，18 July 1969；KNA KA/6/52.

② Coote to Secretary of State，24 September 1969；POL 17 Kenya；CFPF 1967 – 1969；RG 59；NACP.

③ Ben Knighton，"Going for Cai at Gatundu：Reversion to a Kikuyu ethnic past or building a Kenyan national future" in D. Branch，N. Cheeseman and L. Gardner（eds），*Our Turn to Eat*：*Kenyan politics since* 1950，Berlin，2009，p. 117.

痛击他们，就像为了抗击英国殖民者而死战。我们不允许未受割礼的领导人（即卢奥族人）同我们基库尤人抗衡。任何人都不得投票给非基库尤人所领导的政党。①

起誓并不只是国家政治问题，这些仪式更多也是当地因素所推动的。这些起誓为政府中的保守派提供了机会，使得他们能够威胁态度犹豫的投票者，从而在即将于下半年举行的议会选举之前重新控制住他们。②

尽管这些起誓仪式笼罩着神秘色彩，时至今日，相关描述非常之少。然而，这些起誓仪式行动规模如此之大，意味着它无法逃脱公众视线。赤裸裸的政治议题引起政府反对派极大愤恨。然而，大型仪式同时也引起国内其余族群的极大震惊。基库尤人誓死捍卫权利，这令很多肯尼亚人感到不安。还有人注意到，一些政府官员参与运送起誓基库尤人到噶屯度和其他地点，基库尤族精英显然已经绑架了政府机构。而且，在这样一个基督教影响力日益扩大的国家，容易令人回想起，早在 20 世纪 50 年代起誓已被认定为异端信仰。主要的教会组织明确表示谴责，并要求立即停止起誓活动。政治家们也纷纷仿效。奥廷加自然是冲在前面，不过其他的非基库尤族议员，包括部长们，也加入其中。六名来自东部省的议员警告说，倘若起誓继续下去，"将演变成抵制行动，从而导致法律和秩序的彻底

---

① "Kenya：Ominous oaths", Time, 15 August 1969, available at：www. time. com/ time/magazine /article/ 0，9171，901233，00. html（accessed 1 April 2011）.

② McIlvaine to Secretary of State, 22 October 1969, 8；POL 14 Kenya；CFPF 1967 - 1969；RG 59；NACP.

坍塌"①。事实上，起誓很快就停止下来。不过，肯尼亚政治的族群特征不止表现在这一方面。

1969 年年中，在南迪山区（Nandi Hills），卡伦金族政客打算利用当时政治的强烈族群特征。裂谷省西部有着明显的多族群特征，而这是该省很多地方的典型特征。无数移民进入南迪山区，为的是在欧洲移民留下的农场上分得一块土地。这里与尼扬扎省毗邻，不仅有很多卢奥族人自 1963 年以来一直定居这里，而且包括很多基库尤人以及其他族群。"我们这里有着不同的部落。"1966 年一名当地的肯盟积极分子在给肯雅塔的信中写道。② 然而，山区里居住的基库尤人尤其让很多卡伦金人感到不满。姆博亚遇刺案在导致政治气氛紧张的同时，也使得卡伦金人对于邻近移民的仇恨感大为增强。

1969 年 7 月底，当地议员让·马里·塞罗尼（Jean Marie Seroney）在卡盆格图尼（Kapngetuny）主持了一场主要由南迪族年长者参加的会议，而南迪族是卡伦金族的一个分支。这次会议的决议后来被称作《南迪山宣言》（Nandi Hills Declaration），宣言直接表明了当时政治辩论的性质。按照宣言，整个南迪地区被宣布"属于南迪人民；任何在这一地区或者廷德雷特（Tinderet）耕作的非南迪族的个人、企业或者公司，都只是临时租客，必须遵照南迪人的意愿"。会议决定，非南迪人在本地区所参与的土地交易活动，"无论如何都不应承认其有效性"，并且号召非南迪人要么放弃自己的族群忠诚，要么"尽快带着自己的财物离开这一地区，以免遭受南迪人的厌恶和永久仇

---

① US Embassy to Secretary of State, 17 September 1969；POL 17 Kenya；CFPF 1967 – 1969；RG 59；NACP.

② Kosanga to Kenyatta, 15 September 1966；KNA KA/11/9.

视”。① 该宣言表明族群情感仍然极具生命力，表明了卡伦金族试图利用高度的族群紧张状况，以解决获取稀缺土地和工作的争端。塞罗尼也有自己的打算：他是莫伊的竞争对手，《南迪山宣言》提升了他作为卡伦金族领导者的地位。这一宣言引发严重的反抗。事后针对反抗者的审判，进一步提升了他的地位。

在全国范围内，肯雅塔统治面临着前所未有的挑战。然而，总统并未打算和解，而是打算还击。肯雅塔决心重塑自己的权威，同时继续排挤肯人盟，以免反对派利用自己政府的弱点来赚取政治资本。为此目的，肯雅塔总统与全国各主要族群的重要领导人物举行了一系列会晤。到 10 月底，他开始在裂谷省、西部省和尼扬扎省进行为期两天的视察。先是在纳库鲁，然后又在卡卡梅加（Kakamega），肯雅塔猛烈批评肯人盟。不过，10 月 25 日抵达基苏木之后，肯雅塔言辞更加激烈。

表面上，肯雅塔此行是为了参加苏联援建医院启动仪式。然而，肯雅塔脑子里隐藏着其他目的，似乎希望刺激对手采取行动。由于提前预料到会有麻烦，他在访问基苏木之前给保镖们下达了明确无误的命令，“胆敢扔石头者杀无赦”②。当他在众人前呼后拥下来到医院时，民众挥舞着肯人盟旗帜向他喝倒彩，人数大约有五千人。其中有些人还用石块砸他的汽车。在警察逮捕了一些闹事者之后，事态有所控制，肯雅塔得以继续进行医院揭幕仪式。肯雅塔抱怨道，自己不顾舟车劳顿来到基苏木，为政府建造的医院揭幕，却遭遇民众抗议，肯雅塔引述斯瓦西里谚语道：“好心善待驴，却遭驴儿踢。”

---

① Mitei, "Nandi Hills Declaration", 27 July 1969；KNA KA/11/9.

② McIlvaine to Secretary of State, 28 October 1969；POL 23 – 2 Kenya；CFPF 1967 – 1969；RG 59；NACP.

"这些蠢人不要再做傻事了，否则我们就不客气了。"他警告说。他然后转向在嘉宾席就座的奥廷加，"倘若不是因为我还尊重你，奥廷加，我早就把你关到监狱了，看看在这个国家到底谁说了算。倘若你愚蠢的支持者胆敢继续无礼行径，我们要给他们一些颜色，让他们知道肯尼亚是有政府的"①。民众被彻底激怒了。

抗议者不停地打断肯雅塔演讲，肯盟与肯人盟两派支持者之间还爆发了冲突。在子弹横飞中，保镖们护送肯雅塔上车逃离现场。心怀敌意的民众聚集在卡卡梅加路旁，这里是总统出城的必经之路。当总统车队驶过时，他们大声骂骂咧咧，很多人还投掷石块。当民众冲上道路拦在肯雅塔车队前面时，保镖们开枪射击。枪击引发民众惊慌逃窜，至少八人丧命，也有人声称是数十人甚或数百人，伤者更是不计其数。肯雅塔远远逃离了基苏木，他下令逮捕奥廷加、所有的肯人盟议员以及肯人盟其他领袖人物。肯人盟随后也被取缔，这一年年底举行的选举只允许肯盟候选人参选。

① McIlvaine to Secretary of State, 28 October 1969；POL 23－2 Kenya；CFPF 1967－1969；RG 59；NACP.

第三章　堕落的天使，1971—1975 年

青山忠骨为我们而哭泣。

——来自马希嘎（Mahiga）的茅茅老兵致信尼耶利地区专员，1970 年 11 月 14 日[①]

土地与自由

"理解马森格"，一位英国外交官于 1972 年 3 月写道："在某种程度上也就同时理解了总统和肯尼亚政府。"作为总统最为信任的随从，以赛亚·马森格（Isaiah Mathenge）自 1965 年以来一直是海岸省省专员，并自 1971 年以后担任裂谷省省专员。在姆博亚遇刺案之后，总统打算加强权力，解散肯人盟，而马森格设在纳库鲁的办公室就成为肯雅塔在后殖民政治震中地带的直接代理机构。别人很少能像他这样影响到肯雅塔的思想和决策。

按照马森格的说法，当肯尼亚接近第一个独立十年的周年纪念日时，殖民统治末期的记忆仍然影响着总统的政治算计。在马森格

---

① Gakinye et al. to DC Nyeri, 14 November 1970；KNA VP/1/12.

看来，在 20 世纪 70 年代初的诸多挑战中，肯雅塔尤其关注"基库尤贫民"问题："主要是茅茅村庄里仍然没有土地的民众，（总统）急切希望确保他们的需求得到满足。"肯雅塔担心"把这些群体赶到森林里之后，将会失去对于他们的控制"。不满的基库尤人将会与军队中不满的低级军官或者肯尼亚社会中其他的好战派结合在一起。"即便是没有与军队的联系，倘若把他们赶到地下，他们势必会暗杀部长和高级公务员。"① 茅茅退休老兵和其他贫穷的基库尤人，就如同后殖民时代肯尼亚盛宴上的幽灵。像卡吉亚这样的基库尤族竞争者，威胁要动员茅茅老兵和他们的支持者来对抗总统，这不能不引起总统的特别关注。

总统与茅茅老兵之间的相互猜忌根深蒂固。甚至早在独立之前，很多茅茅老兵就已经对肯雅塔政府没有好感。例如，当 1963 年 12 月外国高官政要涌入内罗毕参加独立盛典时，一群茅茅老兵也对来访者散发了一份独立致辞，其内容非同寻常。这些人自称是"绝不妥协的获释囚犯和政治犯"，绝不会像肯雅塔所要求的那样宽恕殖民时代的敌人。这些油腔滑调的政客自我标榜是真正的民族主义领导人，他们对此极为反感。演讲稿的撰写者是"那些不懈斗争直至胜利为止的人"。他们"在监狱牢房中经受了关押期间种种的羞辱苦难，为的是我们国家的权益不受嘲弄"。茅茅老兵才是真正的"独立斗争中的爱国者"。他们的子女"被迫离开学校，和他们的祖辈们整天从事集体劳作，因而丧失了接受教育的机会"。殖民反抗的支持者惨遭迫害，他们的财产被英国安全部队和肯尼亚帮凶们所查封或破

---

① Newman to High Commissioner et al. , 7 March 1972；TNA：PRO FCO 31/1191.

坏，他们被赶到村庄里"活活饿死"。① 肯雅塔相信，茅茅老兵对于他独立以来的统治构成最大威胁。

肯雅塔最初感受到的威胁来自安全方面。由于最后一批顽强抵抗的茅茅游击队员仍然在肯尼亚山的深山老林里，因此他十分担心起义再度爆发。即便所有起义者最终在政府哄骗下离开森林，或者遭到安全部队追杀，但是茅茅起义所引发的威胁仍未消失。独立之初的三年时间里，肯尼亚情报部门秘密监视着茅茅老兵的动向，因为担心倘若不能安抚他们的土地要求，他们会回到森林之中拿起武器同肯盟政府对抗。茅茅老兵及其支持者所带来的政治威胁一直存在。

茅茅老兵认为自己至少有权分享一些独立的胜利果实，这里所说的实际上就是离开的欧洲移民所留下的土地。他们难道没有为土地和自由而战？然而，对于国家宫里的那些人来说，这一主张令人感到不舒服。首先，茅茅老兵的土地要求有悖于与英国所达成的保护私有财产协定。而且，这一要求也与肯尼亚新领导人的意识形态情感相悖，他们认为土地应该是辛苦攒出来的，而非赠予的。由基库尤茅茅老兵所提出的土地诉求，在独立之初显得不合时宜。在中部省，可以拿出来重新分配的空闲土地已经极为稀少。事实上，这些基库尤族讨论者们所觊觎的是裂谷省土地，这一点大家心知肚明。然而，其他族群也盯着这片土地，其中最主要的是卡伦金人和马赛人。

尼扬德鲁阿（Nyandarua）地区的前茅茅老兵和其他无地的基库尤人的期望尤为高涨。这里之前主要是欧洲人的农场，这一地区被

---

① Rengontia et al. to Motoku, 10 December 1963; KNA KA/4/7.

指定用来安置阿伯代尔山脉另一侧的中部省地区和裂谷省其他地区的无地基库尤人。由于殖民时代的人口流动限制已经解除，无地的基库尤人在独立之前数月涌入尼扬德鲁阿地区，期待着能够分到土地。截至 1963 年 2 月，这里共有超过 2.6 万桩土地申请。1963 年最后几周以及 1964 年全年，更多的基库尤人抵达这里。任何规模的安置计划都无法容纳如此庞大规模的流动人口。这些新来者暂时住下来，或者非法占用仍然在经营的大型农场，或者在已经准备纳入安置计划的废弃农场安顿下来。政府试图通过颁布驱逐通知的形式进行监管，但是遭到这些强占者的无视和抵制，强占者甚至进行小规模的抗议活动。到独立庆典一周年之际，在尼扬德鲁阿地区有 1.8 万名无地民众，几乎全部是基库尤人。独立以及随之而来的土地分配的希望，不仅未能消除失地问题，反而加剧了这一问题。①

奥尔卡洛乌（Ol'Kalou）镇是事态发展的中心。按照肯盟当地支部主席穆万吉·吉塔苏（Mwangi Gitathu）的说法，此处在独立之初数月之内变成了一个悲惨之地。奥尔卡洛乌之前充其量只是一个典型的农村地区贸易中心，缺少基本的生活设施，住房更是有限。小镇很快挤满了临时棚户。这里也没有什么工作机会。来到奥尔卡洛乌的移民"自己或者家人都没有任何自助的手段。直至此时（原文如此），他们懒散地四处躺着，看不到任何希望，就如同找不到寄主的寄生虫一般"。② 很多迁徙到该镇的人期望，当奥尔卡洛乌周围的欧洲人大农场划成小块分给小农时，自己能弄得一块。然而，这些土地是作为大农场原封不动移交的，而政府并无将其用作安置移

---

① Christopher Leo, Land and Class in Kenya, Toronto, 1984, pp. 126 – 129.

② Gitathu to Kenyatta, 23 October 1964; KNA VQ/10/3.

民的打算。按照政府报告的话讲，因为"无论是从地形、土壤或者气候来看，分割这 12 万英亩土地都是大大的浪费"。① 这所导致的结果是，仇恨情绪在奥尔卡洛乌滋长。

茅茅战争委员会，一个由起义老兵及其家庭所组成的群体，他们于 1964 年 1 月写信给肯雅塔，明确表达不满。"在尼扬德鲁阿地区，我们当初得到消息说无地农民将会分得土地，然而现在却是有钱人在购置田地，"他们抱怨道，"你将会怎么来对待穷人？"在奥尔卡洛乌的移民农场，工作条件在独立之后并未有多大改观。"妇女们过度劳累，大多数情况下她们的工作并未得到承认，这导致她们工作报酬被剥夺。"退伍老兵抱怨道。茅茅退伍老兵要求肯雅塔"政府应当把他们安置到其他地方，否则就应该允许动用武力对付白人移民"。② 似乎是为了印证茅茅战争再度爆发的威胁，起誓运动再度普遍发生，它们意在实现不满的基库尤人团结和动员。那些从欧洲移民手中得到土地的非洲农场主，他们遭到生命威胁，因为无地者认为土地应该属于他们。无地基库尤人的愤怒是可以充分觉察到的，尽管这不能直接伤害到任何人。③

由于奥尔卡洛乌的土地严重稀缺，当地议员很快成为茅茅老兵不满的最有力代言人。如同其他出生于 20 世纪 20 年代末和 30 年代的年轻基库尤人一样，乔塞亚·穆万吉·卡里乌基（Josiah Mwangi Kariuki），更多肯尼亚人知道他的名字是"JM"，发现自己深深陷入第二次世界大战以来日益加剧的政治运动之中。由于积极参与了引

---

① Ministry of Finance and Economic Planning, An Economic Appraisal of the Settlement Schemes：1964/5 - 1967/8：Farm economic survey report No. 27, Nairobi, 1972, p. 7.

② Mau Mau War Council to Prime Minister Kenyatta, 21 January 1964；KNA KA/6/32.

③ Leo, Land and Class, pp. 129 - 130.

发茅茅运动的激进政治运动，他于 1953 年遭到逮捕。他根据自己的牢狱生涯撰写出了一部畅销著作《"茅茅"囚犯》（"Mau Mau" Detainee），该书使他成为独立前夕英国和肯尼亚民众所熟知的人物。此外，他还在 1960 年肯盟的尼耶利支部创建过程中发挥了重要作用，并成为包括奥尔卡洛乌在内的北尼扬德鲁阿选区的议员。

卡里乌基不仅是一名著名的政治家，更是一名成功的商人。他之所以能够发家致富，一则是由于他将自己的图书版税精明地用作投资，同时也是因为他和昔日白人移民大家族德拉米尔家族①以及肯尼亚最大的酒店集团老板杰克·布洛克（Jack Block）的密切关系。② 卡里乌基并未隐瞒自己的财富。他衣着光鲜，妻妾成群，嗜赌如命，热衷交际，并且很快就成了独立初年政界社交场合的常客。然而，他并未忘记与自己所在选区或者茅茅起义的联系。

自从政治生涯开始，卡里乌基就一直运用自己的议会席位来为茅茅老兵以及 20 世纪 50 年代暴力受害者的遗孀孤儿们代言。"对于曾因这个国家的自由而蒙受苦难的民众，政府现在为何对他们置之不理？"他在最初的议会演讲中问道。③ 这是他整个政治生涯中不断重复的主题，而这只是他批评肯雅塔的部分内容，他的质疑范围广泛，涵盖肯雅塔的土地政策以及日益严峻的社会不平等。尽管他关注这些问题，但他并非激进派。20 世纪 60 年代中期，在华盛顿的资

---

① Delameres，肯尼亚最为著名的英国白人移民家族之一，家族创始人是休·乔姆利男爵（Hugh Cholmondeley，1870—1931 年），在肯尼亚殖民地时期的政治经济事务中扮演了重要角色。——译者注

② Edis to Steele, 15 September 1970；TNA：PRO FCO 31/597.

③ J. M. Kariuki, "Assistance for emergency widows and orphans", in Kareithi Munuhe (ed.), J. M. Kariuki in Parliament, Nairobi, 1974, p. 30.

助下，卡里乌基出版了一份新闻周报，以此来回击中国的宣传攻势。① 尽管并不喜欢英国介入后殖民时代的土地移交计划，不过卡里乌基认为苏联对于肯尼亚政治的影响更为有害。他乐见英国在肯尼亚的投资，并明确支持英国的非洲政策，包括对于比勒陀利亚政权的武器销售。② 然而，由于他的土地改革政策纲领，再加上他的个人魅力，卡里乌基在整个 20 世纪 60 年代和 70 年代初一直是最为著名、有力的政府批评者。

应许之地

除惺惺作态之外，政府不愿意真正承认茅茅老兵在独立斗争中的角色。"政府可能没有足够资金来赔偿他们。"一名公务员告诉卡马乌·卡鲁谷（Kamau Karugu）。此人在 20 世纪 50 年代坐牢期间失去了家庭和财产。③ 更为重要的是，政府否决了任何包含有强制获取土地用以分配给茅茅退伍老兵的大规模土地改革计划，理由是这将会破坏财产权的法律尊严。④ 退伍士兵丝毫不为这些观点所动。"难道我们抗争的结果就是做一名渴望获得土地的乞丐？"两名老兵在 1973 年写给肯雅塔的信中写道，"不！我们奋斗是为了获得一块土地。"⑤ 认为后殖民国家已经背叛了起义者的，并不仅仅是他们。

肯雅塔对于这些批评的唯一反驳就是，大片土地已经从欧洲人

---

① O'Neill to Attwood, 27 July 1965; Ruchti to O'Neill, 3 September 1965; POL 6 - 1 Kariuki; RBAA 1958 - 1966; RG 59; NACP.

② Steele to Arthur et al., 24 September 1970; TNA: PRO FCO 31/597.

③ Karuga to Odinga, 25 August 1965; Permanent Secretary, Office of the President to Karuga, 7 September 1965; KNA VQ/10/12.

④ Angaine to Ngureti, 5 March 1964, KNA VQ/10/12.

⑤ Mugo and Muhoro to Kenyatta, 6 August 1973; KNA KA/6/16.

手中转到非洲人手中。1963 年，肯雅塔告诉持怀疑态度的肯盟后座议员，"不用担心，总有一天我们所有的农民将会是黑人——总有一天"[①]。从独立前夜到1970 年，大约有50 万肯尼亚农民和家庭被重新安置到原先由白人移民占有的土地上，大概有200 万英亩。[②] 这些新安置下来的农民参与到独立之初的肯尼亚经济快速增长之中。由于所有可以想象到的经济作物和牲畜生产的扩张，农民收入在1963 年至1967 年间几乎增长了两倍。[③] 在农业产出提高情况下，总体经济持续增长。根据世界银行估计，在独立之初的前九年时间里，肯尼亚的国民生产总值维持着年平均7%的增长速度。[④] 很多普通的肯尼亚人之所以能够参与到蓬勃发展的经济之中，既是因为获得了由欧洲移民腾出的土地，同时也是因为新政策鼓励非洲人担任私营和公营部门的管理职务。简而言之，按照一名政治科学家的话说，"肯尼亚政权是为大量的肯尼亚人而'运转'的"，尽管很多人仍然生活在贫困之中。[⑤]

然而，重新安置和经济增长无法解决潜在的社会结构不平等。例如，在经济计划者的战略谋划中，大型农场的利益仍然居于主要地位。尽管在独立之后，这些农场的新主人通常是非洲人，他们的特权地位仍然得到保护。而且，这些重新安置也并非平等的。有些

---

① Manby, Weekly Personal Report by the Director of Intelligence, 17 August 1963; TNA: PRO CO 1035/188.

② Colin Leys, *Underdevelopment in Kenya: The political economy of neo - colonialism 1964 - 1971*, Nairobi, 1975, p. 63.

③ Gavin Kitching, *Class and Economic Change in Kenya: The making of an African petite - bourgeoisie*, New Haven, CT, 1980, p. 325.

④ World Bank, Kenya: Into the second decade, Baltimore, 1975, p. 5.

⑤ Henry Bienen, Kenya: The politics of participation and control, Princeton, NJ, 1974, p. 21.

农民个人接手了此前由欧洲移民所占有的整片土地。然而，这些农民大多数是穷人，之前没有土地，他们在欧洲移民所遗留下来的大片土地上开辟出一小片土地，并安顿下来。在独立之后的这场经济作物生产迅速扩张的"农业革命"中，小农并未从中获得太多好处。①

很多农民陷入债务危机之中。大多数的新农民为了购买和经营小块土地而欠下了巨额债务。债务危机很快就出现了，因为很多新的非洲农民显然无法赚得足够的钱来偿还贷款。对于小农而言，这一问题尤为严重，他们的土地面积太小，以至于无法维持家庭生计，并生产出足够的盈余来偿还购买土地时所欠下的贷款。② 因此，后殖民时代的土地政策非但未能应对社会不平等，反而加剧了这一问题。

20 世纪 70 年代之后，随着基库尤人重新安置的边界进一步推进，土地政策的负面效应表现得更为明显。一系列的行政和政治决定使得基库尤人的重新安置变得更为容易。由于同英国所达成的协定，肯尼亚政府能够运用英国资金来支持重新安置计划，而且伦敦破天荒头一次不予监管。关键的公务员和行政官员职务被重新调整。除了 1971 年马森格的任命外，总统办公室常务次官塞缪尔·昆古（Samuel Kung'u）于 1971 年 4 月调任土地与安置部。③ 而且，政府也确认了新的安置点。肯雅塔利用总统随从不加掩饰地威胁英国农场主赶紧出售手中的土地，同时给他们开出尽快出售的优厚条件。④ 所

---

① Kitching，Class and Economic Change，pp. 372 – 373.

② Leys，Underdevelopment in Kenya，p. 78.

③ Bellers to Counsell，23 April 1971；TNA：PRO FCO 31/852.

④ Newman to UK High Commissioner，9 November 1971；Newman to Le Tocq，20 December 1971；TNA：PRO FCO 31/865.

谓的森林保护地也开始划分给个人。更具争议的是，阻碍非公民进入所谓的"封闭地区"的殖民时期法令也在 1970 年被废除。这些地区都被用来安置基库尤人，其中包括主要是马赛人居住的纳罗克（Narok）和卡贾多（Kajiado），以及北部地区的大片土地。

这些举措的结果在全国都有所体现。20 世纪 60 年代自中部省向外的移民规模巨大；1969 年人口统计显示，裂谷省有超过 15 万居民的出生地是在中部省。[1] 不过，20 世纪 70 年代的规模更大，并且起作用的政治议题更为明确。在 1971 年 6 月的一次演说中，肯雅塔宣布将在裂谷省实施一项 15 万英亩的土地安置计划。正如英国高级专员公署所承认的，这必然导致"基库尤人大规模侵入传统上属于非基库尤人的土地"。[2] 写下这段话的外交官一点都没错。由于向裂谷省埃尔多雷特镇的移民以及向邻近地区的安置计划，在姆博亚遇刺之后的十年时间里，这里的人口增加了将近 50%。[3] 同期全国人口增速为年均 3%。泛恩佐亚（Trans Nzoia）地区形势更为严峻。1969—1979 年，国内移民流动所导致的人口增长达到了将近 8%。[4] 沿海地区也出现了类似的人口增长。拉穆的肯雅塔湖安置计划意在重新安置在希弗塔战争中流离失所的民众，以及来自拉穆和广阔的沿海地区的无地家庭。然而，这里已成为 3600 名基库尤人的家园。[5]

重要的不仅仅是基库尤人占据这些土地的事实，更是他们占有

---

[1]　Clay to Joy, 9 September 1971；TNA：PRO FCO 31/870.

[2]　Clay to Joy, 2 June 1971；TNA：PRO FCO 31/854.

[3]　Office of the Vice President and Ministry of Planning and National Development, Uasin Gishu District Development Plan 1994 – 1996, Nairobi, 1994, p. 11.

[4]　Office of the Vice President and Ministry of Planning and National Development, Trans Nzoia District Development Plan 1994 – 1996, Nairobi, 1994, p. 73.

[5]　Hart to Head of Chancery, 5 August 1972；TNA：PRO DO 226/16.

这些土地的方式。1971 年 11 月，肯雅塔下令成立了五个合作社团，它们获得了纳库鲁附近的 3 万英亩土地，这是基库尤人参与重新安置的典型方式。肯雅塔在宣布过程中声称，这些新移民将是来自全国各地；然而事实上，即将分到土地的这五个合作社团和 2400 个家庭都是基库尤人。① 那些迁徙到欧洲移民腾出土地上的，常常是公司持股人，这些持股人目的是在裂谷省购买土地。这些公司的大多数，即便不是全部，是由基库尤农场主所组成的，他们共同筹措所需资金来购买大农场，然后监督持股人之间的土地再分配。

尽管这些公司使得原本缺乏财富的人能够参与土地移交计划，但是土地公司和合作社很快就遭遇到管理不善的问题。在缺少正确监管框架的情况下，腐败指控和挪用公司资金成为常有之事，很多新农场主发现很难偿还用于购买土地的贷款。尽管有些公司非常成功，但是在其他一些公司里，债务、派系分歧和不满十分常见。由于合作社和公司陷入了争议和管理不善，合作社成员和公司持股人向政府寻求帮助。然而，恰恰是因为政府不愿意介入发展，而是坚持自救的信条，所以才使得这些私人组织遭遇这些困难。简而言之，肯雅塔"最小代价的发展"（*development on the cheap*）政策——用自救的华丽话语粉饰起来的——过分强调私人和组织的责任，过分强调个人和私人组织提供和管理关键公共产品的责任。② 然而，很多的土地公司和类似机构无法应对这一巨大压力。

---

① Clay to Joy, 12 November 1971；TNA：PRO FCO 31/865.
② M. A. H. Wallis, Bureaucrats, Politicians and Rural Communities in Kenya, Manchester, 1982, p. 72.

基库尤优势

拉斐尔·坎古（Raphael Kangu），如果不是因为 1971 年年底向肯雅塔总统写了很多言辞激烈的私人信件，那么他将只是卡卡梅加的一名默默无闻的平常百姓。出于对肯雅塔政府的部族主义、裙带关系和犯罪化的极度失望，坎古在信中问道，肯尼亚共和国是否仅仅是由"一个部落或者一个家庭"所组成的。肯盟似乎"是基库尤人所专有"，肯尼亚政府只是"'噶屯度'的政府"。坎古说道："从你们开始专制统治，你们所捞的钱已经足够了。"他总结说现在是时候"让别人也赚点了"。① 很多肯尼亚人对于坎古的观点深表赞成。不过，肯雅塔没有心情来听坎古的这些话。自 1969 年以来，基库尤人定居点不断扩张，这是总统对于挑战者的回应。先是年初的"起誓"（上一章所讨论的），然后是他对于姆博亚刺杀案之后的抗议取缔肯人盟的强硬回应，总统决心要通过巩固基库尤权力基础来维持统治。土地再分配是肯雅塔收买基库尤基层民众支持的主要手段，除此之外，肯雅塔政府还为中部省提供资金来提升中等教育水平并提供高素质的教师队伍。② 然而，主要受益者是与政府关系密切的基库尤精英，以及像莫伊这样重要的非基库尤盟友。自 1969 年以来，总统逐步确立基库尤人的优势地位，使得基库尤人逐步控制了国家主要机构。肯雅塔周围的小圈子是由肯雅塔家乡基安布的精英所构成。

---

① Kangu to Kenyatta, 18 December 1971; KNA KA/6/21.

② Norris to Secretary of State for Foreign and Commonwealth Affairs, 8 December 1971, 2; TNA：PRO FCO 31/854.

到 1971 年年底，据称内阁成了基库尤领导人和来自肯尼亚山的恩布（Embu）和梅鲁（Meru）族兄弟的"领地"。这一描述可能有些夸张，不过也部分反映了事实。到 1971 年 11 月，除了占据了 22 个内阁席位中的 9 个之外，来自这三个族群的部长们还占据了国防、外交、财政和经济计划、地方治理、农业、土地和安置以及检察总长等政府关键职务。类似情况也出现在省政府上层和文职官员系统上层。8 名省级专员中的 4 名是基库尤人。在文职人员中——1971年一名后座议员将其称作"影子政府"——25 名常务次官中，11 名是基库尤人。1970 年至 1971 年，在文职系统高层，薪酬最高的 222 名非洲官员中，近一半是基库尤人。① 在外交领域，关键的外交职务留给了居于优势地位的基库尤人。例如，恩格特·恩乔罗格（Ng'ethe Njoroge）被任命为肯尼亚驻伦敦高级专员。而恩乔罗格是外交部部长恩乔罗格·蒙盖的兄弟，也是肯雅塔的亲戚。高等教育也处于总统的小圈子控制之中，约瑟法特·卡兰贾（Josephat Karanja）被任命为内罗毕大学学院校长。卡兰贾有着深厚的学术资历，他早年是从普林斯顿大学获得的博士学位；不过，更加重要的是他与肯雅塔小圈子的关系。在他任命之后，基库尤人控制了内罗毕大学学院所有关键的行政职务。②

肯雅塔也对于军队极为关注。殖民时代的肯尼亚军队主要是从坎巴族之中招募。这一政策在独立之时发生逆转，但是坎巴族军官继续控制着高层职务。1968 年，肯雅塔制订计划来减少军官阶层中

---

① McIlvaine to Secretary of State, 31 March 1971；POL Kenya；SNF 1970 - 1973；RG59；NACP.

② McIlvaine to Secretary of State, 9 May 1970；POL Kenya；SNF 1970 - 1973；RG 59；NACP.

的坎巴族比例，而第二年发生的事变则加速了这一计划。肯雅塔决心解除时任旅长的乔尔·恩多洛（Joel Ndolo）的军队指挥官职务，并用基库尤族军官取而代之。然而，肯雅塔意识到至少有必要象征性地呼吁国家团结，因此在 1968 年采取针对恩多洛的行动之前，他任命了另一位坎巴人基蒂利·穆温德瓦担任检察总长。① 肯雅塔试图彻底清除军队，但这要等到三年之后。

1971 年 3 月 24 日，肯雅塔命令所有士兵上交剩余弹药，这些弹药是在乌干达的伊迪·阿明政变期间发放的。外交官报告说，肯雅塔担心弹药积累可能会被用于在肯尼亚发动政变。是夜，警察设置路障。② 肯雅塔之所以下达这一命令，是由于坦桑尼亚逮捕和审讯阴谋者所引发的。一小群密谋组织者前往达累斯萨拉姆寻求总统朱利乌斯·尼雷尔的支持。他们代表着一群由卢奥族士兵所组成的不满者，他们最早于 1970 年 9 月举行集会，此时已经扩大到包括 40 名非基库尤族士兵。这些密谋者原定 1971 年 4 月 8 日发动政变。他们打算先刺杀肯雅塔。按照他们的计划，当总统在每年一度的东非游猎集会（East African Safari Rally）上第一个摇动旗帜的时候，就把他炸死。然而，尼雷尔拒绝给予帮助，并下令坦桑尼亚政治保安处逮捕了这些肯尼亚人。③ 当得知达累斯萨拉姆的事情后，肯雅塔暴跳如雷。在纳库鲁附近的拉内特兵营，他告诉军队"曾经用来对抗殖民主义者的士兵和武器"已经厉兵秣马，时刻准备对付那些胆敢威

---

① Ferguson to Secretary of State，13 July 1968；POL 15 – 1 Kenya；CFPF 1967 – 1969；RG 59；NACP.

② Norris to Foreign and Commonwealth Office，26 March 1971；TNA：PRO FCO31/856.

③ Walker to Douglas – Home，10 August 1971；TNA：PRO FCO 31/856.

胁统治的异见者。①

5 月，政府启动了针对密谋者的庭审程序。在接下来三个月时间里，不满的非基库尤士兵和下层军官策划的影响甚小、模糊含混的政变阴谋，逐渐酿成了严重的政治事件。第一次庭审中，有 12 名阴谋者被判七至九年半时间不等的监禁。这些密谋者主要是卢奥族和卡伦金人，其中最著名的是约瑟夫·欧维诺（Joseph Owino），他此前因为独立之后的政变而被逮捕。在获释之后，因挪用公款而被解除了地区专员职务。② 不过，副检察官告诉法院，除了被捕的这些密谋者之外，还有一些由政坛名流组成的密谋者。在第一次庭审中，证人列出了另外一些密谋者的名单，据称包括总统幕僚长恩多洛（Ndolo），一位名叫戈蒂昂·穆提索（Gdeon Mutiso）的议员和首席法官穆温德瓦。

密谋当然是存在的，但是政府检察官在法庭所说却是很难让人相信。甚至检察官也承认，密谋者实现目标的概率"不过百万分之一，极其渺茫"。缺少协调和周密计划或者资金，所谓的政变密谋，按照一位美国外交官的话说，"不过是在酒吧里喝醉后的胡言乱语"，而非对于政府的真正威胁。在这位美国外交官和其他人看来，所谓被揭露出的阴谋，与其说是因为肯雅塔政权受到威胁，不如说是由于政府认识到起诉能够提供争夺政治利益的机会。③ 具体来说，肯雅塔及其助手有意利用这些证词，因为它们将矛头指向了坎巴高级军

---

① Bellers to Counsell, 28 April 1971；TNA：PRO FCO 31/854.

② US Embassy to Secretary of State, 21 June 1971；POL 29 Kenya；SNF 1970 – 1973；RG 59；NACP.

③ McIlvaine to Secretary of State, 9 June 1971；POL 29 Kenya；SNF 1970 – 1973；RG59；NACP.

事官员和政治人物。肯雅塔企图借着密谋者的证词，将坎巴人清理出军队高层，并用基库尤人或者至少是明确效忠的坎巴人取而代之。

第一轮庭审刚刚结束，肯雅塔就迫不及待地对穆提索、恩多洛和穆温德瓦采取行动。在审判中，穆提索被认定为密谋夺权的"革命委员会"主席。更为重要的是，他一直是政府长期的批评者。穆提索最终于 1971 年 6 月 9 日被捕，并因参与密谋而被判监禁九年半。[①] 在审判穆提索的过程中，德多罗将军也被牵扯了出来，他被指控曾多次与穆提索面谈推翻肯雅塔的可能性。[②] 恩多洛并未被起诉，肯雅塔认为他"被人误导，虽然愚蠢，却并无恶意"[③]，不过他也只好选择辞职。他的幕僚长职务由姆林格准将（Brigadier Mulinge）担任。而姆林格的军队指挥官职务则由基库尤人马图上校（Colonel Matu）接替。尽管姆林格也是一名坎巴人，不过也成了军队中权力平衡的牺牲品。他发现自己处于基库尤人占主导地位的国防部的严密控制之下。[④] 随着肯雅塔政府加紧提拔基库尤人进入军队中层，更多的基库尤人应召入伍。而且，政治保安处军官也被安插到军营之中，以预防进一步的密谋。[⑤]

一旦恩多洛被指控涉嫌参与阴谋，恩乔恩乔企图趁机打倒穆温德瓦。按照英国外交部的说法，穆温德瓦之所以最终被控参与 1971 年阴谋，是"因为他未能遵守恩乔恩乔宽恕谋杀姆博亚凶手的命

---

① Walker to Douglas – Home, 10 August 1971, 5；TNA：PRO FCO 31/856.

② US Embassy to Secretary of State, 23 June 1971；POL 29 Kenya；SNF 1970 – 1973；RG 59；NACP.

③ Walker to Douglas – Home, 10 August 1971, 8；TNA：PRO FCO 31/856.

④ US Embassy to Secretary of State, 23 April 1967；POL 6 Kenya；CFPF 1967 – 1969；RG 59；NACP.

⑤ Allinson to Bellers, 2 June 1971；TNA：PRO FCO 31/854.

令"。① 总检察长遭到诽谤诋毁。6 月 27 日，乌呼鲁公园举行了一场公众集会。政府标榜这"体现了忠诚与团结"，莫伊亲自主持这一活动，与会者主要是效忠于肯雅塔及其政府的族群代表。② 政府支持者高举标语谴责穆温德瓦叛乱③；穆温德瓦看到这一情况，只好选择辞职。面对批评者指责政府裙带关系和部落主义，这场忠诚集会也为肯雅塔提供了直接回应的机会。他非但不认为自己有错，反而为基库尤特权辩护：

> 有人想告诉我们肯尼亚属于所有人。就算如此，我知道这些。但是我仍有一个疑问：当我们流血之时，一些人在监狱备受折磨，一些人在森林之中忍受痛苦，为自由而战，而其他人在哪里呢？……倘若你想要蜂蜜，先要忍受蜜蜂蜇咬……④

总统甚至连政府代表全肯尼亚人利益这点表面文章也不愿意做。随着明目张胆地提升自己在基库尤人中间的支持，他在公众场合对于茅茅运动的态度也变得热情。在 6 月初的一次演讲中，他"号召民众为保卫总统做好准备，把大砍刀磨得锋利，来对付那些准备推翻政府之人"。这里提及的茅茅运动得到与会民众的认可，类似这样的全国集会，参加者显然来自同一族群。肯雅塔政府已经采取种种措施来确保大量的基库尤人到场，并且极为高调。⑤ 然而，很多基库

---

① Hart to Hunt, 28 January 1977；TNA：PRO FCO 31/2121.

② Office of the President，"Loyalty and unity demonstration Sunday June 27th，1971"，26 June 1971；KNA KA/15/11.

③ US Embassy to Secretary of State，1 July 1971；POL 15 – 2 Kenya；SNF 1970 – 1973；RG 59；NACP.

④ Bellers to Duggan，30 June 1971；TNA：PRO FCO 31/856.

⑤ Clay to Joy，2 June 1971；TNA：PRO FCO 31/854.

尤人看出，肯雅塔企图借此重新赢得他们的好感；然而，仅仅对茅茅老兵的陈词滥调，无助于改善中部高原居民和裂谷省安置点的生活状况。

腐败

在独立最初十年里，很多基库尤人对于社会不平等的加剧感到愤怒。他们有充足理由相信，土地移交计划因为精英的一己私利和政治诉求而遭破坏。这种腐败事件最明显的表现是，当政府从离开的欧洲移民那里购买土地时，政府运用的是英国所提供的贷款，而这些明确规定是用于安置无地者及其家庭。然而，政府购买下来的土地并未被分配给无地民众，而是很快转手卖给肯雅塔的主要盟友，他希望借此将这些人笼络进恩庇网络之内。

土地再分配腐败只是公务人员持续腐败的一部分。正如政府在1967 年所承认的，涉及公众人物和机构的欺骗行为在独立时代翻了一番。[1] 此后事态更加恶化。"肯尼亚显然已经进入了强盗贵族时代。"一位美国外交官在 1972 年写道。[2] 腐败开始于政府高层。"'回到土地'是传统的基库尤族信条，（肯雅塔）肯定是从字面上理解这句话的。"据称，他每次回纳库鲁都要为自己和亲戚购置新农场，他打算每年至少在这里待半年时间。[3]

商品国际走私也是一桩十分赚钱的买卖，尤其是在乌干达的边

---

[1]　Ferguson to Secretary of State, 12 November 1967; POL 15 - 3 Kenya; CFPF1967 - 1969; RG 59; NACP.

[2]　McIlvaine to Secretary of State, 28 October 1972; POL Kenya; SNF 1970 - 1973; RG 59; NACP.

[3]　McIlvaine to Secretary of State, 9 December 1972; POL 12 Kenya; SNF1970 - 1973; RG 59; NACP.

境，伊迪·阿明的灾难性经济政策导致基本商品紧缺，价格飞涨。肯尼亚政治家和其他公务员从邻国苦难中渔利，将食物供应从肯尼亚国内贩运到乌干达。例如，1974 年 5 月，一辆石油油槽车在前往乌干达边境路上发生撞车事故，令人吃惊的是车上装载的货物竟然是走私大米。"我们有充分理由相信，"英国高级专员公署报告说，"尼扬扎的省专员是按照副总统旨意行事，他们动用地方专员警署货车来走私货物。"① 南非标准银行（Standard Bank）高级经理丹·斯图尔特（Dan Stewart）是莫伊的密友，他声称副总统涉嫌向乌干达走私玉米和食盐，其规模如此之大，以至于肯尼亚国内这两种商品出现严重紧缺。②

腐败并非单纯的个人占有欲和贪婪问题，而是政治体系基本组成部分。在后殖民时代，它成为将政治精英团结起来的黏合剂，使得非基库尤领导人也能够留在政府里，从而在一定程度上掩盖了总统统治的族群政治色彩。通过政府部门和私人办公室所获取的财富，也为其他更为古老形式的联盟和恩庇关系提供了物质基础。肯雅塔的核心圈子是通过婚姻、私人公司和政治权力而联合起来的。肯雅塔的第四位妻子恩吉娜"妈妈"，年轻美丽，举止优雅，可是由于她受到严重的腐败指控，因此在外交界和肯尼亚民众中间臭名昭著。恩吉娜是大酋长穆赫赫（Senior Chief Muhoho）的女儿，殖民政府在基安布的主要盟友之一，恩吉娜的财富和影响已经惠及她的家庭，并将继续持续下去：这些亲戚中最为显赫的是她的兄长乔治，他现在成了姆瓦伊·齐贝吉的关键盟友。肯雅塔的第三位妻子，死在了

----

① Mansfield to Ewans，7 May 1974；TNA：PRO 31/1707.

② Hannam to Symons et al.，20 December 1973；TNA：PRO DO 226/13.

分娩过程中，是总统的密友和政务部长穆比尤·科伊南格的妹妹。这位妻子给肯雅塔留下了一个女儿杰妮（Jeni），她后来嫁给了颇具影响的跨国公司罗荷（Lonrho）集团最为资深的肯尼亚主管人员乌迪·盖卡加（Udi Gecaga），他来自另一个显赫家族，这桩婚姻进一步巩固了基安布精英的内部联系。这些个人之间所形成的相互依赖和互惠联系，使得处于肯雅塔政府核心的精英容不得任何挑战。

任何试图阻止腐败的尝试很快就归于失败。1971 年 10 月，议会成立了一个特别委员会，目标是调查部落主义和腐败问题。次月，肯雅塔在肯盟议员例会上宣布，将会竭力阻止设立这一委员会的图谋，并且命令警察部门不得配合该委员会的工作。[①] 只有在明确的政治、经济或者个人命令的情况下，腐败指控的调查才会展开。例如，阿洛伊斯·阿钦（Aloys Achieng），是旅游与野生动物部的一名高级公务员，1970 年 6 月因挪用公款罪而被停职。阿钦是姆博亚生前的好友，1969 年他指控政府高官策划了姆博亚暗杀行动。[②] 阿钦被判七年有期徒刑，在上诉之后减为四年。[③] 处于政府核心的这些基库尤人誓死保护自己的利益。

卡马乌取代史密斯

到 20 世纪 70 年代早期，J. M. 卡里乌基（J. M. Kariuki）成为肯尼亚陷入不安迹象的最主要批评者。姆博亚遇刺以及奥廷加被捕留下了一个权力真空，卡里乌基是填补这一真空的不二人选。甚至在

---

① Bellers to Joy, 24 November 1971；TNA：PRO FCO 31/853.

② McIlvaine to Secretary of State, 19 August 1970；POL 15 – 1 Kenya；SNF1970 – 1973；RG 59；NACP；Clay to Purcell, 30 March 1971；TNA：PRO 31/852.

③ Clay to Joy, 15 July 1971；TNA：PRO FCO 31/852.

1971 年奥廷加获释之后，卡里乌基这位前肯人盟领导人也被阻挠参与政治。卡里乌基的支持者主要是欠债者和穷人，无地和渴望获得土地的人，他们对于统治精英急遽的财富积累感到不满。在肯尼亚当时所面临的问题之中，卡里乌基最关注的是腐败和土地政策问题，这些也是肯尼亚人最担忧的。卡里乌基很能适应这种高度个人化的政治形式，作为一名在茅茅老兵和无地者中间深孚众望的领导人，他直白地批评肯雅塔的伪善。他在自己的选区得到了几乎全部的支持，并在 1969 年选举中以压倒性的多数票重返议会。受到这一胜利的鼓舞，卡里乌基更加激烈地批评政府的土地政策。他曾在多个场合要求停止用英国贷款来补偿离开的欧洲农场主，并且取消重新安置的肯尼亚农民所欠下的债务。①

　　20 世纪 70 年代初，通过参与公共筹资活动，参加学校和其他公共设施的落成典礼，以及尽可能在公众场合发表讲话等方式，卡里乌基在全国范围内的形象进一步提升。用美国大使馆的话讲，卡里乌基决心"说服肯尼亚普通民众相信，自己才是他们的旗手"。② 他不仅精通基层政治的关键仪式，而且集中精力获取重要机构的支持。在位于吉尔吉尔的家中，每个周末他都会邀请两三名非基库尤族或者坎巴族议员前来做客，为的是说服高层政治人物相信，只有自己才是唯一的民族主义领导人。他还是吉尔吉尔和拉内特军营的常客，为的是与普通士兵和下层军官建立联系。卡里乌基走进校园发表演讲，与学生开诚布公地交流，他在数年时间里谨慎地经营着与内罗

----

① Coote to Secretary of State, 21 February 1971；POL 15 - 2 Kenya；SNF 1970 - 1973；RG 59；NACP.

② McIlvaine to Secretary of State, 7 November 1970；POL Kenya；SNF 1970 - 1973；RG 59；NACP.

毕大学和肯雅塔大学学院的联系。卡里乌基的最终意图十分明显。正如他告诉一位资深的美国外交官的，他自视"下任总统的唯一可能人选"。① 他有理由感到自信。据肯盟的一名高级官员彼得·吉坤比（Peter Gicumbi）所说，倘若全国领导人的选举公开公平，卡里乌基必将胜出。②

卡里乌基被广泛认为是统治精英利益的威胁。在同一名英国外交官的交谈中，来自莫亚莱的议员 G. A. 阿拉鲁（G. A. Araru）表示，卡里乌基"被暗杀的可能性远远大于成为总统的可能性"。③ 卡里乌基并非不知道批评政府可能招致的个人危险，但是他仍然斗志昂扬。"就让他们关押我好了——等我从监狱出来时，我会变得更为强大。"他公开表示。④ 他十分信任自己与总统保镖的密切关系，他相信这最终能够阻止对手针对自己的暗杀企图。⑤ 更为重要的是他与肯雅塔之间的密切关系。据卡里乌基的助手奥利弗·利托多（Oliver Litondo）所说，早在 20 世纪 60 年代初担任总统私人秘书期间，他曾与总统的一个女儿长期维持着婚外情。⑥ 而且，尽管总统经常警告他闭嘴或者从政府辞职，肯雅塔却不敢开除这位最受民众欢迎的政府成员。⑦ 然而，总统却乐见卡里乌基在政府中的敌人通过其他方式

---

① Memorandum of conversation, J. M. Kariuki and Alan Lukens, 17 May 1971; POL Kenya – US; SNF 1970 – 1973; RG 59; NACP.

② McIlvaine to Secretary of State, 27 February 1971; POL 12 Kenya; SNF 1970 – 1973; RG 59; NACP.

③ Bellers to Head of Chancery et al. , 12 February 1971; TNA：PRO FCO 31/854.

④ McIlvaine to Secretary of State, 7 November 1970; POL Kenya; SNF 1970 – 1973; RG 59; NACP.

⑤ Memorandum of conversation, J. M. Kariuki and Alan Lukens, 17 May 1971; POL Kenya – US; SNF 1970 – 73; RG 59; NACP.

⑥ Edis to Steele et al. , 15 September 1970; TNA：PRO FCO 31/957.

⑦ Clay to Joy, 19 October 1971; TNA：PRO FCO 31/853.

让他闭嘴。

20 世纪 70 年代初，卡里乌基的公开演讲时常遭到阻挠，他作为部长助理的职权也受到削弱，以减少他向支持者发表演讲的机会。① 他时常因为商业活动的指控而案件缠身。正如英国高级专员所说，这些案件"是政治敌人所鼓动的，尤其是恩乔恩乔，目的是贬损他"。② 1973 年，由于担心破产将会剥夺自己再次参选的资格，卡里乌基把总统梦暂时放到一边。作为支持莫伊的总统继承权之争（下一章将会详细讨论）的回报，卡里乌基同恩乔恩乔达成妥协。不过对于二人而言，这只是权宜之计。卡里乌基给予恩乔恩乔和莫伊派别民族主义合法性的虚饰以及基库尤族的选票，从而削弱了主要竞争对手恩乔罗格·蒙盖。作为回报，恩乔恩乔给予卡里乌基保护，以免遭受到人身攻击和财政困窘，因为他急需资金支持他参与议会选举，这场选举最终确定于 1974 年举行。

最初，双方接受这一妥协。恩乔恩乔确保法庭于 1973 年 7 月撤销针对卡里乌基的逃税案件。③ 作为回报，卡里乌基差不多三个月时间一直在议会保持沉默。④ 次年，当恩乔恩乔提出将斯瓦西里语作为议会官方语言的动议时，卡里乌基对于这样一个民粹主义的法案表示支持。作为回报，针对他的破产程序也就不了了之。⑤ 然而，即便是在这一蜜月期里，恩乔恩乔也一直在对卡里乌基施加压力。卡里乌基的妻子因为参与偷猎和走私象牙而被起诉，而他本人在 1973 年

---

① McIlvaine to Secretary of State，7 November 1970；POL Kenya；SNF 1970 – 1973；RG 59；NACP.

② Edis to Purcell，30 June 1970；TNA：PRO FCO 31/596.

③ Hall to Darling，26 July 1973；TNA：PRO FCO 31/1498.

④ Hall to Darling，5 October 1973；TNA：PRO FCO 31/1498.

⑤ Hart to Wigan，1 June 1976；TNA：PRO FCO 31/2019.

底和 1974 年年初因为应付债主讨债而焦头烂额。① 尽管如此，协定维持时间已经足够长，使得他有充足时间筹划 1974 年 10 月的议会选举。

在选举阶段，卡里乌基的竞选集会只有一次被取消，因为地方行政官员取消了集会所必需的许可证。为宣传自己的政纲，他散发了一份小册子，里面有他之前一次演讲的文稿。文中深刻批判了肯雅塔时代，语气咄咄逼人。首先，他批判了自从独立以来的发展政策，谴责这些政策中社会正义的缺失。他尤其批判中部省在发展计划中的主导地位："不均衡地散布教育、医疗、农业、商业和其他机会，这些利益只是集中在特定地区，而丝毫不顾及整个国家，这是有失公允的。"腐败也令卡里乌基感到愤怒："少数贪婪的掌权者能够利用公众，或者政府支持或资助机构的资源，从而不公平地谋取各种利益、房屋、最佳的商业条款和最多的土地。"② 这样的财富积累意味着"对于独立之后国民的生活境况，我们无法感到骄傲"。③ 同样地，他还尖锐地批判了政府各方面的表现。

卡里乌基对于政府最尖锐的批判要数它的土地政策。在追溯了独立斗争中"我们充满着决心，并且无数民众为此付出生命代价"之后，他认为独立不仅仅是土地"所有权的更迭"。相反，他和其他的肯尼亚人期待独立将会伴随着更为系统地反思土地所有权制度。少数人占有大片土地，而成千上万的民众没有土地，殖民时代的这一状况"无论在社会上，还是情感上都是不公平的，并且是令人难

---

① Hall to Darling, 17 October 1973；TNA：PRO FCO 31/1499.

② J. M. Kariuki, J. M. Speaks His Mind, Nairobi, 1974, p. 3；Pamphlets Kenya – Speeches, African and Middle Eastern Pamphlet Collection, Library of Congress.

③ Kariuki, J. M. Speaks His Mind, p. 4.

以接受"。"当时的这一状况是错误的，"卡里乌基指出，"放到今天，这是社会所无法接受的，同时也是不公正的。现在这是错误的。我坚信，社会财富只是简单地从白人转移到黑人手中，譬如用卡马乌（Kamau）取代史密斯（Smith），用奥东戈（Odongo）取代琼斯（Jones），或者吉普拉加特（Kiplangat）取代基斯（Keith），这并不能解决社会不公问题。在我们英勇的自由战士看来，这些现象是被强加的、难以忍受的社会不公。"[1] 卡里乌基公开提出了很多肯尼亚人在独立十年之后一直私下里思考的问题：难道这就是他们艰苦奋斗的目标吗？

正如 1974 年选举所表明的，肯尼亚人不能容忍统治精英的伪善与荒淫。尽管奥廷加或者肯人盟的其他领导人已经获释或者重新进入肯盟，但是政府仍然不允许他们站稳脚跟。不过，超过 50% 的现任议员在选举中丢掉了自己的席位。在剩下的这些在任议员中，其中最为顺利胜出的有三人，除卡里乌基之外，还有其他两名政府的主要批评者，南迪族的让·马里·塞罗尼议员和来自布泰雷（Butere）的马丁·什库库（Martin Shikuku）议员。对于莫伊本人而言，塞罗尼的当选是一个沉重打击，因为莫伊一直在极力争取卡伦金族的政治领导地位。塞罗尼给予莫伊的另一个对手切拉噶提·穆泰（Chelagati Mutai）极大支持，而穆泰则获得了北埃尔多雷特（Eldoret North）议会席位。这一结果让政府领导人大为震惊。姆瓦伊·齐贝吉被迫放弃了竞选内罗毕巴哈提（Bahati）选区议会席位，人们预测他十有八九要丢掉这一席位，不过他在故乡尼耶利的欧特雅（Othaya）选区获胜。恩乔罗格·蒙盖，莫伊继承总统的主要竞争对

---

[1]　Kariuki, J. M. Speaks His Mind, p. 11.

手，同时也是基库尤优势地位的领导人物，也丢掉了达高莱堤的席位。

卡里乌基充分彰显了自己在尼耶利的影响力，他的盟友瓦鲁鲁·坎加（Waruru Kanja）与彼得·恩德利（Peter Nderi）竞争，此人是肯尼亚刑侦局（Criminal Investigation Department）局长伊格内修斯·恩德利（Ignatius Nderi）的兄弟。在肯雅塔所组建的安全机器里，伊格内修斯·恩德利是重要组成部分，因此，他兄弟得以肆无忌惮地开展竞选活动。相比之下，坎加的妻子和另一位关键的支持者，尼耶利市市长纳哈雄·卡尼（Nahashon Kanyi）在竞选期间遭受暴力攻击。选举暴力部分程度上可以用过往历史来开脱：尼耶利两个政治派别的分歧可以追溯至 20 世纪 50 年代，恩德利的父亲是一名酋长，茅茅战争刚开始就被起义者杀害。坎加本人也因参与起义而被判绞刑，但是后来获得赦免。坎加在选举中大获全胜，不过为安全起见，他在获胜后不得不住在卡里乌基在吉尔吉尔的农场里，这既反映出卡里乌基的影响力，也折射出统治精英不得人心。① 随着主要竞争对手获得前所未有的支持，而蒙盖和恩德利等人遭受羞辱，选举结果使得政府高层弥漫着一种危机感。

增长、不平等与腐败

1974 年选举结果导致不安情绪四处弥漫，直至四年之后肯雅塔去世，这一直是肯尼亚政治中的重要现象。对于全国范围内出现的不满思想，统治精英依旧无动于衷，尤其是在国家经济前景趋于恶

---

① Hart to Head of Chancery, 17 March 1975；TNA：PRO DO 226/15；Hart to Longrigg, 29 November 1978；TNA：PRO FCO 31/2324.

化的情况下。很多肯尼亚人原本以为，经济增长速度可以持续到 20 世纪 70 年代，这样生活水平和收入将会逐渐提高，然而事实证明这一期待过于乐观。只要那些被广泛称作"没钱人"的肯尼亚人一直期待着有朝一日能够成为"有钱人"，肯尼亚政治制度就可以一直维持。然而，肯尼亚人并不相信政府经济政策能够为他们提供实现致富梦想的机会。"每个人都羡慕有钱人的财富，他们拥有各种各样的财产，但是这些财产是我们根本就得不到的，连想都不用想。"一位尼耶利居民说道。另一人则评论道："收入如此之低，以至于每天能有饭吃、有地方住就算得上好生活了。"①

1972 年，在国际劳工组织发布的一份颇具影响力的报告中指出，随着经济增长而来的经济分配是不均衡的，经济扩张使得地区和阶级的差异进一步扩大。② 受到全球经济变化的影响，快速的经济增长开始放缓。1973—1974 年的第一次石油危机引发了严重的全球经济衰退，不过来自伊朗巴列维王朝的廉价石油使得肯尼亚躲过了全球经济衰退的早期阶段。然而，肯尼亚在应对这些外部冲击时显得十分脆弱。③ 前些年所累积下来的贸易赤字似乎成为经济发展的沉重包袱。政府无法应对进口价格暴涨，以及全球市场上肯尼亚农业出口收益的锐减，此外还包括通货膨胀和失业状况的恶化。④ 财政部长穆瓦伊·齐贝吉在 1975 年 2 月底一次访谈中，非常坦诚地谈到了当时局势："就贸易平衡而言，我们前景一片暗淡。"他承诺采取有力措

---

① Carl Dutto, *Nyeri Townsmen*, Kenya, Nairobi, 1975, p. 177.

② International Labour Organization, Employment, Incomes and Equality: A strategy for increasing productive employment in Kenya, Geneva, 1972.

③ Hannam to MacMahon, 7 December 1973; TNA: PRO FCO 31/1506.

④ Ministry of Finance and Planning, "Quarterly economic report – December 1974"; TNA: PRO FCO 31/1892.

施来控制贸易赤字，其中包括削减公共开支。[①] 1975 年，政府制订了削减公共开支的计划，并且明确指出失业的增多是在所难免的。[②] 1 月底，政府宣布所有的基本粮食价格上涨 50%。

政府担心这些措施的政治影响。经济和社会变革已经导致内罗毕大学和肯雅塔大学学院发生骚动，从 1974 年 8 月中旬直至 1975 年 1 月初这两所院校一直被政府勒令关闭。政府高层意识到，为应对这些挑战，需要推行某些改革，即便仅仅是表面的。1975 年 2 月底，布鲁斯·麦肯齐（Bruce McKenzie）和恩乔恩乔认识到，必须采取措施来遏制统治精英的骄奢淫逸。在得到来自总统继承战竞争双方支持情况下（下一章将会讨论这一问题），他们二人打算"坦诚地告诉总统，有些事情做得过头了。恩吉娜'妈妈'和其他人必须守规矩"。[③] 然而，事实上并未发生任何变化。

1974 年选举之后的一个月时间，政府高层和肯雅塔亲属的腐败程度被公之于众。被揭露出来的主要是象牙非法交易，但是类似情况还包括新闻价值较低的其他商品，诸如玉米或者煤炭。对于统治精英而言，非法的象牙贸易是非常赚钱的买卖。当时肯尼亚有 12 万头大象，每年被杀的有 2 万头。为保护大象，1974 年肯尼亚政府禁止象牙的私下买卖。尽管如此，象牙非法销售的金额每年仍有 1000 万美元。通过贿赂手段，官员们对于离境货物睁一只眼闭一只眼，这些象牙继续出口到欧洲和东亚。《新科学家》（New Scientist）杂志声称，从象牙非法交易中获利的主要是肯雅塔身边那些人，包括他

---

① "Kenya's inflation：How to beat it"，Weekly Review，3 March 1975，p. 5

② Republic of Kenya，On Economic Prospects and Policies，Sessional Paper No. 4，Nairobi，1975.

③ Duff to Head of Chancery，3 March 1975；TNA：PRO DO 226/15.

的妻子恩吉娜"妈妈"和女儿玛格丽特。①

考虑到这些行为对于大象成长和旅游业所造成的破坏，少数的环保主义者和旅馆老板试图共同努力说服肯雅塔停止象牙贸易。反偷猎游说团体准备了一份颇具分量的报告。这份报告点名指出蒙盖、肯雅塔家族、保罗·恩盖和恩乔恩乔是非法象牙贸易的主要参与者。② 英国高级专员公署也得出了类似结论，强调涉嫌非法贸易的包括部长、军队高官、肯雅塔家族成员以及表面上负责保护野生动物的政府部门。③

卡里乌基可能参与了揭露偷猎和象牙走私。直至 1974 年 10 月大选前夕，他一直担任旅游和野生动物部副部长，并且与反偷猎游说团体主要人物杰克·布洛克有着密切的私人关系，布洛克非常关注偷猎对于旅游业的影响。卡里乌基的选举胜利（以及随后被开除出政府）使得他重新振作起来。他比以往更为激烈地批评肯雅塔政府滥用权力的行径。卡里乌基自新年伊始就干劲十足，激烈抨击政府的腐败和社会政策。④ 因此，毫不奇怪，1975 年 2 月初政治圈内广泛流传着暗杀卡里乌基的传言。

卡里乌基也听到这些传言，不过随后的事态使他相信，这些并不只是恶作剧或者警告。在政府朋友和安全部队的帮助下，他得出结论说，二月份的两起炸弹爆炸事件是肯雅塔的核心层策划的，企图让他永远噤声——其中一起是在星光夜总会，另一起是在希尔顿

---

① Jon Tinker, "Who's killing Kenya's jumbos? " New Scientist, 22 May 1975, pp. 452 – 455.

② Mansfield to Ewans, 12 February 1975；TNA：PRO FCO 31/1887.

③ Kelly to Hart et al. , 22 January 1975；TNA：PRO DO 226/17.

④ Fingland to Secretary of State for Foreign and Commonwealth Affairs, 2 January1976；TNA：PRO FCO 31/2020.

酒店的外币兑换所。外币兑换所爆炸案的第二天晚上，卡里乌基的汽车遭到枪击，不过他安然无恙。[1] 媒体开始散播谣言说，炸弹事件是马斯基尼解放阵线（Maskini Liberation Front，Maskini 意为"穷人"）所策划，这一组织与尼耶利地区不满的基库尤人联系极为密切，而这一选区与卡里乌基休戚相关。整个 2 月份，他和他的亲密朋友都处于警方监控之下。[2] 卡里乌基意识到，自己的政治生涯时日不多了。2 月 27 日，他与密友维克多·里索（Victor Riitho）曾经有过一场对话。里索回忆卡里乌基当时对他所说的话，"如同一个将死之人的临终遗言，他说不管即将发生什么，都要为真理而战"[3]。

3 月 1 日晚，在内罗毕跑马场路上，一辆开往蒙巴萨的夜间巴士载满乘客，正准备发车时，车上炸弹爆炸了。17 人当场死亡，8 人在抵达肯雅塔医院之前死亡，另有 1 人第二天早上在医院死亡。将近 70 人在爆炸中受重伤。可能有一名策划者在爆炸中死亡。[4] 这是肯尼亚立国以来的首次恐怖袭击事件，引起举国上下的愤怒。然而，案件元凶的身份仍是个谜。

在爆炸发生时，卡里乌基正在卡伦（Karen）参加一位朋友的订婚宴会。卡里乌基大约晚上 11 点钟驱车回到市中心，在听说这起爆炸事件后，他立即前往案发地点。在目睹了爆炸所造成的破坏与流血之后，他前往一家常去的赌场与好友本·格泰（Ben Gethi）喝了几杯酒。格泰是公共服务警察的指挥官，也是这家赌场的常客，两

---

① "Bombings shock", *Weekly Review*, 3 March 1975, p. 8.

② National Assembly, Report of the Select Committee on the Disappearance and Murder of the Late Member for Nyandarua North, the Hon. J. M. Kariuki, M. P., Nairobi, 1975, p. 19.

③ Hart to Head of Chancery, 12 September 1975；TNA：PRO DO 226/17.

④ Mansfield to High Commissioner et al., 25 March 1974；TNA：PRO DO 226/15.

人在赌场一直聊天到午夜之后。次日，对手竭力将卡里乌基与汽车爆炸案联系起来。卡里乌基的朋友中间有一个是警察的线人，他打来电话约定时间后前来拜访，试图诓骗议员自己认罪。这一拙劣的行径失败了。[①] 然而，高级警官决定审讯卡里乌基本人。当晚，卡里乌基与格泰在希尔顿酒店再次碰面时被便衣警察带走盘问。[②] 之后，他再未出现在公共场合。当晚晚些时候，他被带到城外偏僻的恩贡山（Ngong）枪决。他的尸体被抛在野外，任由动物撕咬，不过第二天早上他的尸体还是被人发现了。[③]

在卡里乌基被杀后，政府很快就开始掩盖他的失踪和被谋杀。当地警察在发现了他的尸体后，送往内罗毕市太平间。尸体被贴上一个错误的名字标签，并且在太平间内被多次移动[④]，这样做的目的是掩饰尸体身份，从而将他埋在无名墓地。[⑤] 只是到 3 月 11 日，政府才公开宣布市太平间停放着一具无名尸体，这距离卡里乌基被害已经过去九天时间了，认领尸体的期限也即将到期。[⑥]

卡里乌基的家人最初以为他是和一名住在希尔顿酒店的女人厮混，就在他消失前，卡里乌基一直与该女子保持着恋情。[⑦] 然而，在失去联络四天之后，卡里乌基的家人感到出大事了。卡里乌基遇刺的谣言满天飞。3 月 8 日的《星期日民族报》头版刊登消息称卡里乌基正在卢萨卡访问，很多人对此感到怀疑。传播这一消息的目的，

---

① National Assembly, Report of the Select Committee, p. 21.

② Hart to Head of Chancery, 10 March 1975；TNA：PRO DO 226/15；National Assembly, Report of the Select Committee, p. 25.

③ National Assembly, Report of the Select Committee, p. 25.

④ Hart to Head of Chancery et al., 31 July 1975；TNA：PRO DO 226/16.

⑤ Ibid., p. 29.

⑥ Hart to Holmes et al., 11 March 1975；TNA：PRO DO 226/15.

⑦ Hart to Wigan, 1 June 1976；TNA：PRO FCO 31/2019.

就是为了将他与数周前的爆炸案幕后势力联系起来。这一周早些时候，《民族报》还声称共产主义特工可能要为爆炸案负责。① 该报主编乔治·吉西（George Githii）一直是肯雅塔的盟友，以前还做过高级公务员。在卡里乌基的朋友们向卢萨卡方面求证之后，这一谣言就不攻自破了。卡里乌基的家人最终得知市太平间停放着一具无名尸体，并于 3 月 11 日晚上前往辨认尸体。卡里乌基家人在挣脱把守警察的阻拦之后，找到并认出他的尸体。次日早晨，官方确认了卡里乌基遇害。

正如布鲁斯·麦肯齐明确告诉英国高级专员的，这两起爆炸案和卡里乌基被谋杀都可以查到穆比尤·科伊南格，肯雅塔最信任的顾问和妹夫。麦肯齐告诉英国方面，卡里乌基是"被噶屯度族的流氓暴徒杀害的，他们是按照科伊南格命令行事，并且得到总统同意"。② 卸任议员菲兹·德·素扎（Ftiz de Souza）也做出类似描述。③ 科伊南格身上体现了后殖民时代肯尼亚的痼疾。科伊南格聪明过人，他是 20 世纪 30 年代在美国和英国拿到的硕士和博士学位。在返回肯尼亚之后，他和年迈的父亲一起，在中部省的反殖民政治行动中发挥了关键作用。当茅茅起义发生，殖民政府宣布紧急状态法案之时，他身在伦敦，并且整个 20 世纪 50 年代他一直待在英国，为肯尼亚民族主义事业争取支持。一边是那些试图引起公众关注肯尼亚乡村和集中营严重境况的肯尼亚人，另一边是英国和国际社会的同情者，而科伊南格在这中间扮演了重要的联系纽带角色。他最终作为英雄返回肯尼亚，恢复了他与肯雅塔亲密的政治和私人关系，

---

① Mansfield to Ewans, 5 March 1975；TNA：PRO DO 226/15.
② Duff to Head of Chancery, 1 April 1975；TNA：PRO DO 226/15.
③ Mansfield to High Commissioner, 17 March 1975；TNA：DO 226/15.

在独立之前就开始担任议员和部长。1966 年，他被任命为总统办公室的政务部长，由此确立了他作为总统得力助手的地位。尽管科伊南格为民族独立事业做出了巨大贡献，他随后的政治前途却变得越来越狭窄。在他看来，对于肯雅塔的忠诚胜过其他一切，而且他发誓捍卫基库尤人的优势地位。科伊南格认为，卡里乌基是这一主导地位最可能的威胁。

在政府宣布卡里乌基死亡之后不久，议员们立即组织了自己的特别委员会来调查谋杀案，为的是避免出现与平托和姆博亚被刺案件之后类似的掩盖罪行行径。在特别委员会之中，除了鲁比亚这样的卡里乌基的同情者之外，还包括马丁·希库库、让·马里·塞罗尼和格蕾丝·奥尼扬格等长期的政府批评者。该委员会主席伊莱贾·穆旺加莱（Elijah Mwangale）是卡里乌基的另一盟友，曾于1974 年在卡里乌基寓所外遭到暴打。然而，这一委员会绝非寻求报复政府的私刑法庭；甚至是莫伊也支持组建这一委员会。

3 月中旬至 6 月初，委员会听取了 123 名安全部队、政府和公务部门有关人员的证词。委员会的调查取证受到百般阻挠。例如，警察拒绝允许议员查阅关于卡里乌基遇刺案或者爆炸案相关的调查记录。[①] 曾经在委员会作证的证人，在某些情况下先是被警察虐待，而其他人则被威胁恐吓。[②] 英国高级专员公署和《星期日时报》（Sunday Times）也报道了警察对于证人的恐吓，其手段除了折磨之外，

---

① National Assembly, Report of the Select Committee, p. 3; Africana Vertical File, Herskovits Library of African Studies, Northwestern University.

② National Assembly, Report of the Select Committee, p. 6.

甚至还包括谋杀。① 为特别委员会提供证据的警官随后被开除职务。② 尽管面临着重重阻碍，委员会所做出的结论最终为记者和当时的档案记载所证实。

"可以确信，卡里乌基谋杀案与爆炸案之间存在着一定联系"。③ 而且，委员会相信刑事调查署"试图捏造证据将（卡里乌基）与导致 27 名公民（'wananchi'）死亡的炸弹袭击联系起来"。④ 鲁比亚私下指出，这显然是牵强附会。在与英国外交官的讨论中，鲁比亚表示帕特里克·肖（Patrick Shaw）和帕特里克·克拉克（Patrick Clarke），肯尼亚警察预备队和刑事调查署里的两名英国成员要为炸弹袭击负责。⑤ 至于卡里乌基之死，委员会建议应当让数人接受刑事调查。一些人与随后的掩盖罪行关联密切，而非直接与暗杀相关。而其他人则被指控直接参与。公共服务警察的指挥官格泰，要么是"亲自参与谋杀"，要么是"一个或数个谋杀者的同谋"。⑥ 委员会怀疑，实际谋杀者是身为警官的皮乌斯·奇帕台·苏奥（Pius Kibathi Thuo）。事实上，在卡里乌基的尸体在太平间被辨认出来之前，刑事调查署已经就谋杀案审讯了苏奥。另外两名嫌犯被指认为彼得·吉切鲁·恩乔（Peter Gicheru Njau）和彼得·基马尼（Peter Kimani）。⑦ 造化弄人，奇帕台和卡里乌基二人的妹妹联手寻找她们的兄长。按照奇帕台妹妹的说法，在卡里乌基被从希尔顿酒店接走一个小时之后，奇

---

① John Barry, "The killing of Kenyatta's critic", *Sunday Times*, 10 August 1975；Hart to Wigan, 1 June 1976；TNA：PRO FCO 31/2019.

② Hart to Holmes et al., 7 July 1975；TNA：PRO DO 226/16.

③ National Assembly, Report of the Select Committee, p. 3.

④ Ibid., p. 5.

⑤ Hart to Holmes et al., 7 July 1975；TNA：PRO DO 226/16

⑥ National Assembly, Report of the Select Committee, p. 36.

⑦ Ibid., pp. 31, 37.

帕台被命令前往押送卡里乌基。按照这一说法，奇帕台将卡里乌基带到了恩贡山并将他枪杀，这也为随后的新闻调查所证实。[1] 一年之前的 1974 年竞选中，奇帕台曾试图谋杀查尔斯·鲁比亚。[2]

委员会同样清楚奇帕台并非单独行动，而是得到安全部队和政府高级官员的命令。他们的注意力牢牢锁定在穆比尤·科伊南格身上。6 月 3 日，议员们拜会肯雅塔并递交委员会最终报告的副本，关于需要进一步调查的人选部分，总统命令划掉科伊南格和总统卫队头目阿瑟·万约克·松古的名字。"打儿子就是打父亲。"总统告诉委员会成员。议员们不情愿地照做了，报告最终版本并未提及科伊南格或者松古。然而，之前版本的报告上面有这两人的名字，已经分发给了一些新闻记者和外交官。[3]

为了将注意力从卡里乌基谋杀案转移开来，炸弹恐吓和零星爆炸事件在全国范围内时有发生。例如，3 月 5 日，一列火车在沃伊（Voi）由于遭人破坏而脱轨。[4] 尽管如此，肯尼亚公众是无法被愚弄的，也是无法被轻易恐吓的。在政府宣布找到卡里乌基尸体后不久，抗议者走上内罗毕街头来表达他们对于卡里乌基遇害的愤怒。尽管警察已经竭尽全力控制，但是此次抗议在肯雅塔统治时期仍然是前所未有的。3 月 15 日，肯雅塔大学学院在市中心举行示威活动，学生们试图破坏学校标志，为的是把总统名字从校名中抹去。次日，

---

[1]　Hart to Wigan, 1 June 1976；TNA：PRO FCO 31/2019.

[2]　Hart to Hunt, 22 September 1977；TNA：PRO FCO 31/2121.

[3]　Hart to Head of Chancery, 17 July 1975；TNA：PRO DO 226/16；Barry，"The killing of Kenyatta's critic"．

[4]　Marshall to Secretary of State, 7 March 1975；National Archives Access to Archival Databases（NAAAD）website, available at：http：//aad. archives. gov/aad/（accessed 1 March 2010）；Hart to Head of Chancery, 10 March 1975；TNA：PRO DO 226/15.

恩乔罗（Njoro）埃杰顿学院大约 300 名学生举行抗议卡里乌基谋杀案的示威游行，政府出动防暴警察才驱散了示威者。肯雅塔总统的女儿玛格丽特（Margaret Kenyatta）在内罗毕的宅院还遭到纵火袭击。① 在尼耶利，本·格泰的住所也同样遭受攻击。②

警察负责镇压任何煽动骚乱的迹象。3 月 15 日晚，维罗德·基坎迪·卡鲁谷（Wilord Gikandi Karugu）和迈克尔·万盖·理查德（Michael Wangai Richard）在北基兰格普（North Kinangop）的工程贸易中心喝酒聊天，他们猜测肯雅塔是卡里乌基刺杀案的幕后主使。一名旁人向当地警察报告了此事，二人都被逮捕。在尼耶利的鲁林谷（Ruringu）的基赫特（Kihoto）酒吧，艾利乌德·伊拉斯图斯·万布古（Eliud Erastus Wambugu）撕毁并烧掉了酒吧里的肯雅塔照片，因而被逮捕。在内罗毕的潘加尼（Pangani）地区，警察于 4 月底逮捕了 5 个人，罪名是出版并散播煽动材料，这些将会"导致仇恨"，"煽动针对总统或者肯尼亚政府的不满情绪"。③ 不过，这些也暴露出政府权力的有限性，而非它的影响力；肯雅塔的合法性已经被破坏殆尽。

肯雅塔在内阁中也暂时丧失了权威。3 月 13 日，部长们被召集到他的噶屯度家中。总统告诉内阁，安全部队认为卡里乌基是爆炸案的幕后主使，他得到"一群曾经在赞比亚接受训练的野蛮年轻人"的支持，但是随后与密谋者发生了争吵，并因而被谋杀。部长们对此并不相信——他们和齐贝吉一样并不相信——并且直接质疑查案

---

① Kenya Police, Daily Crime and Incident Report, 16, 18 and 21 March 1975；KNA MSS/8/35.

② Hart to Holmes et al. , 10 April 1975；TNA：PRO DO 226/15.

③ Kenya Police, Daily Crime and Incident Report, 18 March, 19 March and 25 April 1975；KNA MSS/8/35.

方法。肯雅塔，对于内阁的性急冲动感到震惊，因此予以拒绝。[①] 一周后，内阁再次集会。作为其他部长的代表，莫伊开始建议肯雅塔认识到全国范围内的广泛不满，并应立即采取措施解决这一问题。但是，肯雅塔打断了副总统，告诉聚集起来的部长们，只有他自己知道肯尼亚民众对于政府的感觉。[②]

肯雅塔希望胁迫民众给予支持。3 月 21 日，肯尼亚空军的喷气式飞机多次低空穿越内罗毕市中心，而军队和警官穿越街道参加临时军事游行，意在炫耀武力。当肯雅塔向安全部队挥手致意时，成千上万的旁观者默默站着，对于总统招手致意无动于衷。[③] 对于部长和外交观察家来说，政府自身似乎已经陷入崩溃之中。考虑到邻国埃塞俄比亚海尔塞拉西皇帝倒台，美国使馆相信"肯雅塔的统治似乎走到了尽头"。[④] 副检控官卡马乌·卡鲁谷对此表示同意，他告诉英国外交官肯雅塔担任总统的时日不多。[⑤] 内阁部长私下讨论组建高级部长的小型委员会，以接管政府统治，而肯雅塔将只保留名誉职位。[⑥] 结果，肯雅塔对于这些削弱自己权力的建议视而不见。

余波

在卡里乌基的尸体被发现一周后，肯雅塔曾向民众讲述了一个"堕落天使变坏，因此为上帝所抛弃"的故事。[⑦] 卡里乌基谋杀案被

---

① Duff to Head of Chancery, 2 April 1975；TNA：PRO DO 226/15.

② Ibid.

③ Marshall to Secretary of State, 21 March 1975；NAAAD.

④ Marshall to Secretary of State, 17 March 1975；NAAAD.

⑤ Holmes to Head of Chancery et al. , 11 April 1975；TNA：PRO DO 226/15.

⑥ Duff to Head of Chancery, 2 April 1975；TNA：PRO DO 226/15.

⑦ Barry, "The killing of Kenyatta's critic".

揭露出来所引发的强烈愤怒，成为总统将安全部队控制权集中于行政的借口。副总统和内政部长莫伊也被剥夺了警察和移民事务管辖权，并移交给总统办公室政务部长，也就是穆比尤·科伊南格。①

　　肯雅塔和追随者将注意力转向其他潜在的不满渠道。总统命令肯盟分部主席清除党内的政府批评者。② 政府迫使《标准报》（*The Standard*）开除了副主编，主要的新闻报纸都形成了自我审查机制。③ 为制服卡里乌基在大学里的支持者，原本长期搁置的为大学毕业生设立非军事部门服役的计划在 4 月初匆忙通过。④ 更为重要的是，肯雅塔极力破坏了议会中的长期批评者。

　　对于特别委员会调查卡里乌基谋杀案所表现出的桀骜不驯，以及议会投票接受它的报告，肯雅塔受到极大刺激，因此决心要让立法机构停止发布对立论调。在对特别委员会的报告投了赞成票之后不久，负责东非共同体事务的部长助理彼得·基比苏（Peter Kibisu）被以伤害罪逮捕。⑤ 主要的反对派议员什库库和塞罗尼，均于 10 月 15 日被捕。次日，所有其他的议员都被召集起来与肯雅塔会面。总统警告议员们说，"鹰派"势必再次游行，倘若政客们不听话，就有可能继续逮捕这些议员。⑥ 肯雅塔说到做到。马克·穆维萨嘎（Mark Mwithaga）是卡里乌基生前的亲密盟友，他曾经做过纳库鲁选区议员，是负责调查谋杀案的特别委员会成员之一。1975 年年底，

① Marshall to Secretary of State, 20 November 1975; NAAAD.

② Marshall to Secretary of State, 22 September 1975; NAAAD.

③ Marshall to Secretary of State, 31 October 1975; NAAAD.

④ "At last the national service scheme is here", Weekly Review, 7 April 1975.

⑤ Hart to Hunt, 27 June 1977; TNA: PRO FCO 31/2121.

⑥ Marshall to Secretary of State, 16 October 1975; NAAAD.

穆维萨嘎遭到逮捕，而罪名仅仅是言行有失检点。[1]

由于没有议会或者新闻界的监督约束，统治精英如同以往那样肆意妄为。政府最高层的腐败行径仍然继续，正如包括鲁比亚在内的三名议员和活跃于政坛的商人在 1975 年 7 月与英国外交官的会谈中所指出的。议员们表示，肯雅塔家族卷入了全球性的有组织犯罪。彼得·肯雅塔是国际赌城（International Casino）合伙人，议员们指控这是由意大利黑手党所经营的，而总统本人是天堂赌场（Paradise Casino）中的美国—韩国犯罪团伙的同伙。[2] 甚至在卡里乌基遇害之前备受争议的象牙走私，仍然是有增无减。[3] 肯雅塔名声扫地。据内罗毕郊区达高莱堤选区的基库尤族居民所说，总统已经从众所周知的"年长者"或者"国父"堕落为"刽子手"或者"凶手"。[4] 掌权者十分清楚，倘若总统一死，累积起来的针对统治精英的不满情绪就很容易失控，因此必须谨慎地操纵总统继承程序，同时还要把反对派镇压下去。

---

[1] Crabbie to Wigan, 15 September 1976；TNA：PRO FCO 31/2019.

[2] Hart to Head of Chancery, Wallis and Deputy High Commissioner, 17 July 1975；TNA：PRO DO 226/17.

[3] Sigsworth to Mansfield, 15 July 1975；TNA：PRO DO 226/16.

[4] Hart to Head of Chancery, 11 July 1975；TNA：PRO DO 226/16.

第四章 足迹，1975—1982 年

我们有责任完成姆齐的未竟事业。肯雅塔只是一个人。但是，倘若在他去世之后，我们 1300 万国民都成为像肯雅塔一样的人，我们的国家将会变得何等美好。

——教长查尔斯·M. 卡列里（Charles M. Kareri）在约莫·肯雅塔国葬仪式上的布道，1978 年 8 月 31 日①

"外向性"

1978 年 8 月 22 日凌晨，肯雅塔在海滨寓所病逝。对于很多人而言，肯雅塔病逝引发深刻反思，而非哀痛的表达。公众并未忽视肯雅塔生前的腐败和威权主义等问题，但是这些都被搁置一边，而是集中关注肯雅塔在争取独立过程中所扮演的角色。甚至奥廷加也深表赞同。奥廷加亲自前往吊唁瞻仰肯雅塔的遗容。在为肯雅塔祈祷之后，泪流满面的奥廷加向公众发表演说。"我们的确有着很多分

---

① Charles Kareri, "Sermon preached by the Very Rev. Charles M. Kareri", *The State Funeral for His Excellency the Late Mzee Jomo Kenyatta*, Nairobi, 1978, p. 9.

歧，但这主要是处事方式的差异，"他说道（他站在肯雅塔敞开的棺椁几英尺远的地方）。"我的目标正是他的目标：民族主义。"① 8 月 31 日，在内罗毕举行的肯雅塔葬礼上，弥漫着类似情感。

在肯雅塔执政最后数年时间里，激烈的权力继承争夺在精英政治中占据主导地位，这在葬礼上也被提及。圣公会领导人基塔里（Gitari）主教在带领祈祷时呼吁，"作出你自己的选择，为的是这个国家的领导得以延续而不被中断，从而使得我们国家更加繁荣稳定"。长老会牧师代表查尔斯·卡列里在祷告中引述了圣保罗的话：

> 我知道我去之后，必有凶暴的豺狼，进入你们中间，不爱惜羊群。就是你们中间，也必有人起来，说悖谬的话，要引诱门徒跟从他们。所以你们应当警醒。②

相比于奥廷加和其他主要哀悼者的陈词滥调，基塔里和卡列里关于继承斗争的暗指，或许他们只是无意提及的，却是悼念肯雅塔的更恰当方式。

肯雅塔之死暴露出精英政治的实质并非民族主义，而是关于控制"外向性（extraversion）"进程的竞争。"外向性"是让·弗朗索瓦·巴亚特（Jean Francois Bayart）所提出的概念。巴亚特，可能是关于当代非洲政治最为敏锐的观察家，他认为非洲国家和外部世界之间关系基本上可以界定为"依赖"。作为殖民时代的结果之一，像肯尼亚这样的国家的经济命运是由发达世界对于它的出口的需求变化所决定的。由于缺乏发展经济所需资源，巴亚特认为，国家只是

---

① Bruce Loudon, "Oginga Odinga, the bitter enemy, pays homage to Kenyatta", *Daily Telegraph*, 26 August 1974.

② "Thousands at Kenyatta funeral", *The Scotsman*, 1 September 1978.

作为这一关系的中介而存在。控制国家也就控制了由外而内的资金流动，其主要形式包括私人投资、出口款项和援助。不过，控制国家也意味着统治者有权力控制商品流向全球经济。①

在肯雅塔统治下，肯尼亚的外向性意味着，那些可以作为中间力量的人，可以通过合法或非法手段积聚起巨额财富和极大影响。到 20 世纪 70 年代，控制着国家的精英在合法出口在基安布种植的咖啡或者在凯里乔栽种茶叶的同时，还在非法走私乌干达咖啡或者从马赛马拉（Maasai Mara）偷猎的象牙。他们和盟友的其他生意也是依赖于肯尼亚与全球经济的联系，例如酒店集团和银行。统治精英在扮演政治角色的同时，也有权任命负责管理不同农业经济部门的经销管理局官员；任命国有企业董事会成员；制定法律，为企业运营颁发各种许可证。因此，公有经济和私人经济之间、政府和企业之间建构起了紧密的相互依赖网络。② 统治精英的经济和政治前景依赖于权力继承的结果；他们决计不能输掉这场争夺。

由于 20 世纪 70 年代肯雅塔核心圈子的分裂，统治精英更加感到焦虑。支持莫伊作为总统候选人以应对姆博亚的挑战，此前形成的这一共识已经崩解。在姆博亚遇刺之后，相互竞争的经济利益导致两个不同派别的形成。恩乔罗格·蒙盖成为基库尤族精英所青睐的人选，尤其是与肯雅塔家族有着密切的私人关系。然而，麦肯齐和恩乔恩乔则对此深表怀疑。他们担心，倘若蒙盖继承了肯雅塔的权力，围绕着这位年轻人身边所建立的小圈子，将会危及恩乔恩乔

---

① Jean – François Bayart,"Africa in the world：A history of extraversion", *African Affairs*, 99（395）（2000）, pp. 217 – 267.

② National Christian Council of Kenya（NCCK）, *Who Controls Industry in Kenya?：Report of a working party*, Nairobi, 1968.

和麦肯齐通过英国投资所积聚起来的商业利益。麦肯齐和恩乔恩乔因而更加支持莫伊。① 因此，这两个派别成了政府内部相互竞争的政治群体，同时也是相互竞争的投资俱乐部。在肯雅塔去世前数年，这两个派别展开了一系列金融战。例如，1978 年年初，两个派别都试图收购法国标致汽车公司肯尼亚代理商马歇尔·尤尼法索（Marshalls Universal）公司，该代理商之前的所有者是一名英国侨民。蒙盖那边，是由他的堂兄弟乌迪·盖卡加和他的弟弟恩格特·恩乔罗格出面张罗，发现他们受到麦肯齐和恩乔恩乔合营公司的沉重打击。②

按照基库尤族风俗，人们是不愿意为身后事做提前准备的，因此肯雅塔愿意让蒙盖和莫伊为了继承权而斗得你死我活。他可能丝毫不在意二人究竟谁能最终胜出。他们分别代表着肯尼亚政治经济的关键支柱：莫伊代表着英国影响力，而蒙盖则代表着肯雅塔家族自身。肯雅塔所关心的是确保继承争端限定在一定的社会和政治界限之内。倘若出现非精英参与的迹象，或者政治危险人物威胁到统治精英在商议肯雅塔继承人问题上的垄断权，都会遭到迅速果断的回应。

操纵接班过程

作为一名小说家、剧作家和学者，恩古吉·瓦·提昂戈（Nguji wa Thiong'o）是 20 世纪 70 年代中期肯尼亚最著名的知识分子——即

---

① Allinson to Dawbarn, 7 March 1973；TNA：FCO 31/1496.
② East African Department, FCO, "Kenya：Mr Udi Gecaga – recent activities", 3 April 1978；TNA：PRO FCO 31/2322.

便现在仍是如此。他也是肯雅塔政府长期的批评者，尤其通过他的小说，这些著作准确描述了自独立以来这一阶段民众态度的变化。在 1977 年发表的小说《血染的花瓣》（*Petal of Blood*）中，恩古吉描述了肯尼亚领导人"将土地拱手让给外国人滥用，这些人吸食着百姓血汗，伪善地宣扬着黑人团结和民族主义理念，而那些瘦骨嶙峋的穷人走向孤独的坟墓"。[①] 对于试图操纵接班过程的肯雅塔和统治精英其他成员来说，这些话听起来十分刺耳。

对于政府官员来说，更糟糕的是恩古吉并非唯一的反对声音，而只是日益增强的大学教师和学生们不满情绪的一部分。1969 年，他起草了一封公开信，在这封信上签名的另外还有内罗毕大学学院（内罗毕大学的前身）十六名教师，信中谴责肯尼亚教育部干预学术自由。政府向校方施加压力，恩古吉的一次公开演讲被迫取消，恩古吉和同事们对此感到沮丧。[②] 恩古吉当时明确表示自己所在意的，绝不仅仅是演讲被取消，或者奥廷加和肯人盟反对声音受到压制。相反，他认为，倘若大多数民众的利益因为统治精英追逐私利而被削弱，自己作为公共知识分子有责任对政府持批判立场。

1977 年 12 月 31 日凌晨，恩古吉在基安布家中被捕。他在监狱回忆录中写道：

> 政治保安处的武装成员挤满了我的书房，他们到处乱搜，他们沉默得令人感到恐惧，此外身着警服的警察手持步枪守在一旁。只有在搜到写着马克思、恩格斯或者列宁名字的图书册

---

① Ngugi wa Thiong'o, *Petals of Blood*, London, 2002, p. 409.

② Goodall to Tallboys, 20 January 1969; TNA：PRO FCO 31/352.

子的时候，他们冷酷的表情才会有所缓和。①

这些所谓的煽动性书籍——事实上并非非法的——却被没收了。而且，未经审讯或者指控，恩古吉就被押往位于卡米蒂（Kamiti）的最高警备级别监狱。

然而，恩古吉非常清楚自己缘何会被逮捕。这主要是因为他与恩古吉·瓦·米利（Nguji wa Mirii）合作的著名剧本《我要在想结婚时结婚》（*I will marry when I want*）被搬上了舞台。② 这一剧本在基安布地区的卡米里苏（Kamiriithu）社区教育与文化中心上映，这是一个基层戏剧组织。卡米里苏社区是内罗毕城郊所兴起的诸多定居点之一，这些村庄在 20 世纪 50 年代是为了应对茅茅反抗而建立的，恩古吉在 20 世纪 70 年代末将这里形容为"贫穷泛滥"之地。村民"为新肯尼亚地主和欧美跨国公司提供了充足的廉价劳动力供应，这些公司在独立时取代了昔日的英国地主，因而控制着提格尼（Tigoni）及周边辽阔的茶叶和咖啡产地"。③ 1976 年恩古吉所在的内罗毕大学文学系来访之后，卡米里苏成立了社区戏剧小组。恩古吉是戏剧小组负责人之一，戏剧小组鼓励成人教育以及舞台剧演出。在整个 1977 年，恩古吉和米利为新剧《我要在想结婚时结婚》撰写剧本。通过对于政治、腐败和经济剥削的尖刻批评，该剧深入探究了"独立的负面影响"。④

该剧排练时吸引了大量观众，10 月份的首演引发了强烈反响。

---

① Ngugi wa Thiong'o, *Detained*：*A writer's prison diary*, Nairobi, 2000, p. 15.

② Ngugi wa Thiong'o and Ngugi wa Mirii, *I Will Marry When I Want*, Nairobi, 2005.

③ Ngugi, *Detained*, p. 74.

④ Gichingiri Ndigirigi, *Ngugi wa Thiong'o's Drama and the Kamiriithu Popular Theater Experiment*, Trenton, NJ, 2007, p. 85.

据恩古吉所说：

> 该剧之所以受欢迎，首先是因为它关心我们国家的土地问题，其次在于它关注农民和工人被政治"大人物"所背叛，并且讨论了有权有势者的傲慢与贪婪，最后，它之所以受欢迎，也是因为它描述了乡村农民真正的生活境况。[①]

卡米里苏戏剧小组成为表达基层民众对于后殖民时代不满的主要方式，因而接待了很多希望借鉴经验的代表团。由于意识到卡米里苏小组可能通过文化活动动员不满民众，当局采取措施来加以限制，并于 1977 年 12 月中旬将其取缔。两周后，恩古吉被捕。[②]

在肯雅塔统治晚期，类似于恩古吉这样的政治犯不在少数，此外还包括塞罗尼和什库库等反对派议员。这些反对派被关押在殖民时代设立的监狱之中，这些监狱遍及全国各地。政治监禁的目的在于确保总统继承战限定在政府内部小范围之中。经济状况变化，也有助于执政精英限制公众参与关于总统继承问题的讨论。

原本预期的经济萧条，塑造了 1975 年卡里乌基谋杀案之前的政治算计，但是这一萧条并未真正到来。相反，肯尼亚出现了迅猛的经济增长，这主要是由 1976 年至 1979 年的咖啡繁荣所推动的。肯尼亚发展的这一彻底转变的原因不在于政府政策，而是由于世界其他地区所发生的变化。1975 年冬天，巴西南部的咖啡产区遭遇严霜，咖啡生产受到严重影响。巴西，作为全球最大的咖啡生产国，它的产量下降导致全球价格飙升。相比之下，东非地区风调雨顺，肯尼

---

① "Ngugi wa Thiong'o still bitter over his detention", *Weekly Review*, 5 January 1979, pp. 30 – 31.

② Ngugi, *Detained*, pp. 75 – 80.

亚农民因此获利颇丰。咖啡种植农的收入显著增加，这对于整个咖啡种植区的好处显而易见，尤其是在中部省。咖啡种植农的住房条件得以改善，很多人用石头砌造起了牢固的房屋，这些房子通常有着波状铁皮屋顶。有些农民购置了汽车，还有些做起了小生意。[①] 尽管这一状况注定只是昙花一现，不过却也维持了相当长一段时间，使得很多肯尼亚人相信维持现状的好处。在争夺总统继承权的时候，蒙盖和莫伊只需要相互提防着对方。

教授与花花公子

与竞争对手相比，莫伊有着很多优势。例如，与蒙盖相比，肯尼亚全国民众将莫伊视作在肯雅塔死后能够真正替代基库尤精英霸权的选择。然而，莫伊的统治离不开恩乔恩乔的辅助，因此莫伊和竞争对手同样需要基库尤人的支持。不过，莫伊也具有领导人的派头。莫伊身材修长笔直，门牙有着很大豁口，他在公共场合的表现并非活力充沛的样子。莫伊经验丰富，自 1967 年穆隆比辞职之后，他一直担任副总统一职。在爬上这个位置过程中，莫伊不断显示出以族群作为政治工具的娴熟手法。莫伊在险象环生的裂谷省经过多年历练，他一直在这里担任家乡巴林格中部（Baringo Central）选区议员，直至 2002 年退休。裂谷省是莫伊的权力基础，尽管他来自人数较少的图根族，图根族是卡伦金族的一个分支。尽管如此，他仍然很快成为整个卡伦金族的领导人。这一策略的危险是巨大的。首先，卡伦金族是在第二次世界大战及以后不同构成群体联合的基础

---

① David Bevan, Paul Collier and Jan Willem Gunning with Arne Bigsten and Paul Horsnell, *Peasants and Governance：An economic analysis*, Oxford, 1989, pp. 39 – 41.

上形成的。在整个后殖民时期的最初阶段，卡伦金族的政治团结是不稳定的。而且，声称是卡伦金族领导人的政治人物，也不只是莫伊一人。

让·马里·塞罗尼是莫伊主要的卡伦金族竞争对手，他是《南迪山宣言》（参见第二章）主要策划者。直到 1975 年被捕之前，塞罗尼一直是议会中主要的政府批评者。尽管塞罗尼的父亲曾经是莫伊的教师，他和莫伊的关系密切，但是莫伊和塞罗尼在整个 20 世纪 70 年代曾多次发生冲突。塞罗尼谴责道，大量的基库尤人之所以迁居到卡伦金人所声称的自己合法土地上，莫伊是逃不了干系的。莫伊对此并未做出太多回应，而只是重弹民族主义的老调，谴责塞罗尼等人"竭力煽动部落主义"。[1] 莫伊更愿意在地方层面削弱塞罗尼。在裂谷省南迪地区等地，他支持竞选人在地方选举中同塞罗尼的盟友相对抗。当这一策略失败后，1975 年他将塞罗尼逮捕监禁。然后，副总统将注意力转向了塞罗尼在议会中的卡伦金族支持者，这些人与塞罗尼一道挑战莫伊的卡伦金族领导者地位。这主要包括切拉噶提·穆泰，她是为数不多的女议员中的一个，来自北埃尔多雷特选区。1976 年 3 月，她被判入狱两年半时间，罪名是在自己选区内策划抗议侵占土地的示威活动。[2]

这些策略有助于莫伊最终从与塞罗尼的斗争中胜出。不过，莫伊获胜并不只是依靠镇压手段。尽管塞罗尼凭借批评政府而获得广泛的民众支持，但是莫伊所采取的与肯雅塔统治体系合作的现实策略，则为他赢得了卡伦金人的极大支持。莫伊对于塞罗尼的激进主

---

① McIlvaine to Secretary of State，8 August 1970；POL Kenya 12 - 2；SNF 1970 - 1973；RG 59；NACP.

② Crabbie to Wigan，17 March 1976；TNA：PRO FCO 31/2019.

义极尽嘲讽，声称他意在把监禁视作一种殉道形式。① 而莫伊则把自己视作娴熟的政治老手，可以通过保持与肯雅塔密切关系来保护卡伦金人利益。莫伊后来获得了"政治学教授"绰号，他是当之无愧的。为了与肯雅塔所支持的有权势的基库尤人相竞争，他组织起卡伦金人的土地购买公司，为了在裂谷省争取支持，他也广泛运用恩庇关系。而且，对于很多卡伦金人来说，一想到蒙盖可能当选总统，这就足以打消他们对于莫伊候选人资格的疑虑。

莫伊的总统候选人资格也得到内罗毕的英国高级专员公署极大支持。英国方面的考虑是，倘若蒙盖继任总统，肯雅塔家族广泛的不受欢迎将会导致巨大动荡。因此，英国外交官认为，只有莫伊的统治才有可能保证经济持续增长和政治稳定。然而，他们对于莫伊也并不抱幻想。1974 年在对英国投资者的一次讲话中，马尔科姆·麦克唐纳（Malcolm MacDonald）认为莫伊"愚蠢至极"，警告说"倘若他的诡计花招得逞，如愿以偿地当上总统，他可能出现严重失误"。② 伦敦和内罗毕的英国外交官希望，莫伊只是作为恩乔恩乔、齐贝吉和基库尤族高级文官控制下的傀儡。"基库尤理智将会战胜卡伦金情感，"一位英国外交官写道，"让我们拭目以待，并且竭尽所能地确保这一点。"③

英国在接班人斗争结果上的利益是显而易见的。1977 年至 1979 年，英国为肯尼亚政府提供了 1.1 亿美元的援助，这是当时英国在非洲最大一笔金额的援助。1977 年，英国对肯尼亚的出口价值达 1.87 亿美元。而且，这一关系也并未出现明显衰落：1977 年，肯尼

---

① Hall to Darling, 14 May 1973；TNA：PRO FCO 31/1499.

② Ewans to Campbell, 18 January 1974；TNA：PRO FCO 31/1707.

③ Bellers to Wallace, 26 April 1972；TNA：PRO FCO 31/1191.

亚对于英国商品进口额激增 20%。对于很多肯尼亚企业而言，这些联系也是同样重要的：生产商销往前殖民宗主国的出口额远远大于来自英国的进口额。对于肯雅塔政府的激进批评者来说，这一关系是彻头彻尾的新殖民主义，因为这将使得肯尼亚更加依赖于前殖民统治者。对于从这一贸易关系中受益的肯尼亚受惠者而言，这似乎是桩好买卖。莫伊得到这些受惠者的支持，他把自己塑造成了维系与英国亲密外交和经济联系的保护者。

倘若莫伊的对手足够强大，那么就会利用莫伊的软肋。然而，对于很多基库尤族精英而言，蒙盖最多也只能算作肯雅塔继承人的第三人选，更不要说肯尼亚的其他族群了。到 20 世纪 70 年代中期，詹姆斯·吉丘鲁已是强弩之末，穆比尤·科伊南格和查尔斯·恩乔恩乔太不受欢迎，以至于并未被真正视作竞选人，只能充当有影响的幕后角色。然而，蒙盖也并不是完全没有竞选筹码。20 世纪 60 年代初，对于投票者而言，蒙盖作为有活力的年轻政治人物，如同姆博亚和齐贝吉一样，他代表着肯盟温和派。作为一名学术明星，他于 1957 年获得斯坦福大学博士学位，然后返回肯尼亚在全国各地建立起医疗中心，此后担任第一届肯盟政府卫生和住房部部长。在此之后，蒙盖曾担任国防部长，从 1969 年起任外交部部长。尽管他所表现出的公共形象，实际上却是一个"花花公子"，他在赌场中要比在部长办公室中更为自在。蒙盖于 1972 年举行婚礼，试图通过这场备受关注的婚礼来改变这一形象，不过婚礼却无助于他的形象塑造。婚礼当天，很多朋友拿他对于婚姻的不忠行为开涮，"从这一刻起，你这位外交部部长，以后所有的风流事必将是与外国人有关的。"一位演讲者在致祝酒词时说道。①

蒙盖的候选资格是以他与总统的亲缘关系为基础的。这一关系使得他得以参与竞争，但是由于肯雅塔变得越来越不受欢迎，蒙盖继任的机会也越来越小。而且，他自己所在的达高莱堤选区的很多民众对他深表不满，这也使得他深受打击。整个 20 世纪 70 年代早期，这里的投票者开始相信蒙盖议员并不关注他们的利益，而只在意总统宝座和寻欢作乐。在 1974 年议会选举中，他们对蒙盖投下了反对票，从而击碎了蒙盖当选总统的念想。按照肯尼亚所实行的威斯敏斯特法律体系，总统必须是在任议员，这就意味着蒙盖丧失了继任肯雅塔总统职位的机会。在民众心目中，蒙盖只是偶尔为了功利目标才会关注穷苦百姓，他的这一负面形象已经深入人心。影响到他形象的还包括，他与政府核心层的基库尤精英内部圈子的密切关系。甚至在其他的基库尤人眼中，主要是来自肯雅塔故乡基安布的这一精英是令人生厌的。在尼耶利，这些基库尤精英被视作杀害卡里乌基的凶手，而在穆拉雅被认为是卡吉亚遭受排挤以及鲁比亚受到诽谤中伤的罪魁祸首。

蒙盖希望用自己手中丰富的财政资源来克服这一弱点。蒙盖挪用中央银行大量贷款（据英国外交官讲）来走私禁运的乌干达咖啡，从而为 1976 年控制肯盟地方支部筹集必要资金。② 而且，他还可以依靠一些有权势朋友的支持。罗荷公司所属的《标准报》会定期刊

---

① McIlvaine to Secretary of State, 20 May 1972；POL Kenya 15 – 1；SNF 1970 – 1973；RG 59；NACP.

② Hart to Hunt, 11 March 1977；TNA：PRO FCO 31/2121；Hart to Hunt, 22 September 1977；TNA：PRO FCO 31/2121；Hart to Carter, 18 July 1978；TNA：PRO FCO 31/2322.

发文章吹捧蒙盖。罗荷公司的财政支持来自蒙盖的侄子乌迪·盖卡加。已经是罗荷公司东非分公司总经理的盖卡加，1973 年又被任命为母公司董事会成员。1975 年，乌迪的母亲杰迈玛赫（Jemimah）辞去了自己在议会中的提名议员席位，为的是让蒙盖能够重返议会，盖卡加家族此举给蒙盖提供了极大帮助。不过，提名议员不能担任总统。

缺少议会席位，这并非阻碍蒙盖接替肯雅塔的唯一原因。蒙盖在内阁或议会中缺少支持。1976 年，二十二名内阁部长中只有六名支持他。① 在议会中，大多数议员对他十分厌恶，而大多数肯盟成员支持莫伊。莫伊副总统也得到其他国家机构的支持。这不仅是由于英国和以色列在安全部队的影响力，军队普通士兵、警察和公共服务警察也被认为是支持莫伊的。他们的高级军官深表赞成。公共服务警察司令官本·格泰、政治保安处负责人詹姆斯·坎约图（James Kanyotu）、军队参谋长马图等人都来自尼耶利，他们认为倘若蒙盖当选，基安布对于其他的基库尤地区的霸权也将得以延续。②

因而，蒙盖为赢得继承战采取了一系列措施来规避宪法，并构建起替代性组织来对抗莫伊。首先，他策划成立了基库尤、恩布与梅鲁协会（Gikuyu, Embu and Meru Association，GEMA）。该协会成立于 1970 年，表面上是为了改善成员福祉，保护各个族群的文化传统。当时有数个类似的族群组织，例如年代更为久远的卢奥族联盟和新阿坎巴联盟（New Akamba Union）。这些组织都否认参与政治活动。"我们聚集于此并不是为了讨论政治，"蒙盖在 1973 年年初的基

---

① Hart to Hunt, 19 October 1976；TNA：PRO FCO 31/2019.

② Fingland to Watts and Crabbie, 13 October 1976；TNA：PRO FCO 31/2019.

库尤、恩布与梅鲁协会的集会上表示，"本协会并非一个政治组织；我们集合于此并不是为了整合军事力量，因为我们并非军事组织，而是为了急需的社会福利募集发展资金。"① 然而，并非所有的基库尤领导人都相信这样的话。肯雅塔当初之所以祝贺基库尤、恩布与梅鲁协会的成立，只是希望该组织会像伊斯玛仪组织（Ismaili）一样——由有钱人所主导的致力于穷人利益的组织——恢复基库尤社会所急需的凝聚力。② 恩乔恩乔准确地感知到基库尤、恩布与梅鲁协会可能发展成为对于莫伊的威胁，因此他从该组织自成立之日起就极力反对。

尽管基库尤、恩布与梅鲁协会是由一帮政客所创立的，不过在1973 年选举中，商人领袖和公务员篡夺了议员的领导职位。自此以后，协会就变成了基库尤人的投资基金。协会主席是恩金加·卡鲁梅（Njenga Karume），他是一名来自基安布的商人，肯雅塔的密友。副主席是当时的中央银行行长邓肯·恩代各瓦，商人基希卡·基马尼（Kihika Kimani）成为全国组织书记。各地方分部也是由商人们控制的。例如在内罗毕，曾经担任过高露洁－棕榄（Cologate Palmolive）主管的穆万吉·马塔伊（Mwangi Mathai）成了该市分部主席。马塔伊、基马里和卡鲁梅很快就将商业才能运用到协会领导工作中，并于1974 年创立了基库尤、恩布与梅鲁协会下属股份有限公司。这家新公司试图通过一系列投资回报来增加协会收入，包括大型制造业利益和无数的农村农场。不到一年时间，这一协会已经变成了庞大的商业集团。

---

① "GEMA speaks out on politics", Weekly Review, 19 May 1975, p. 4.

② Hall to Darling, 30 May 1973；TNA：PRO FCO 31/1498；"Please cool it", *Weekly Review*, 10 November 1975, p. 4.

在该协会的领导人之中，最有影响的人物要数基马里。尽管基马里是基库尤人，但是他同莫伊一样来自巴林格，非常熟悉裂谷省的土地政治和商业。他凭着独立之后在纳库鲁和莱基皮亚（Laikipia）购买的两处大农场发了大财。然后他转而建立了一家名为恩格瓦塔尼洛（Ngwataniro）的土地购买公司，该公司主要致力于推动安置裂谷省的基库尤农民。截至 1975 年，该公司共有 2 万名股东，他们所提供的资本在整个裂谷省购买了将近 10 万公顷土地。该公司在内罗毕雄心勃勃，巨额的资金储备意味着它可以不费吹灰之力就能收购一系列收益颇丰的公司企业。① 而且，基马里本人也是一个公众人物。当时政坛仅有几人敢于公开反对议会就卡里乌基谋杀案进行调查，而他就是其中之一，他也因此落得臭名昭著的基库尤强硬派的恶名。但是，他对于政治赞助有着强烈意愿。由于与肯雅塔家族关系密切，他有着充足的人脉和资源，因而确保盟友在 1974 年选举中赢得了除纳库鲁镇之外该地区所有的议会席位。因此，他成为莫伊在裂谷省的直接竞争对手。

在基马里等人领导下，基库尤、恩布与梅鲁协会试图通过土地分配来安抚社会不满情绪，这被认为是能够治愈基库尤族内部长期分裂的良药。不过，这也是出于一种恐惧。按长期担任协会主席的恩金加·卡鲁梅所说，它的创立人"感到自己受到其他部落的威胁，这些部落联合起来数量上远远多于基库尤人"。协会创立者希望这一协会将有助于"增强和保护他们所代表的群体，而这一群体是在任何情况下都可以依靠的"。② 因此从一开始，协会就试图确立基库尤

---

① Hannam to High Commissioner, 24 April 1975；TNA：PRO DO 226/17.

② Njenga Karume, Beyond Expectations：From charcoal to gold, Nairobi, 2009, p. 158.

领导人政治支持的基础，从而为基库尤族政客接替肯雅塔增加了筹码。

基库尤、恩布与梅鲁协会只是一个幌子，其幕后企图是建立一个取代正式政党和议会制度的平行政治体系。协会能够直截了当地举行地方选举，并且显然是由共识和团结所驱动，因此它要比垂垂老矣的肯盟更受欢迎。这一群体所选举出来的领导人一直试图影响选举和其他政治活动。例如，在 1976 年 8 月的市长竞选中，该协会支持总统女儿、在任的内罗毕市长玛格丽特·肯雅塔，当投票结果可能对她不利而被取消后，引发了巨大骚乱。①

然而，对于基库尤人居住地之外的政治，基库尤、恩布与梅鲁协会也是高度关注。从 1972 年起，协会领导人相信与卢奥族联盟（Luo Union）和新阿坎巴联盟（New Akamba Union）的亲密关系可以克服基库尤精英在全国范围内所遭受到的反对。例如，1972 年在纳库鲁拜会肯雅塔时，协会领导人请求与奥廷加一道参加竞选。② 尽管这些努力遭到莫伊和恩乔恩乔的阻挠，协会仍然试图在全国范围内寻求与有影响人物之间的密切联系。例如，在西方省基塔莱市长选举中，协会为弗莱德·古莫（Fred Gumo）胜出提供巨大支持。③ 协会领导人试图把协会和其他族群组织打造成主要的参与性政治组织，从而达到绕过议会和肯盟的目的。他们的意图清晰明确，协会希望享有决定总统继承斗争结果的宪法权益，而这些权益是由莫伊所控制的其他机构所拥有的。

协会领导人也尝试采取其他方式来削弱莫伊在宪法上的优势地

---

① Crabbie to Wigan, 18 August 1976；TNA：PRO FCO 31/2019.

② Allinson to High Commissioner，9 August 1972；TNA：PRO FCO 31/1193.

③ Karume，Beyond Expectations，p. 173.

位。例如，1976 年，他们组织了"修宪"运动。这一运动将支持蒙盖参选总统的主要政治人物联合起来，以寻求修改宪法，从而废除副总统在总统死于任上时的特权地位。按照现有宪法，在总统去世的情况下，副总统代理总统职务九十天时间。蒙盖的支持者担心，莫伊将会运用这段时间来巩固自己的地位，并利用宪法赋予总统的巨大权力通过合法或非法手段来削弱对手力量。尽管这一运动主要是由基马里、卡鲁梅和其他重要的基库尤领导人参加，但也得到了莫伊在其他族群中的竞争对手支持。然而，这并不足以表明有足够多的内阁部长和议员支持这一运动。为显示莫伊的力量，恩乔恩乔压制要求宪法变革的呼声。检察总长发布声明称，任何关于肯雅塔去世的讨论都等同于叛国罪行。这一声明是不合乎宪法的，但是肯雅塔本人对此表示同意。由于总统站在莫伊一边，蒙盖阵营偃旗息鼓。[1]

围绕着反盗窃牲畜小组（Anti-Stock Theft Unit）而展开的斗争，这是最后一个通过违宪方式打击莫伊的尝试。该小组成立于 1974年，表面上是为了解决裂谷省北部地区严峻的牲畜偷窃问题。但是，约瑟夫·卡里米（Joseph Karimi）和菲利普·奥钦格（Philip Ochieng）将该小组描述为一个政治民兵组织，意在与支持莫伊的安全部队其他分支力量相抗衡。[2] 该小组是由裂谷省高级警官、基马里的密友詹姆斯·蒙盖（James Mungai）所领导。在该小组两百多名成员中，大约 80% 来自恩乔罗格·蒙盖和肯雅塔故乡所在地基安布。[3]

---

① Fingland to Secretary of State for Foreign and Commonwealth Affairs, 6 January 1977; TNA: PRO FCO 31/2120.

② Joseph Karimi and Philip Ochieng, The Kenyatta Succession, Nairobi, 1980.

③ Joseph Karimi and Philip Ochieng, The Kenyatta Succession, Nairobi, 1980, p. 132.

蒙盖的竞争对手要求解散该组织，但是并未成功。然而，真到需要
行动之时，该小组作用并不大。

继承

到 1978 年 8 月初，肯雅塔已经交出所有行政权力。按照一位英
国外交官的说法，总统的"精神状况持续恶化，他对于日常事务的
控制已经悄悄地移交到高级部长和公务员的非正式群体之中"。值得
注意的是，这一群体"负责着政府运作，几乎完全由副总统支持者
组成"。① 莫伊对于总统健康状况恶化的担忧并非毫无道理。他早已
意识到斗争形势的变化对自己有利。② 事实的确如此，他的地位如此
强势，以至于即便他的主要盟友布鲁斯·麦肯齐（Bruce McKenzie）
遇刺也不会影响到他继承肯雅塔总统之位。1978 年 5 月 24 日，麦肯
齐结束对于乌干达的访问返回肯尼亚途中，飞机发生爆炸，麦肯齐
丧生。随后调查显示，炸弹是伊迪·阿明的安全官员事先安置在飞
机上的。此次爆炸是为了报复肯尼亚政府。1976 年，巴勒斯坦恐怖
主义分子在乌干达绑架以色列人质，以色列突击队员发动突袭以解
救人质，而肯尼亚政府为以色列方面提供了帮助。③

因此，当 8 月 22 日凌晨肯雅塔病逝之时，莫伊能够第一时间获
知消息并动身前往蒙巴萨，这也就不足为奇了。即便肯雅塔已经去
世，权力仍然集中在肯雅塔左右。尽管得到了反盗窃牲畜小组的支

---

① Crabbie to East African Department, FCO, 2 August 1978; TNA: PRO FCO 31/2322.

② Fingland, "Note of informal talk between the Secretary of State for Foreign and Common-wealth Affairs and the Kenyan Attorney - General", 12 January 1978; TNA: PRO FCO 31/2336.

③ Ian Black and Benny Morris, *Israel's Secret Wars: A history of Israel's intelligence services*, New York, 1991, p. 342.

持，但是蒙盖派夺取权力计划很快失败。在莫伊寓所周边设立路障的时机太晚，副总统未遇到很多阻碍就离开了。在安全部队保护下，莫伊飞往蒙巴萨，并且在支持者簇拥下，他在临近中午时宣誓就任总统。① 蒙盖支持者错过了动手最佳时机。

中午时分，国家电台发布了一份简短声明，正式公布肯雅塔去世以及莫伊暂时接管统治的消息。当天下午，莫伊主持召开内阁会议。在肯雅塔去世二十四小时之后，莫伊的主要盟友就在没有保镖护卫的情况下在公共场合露面。② 数天后，看起来若无其事的莫伊感到足够安全，因而恢复了公共生活。就任之后，他向肯尼亚人和外国观察家传递出明确信息，即一切照旧。在肯雅塔葬礼上的悼词中，莫伊描述了"十五年前姆齐约莫·肯雅塔领导我们面对并接受了民族独立之后所面临的挑战：艰苦工作"。③ 随后数周时间里，莫伊试图说服肯尼亚人，他的总统任职将会有着与前任相同的价值观念和策略。"请相信，我会继承国父生前所制定的政策，"新总统在9月份告诉中央银行代表团，"只有延续他的理想和政策，肯尼亚方能维持并实现持久的团结与繁荣。"④ 莫伊所做出的保持不变承诺后来被称作"尼亚约"（"nyayo"，足迹）。但是，关于他的政府如何更好地为贫苦肯尼亚人提供工作机会，他却只字未提。

莫伊一心只顾确立自己的权威。"我坚信纪律的重要性，"新总统告诉结业会操的全国青年服务队（National youth service）学员，

---

① Finaland to FCO, 22 August 1978；TNA：PRO FCO 31/2315.

② Finaland to Foreign Office, 23 August 1978；TNA：PRO FCO 31/2323.

③ Daniel Arap Moi, eulogy at state funeral of Jomo Kenyatta, 31 August 1978；KNA KA/4/21.

④ Daniel Arap Moi, speech to delegation from Central Bank of Kenya, 15 September 1978；KNA KA/4/21.

"纪律意味着规章制度。"① 很快就清楚，莫伊所说的"规章"并非法治，而是实现他的个人意愿。看到莫伊的胜利，来自全国各地无数的代表团在肯雅塔葬礼之后数周拜访新总统。他们都是来表示忠心的。甚至昔日敌人也来拜访，他们害怕遭受新总统的报复。反牲畜小组事件使得莫伊总统和恩乔恩乔可以借此大做文章，来趁机敲打昔日敌人。特别是恩乔恩乔，在莫伊统治最初的数月时间里，每当昔日宿敌似乎尾巴又翘起来时，他就会重提此事。例如，1978 年12 月份，检察总长告诉英国广播公司，反牲畜盗窃阴谋的罪魁祸首"同时也是试图篡改宪法的那伙人。正是这伙人谋杀了多名政治人物"。② 狼狈不堪的蒙盖和其他人注意到这一警告，并从公众视线里消失。随着继承问题尘埃落定，治理的任务提上了莫伊政府议事日程。

摆在莫伊面前最严峻的任务是振兴经济。尽管咖啡经济繁荣已经推动了整个经济的繁荣，但这只是暂时的，并且为新总统留下了高通胀的祸患。新政府还面临着维持增长的挑战。不同于前任，莫伊明显缺少经济发展的机会，因而无法跟上人口增长的节奏。政府没有更多土地从欧洲人转到非洲人手中，所有出口来源已经被开发出来，公私领域基本上都控制在肯尼亚公民手中。然而，每年都有成千上万受过教育的年轻人进入劳动力市场。他们的就业和社会服务需求，构成了莫伊所面临的最严峻挑战。正如美国国务院的一位分析家在 20 世纪 60 年代所指出的："倘若肯雅塔所创造的和谐不被

---

① Daniel Arap Moi, speech at passing - out parade of National Youth Service, Gilgil, 28 November 1978；KNA KA/4/21.

② Interview with Charles Njonjo, "Focus on Africa", BBC World Service, broadcast 15 December 1978；TNA：PRO FCO 31/2324.

意识形态和部落特性所毁掉，这就需要不同力量结合起来以维持肯雅塔所代表的平衡和民族共识。"① 尽管这些情感过分强调肯雅塔的民族主义，但是美国人还是正确地觉察到，倘若莫伊要维持权威，他就必须运用截然不同的方法手段。

莫伊所做出的维持不变的承诺安抚了内罗毕商界和使馆的紧张情绪。然而，肯尼亚民政认为肯雅塔和核心阶层极为腐败，对于这些普通百姓来说，莫伊的承诺毫无说服力。新总统为赢得广泛支持，提出了民粹主义反腐败议题。在莫伊当选总统后不久，政府做出应对茶叶走私、非法土地占让和偷猎象牙等非法行为的样子。改革的出现，意味着莫伊很快在肯尼亚普通民众中间获得支持：与 1969 年肯雅塔对于尼扬扎的灾难性访问所不同的是，1978 年 12 月莫伊在全省范围内都得到热情欢迎。② 反腐败行动也为恩乔恩乔和莫伊提供了剥夺反对派职务的借口。11 月份，警察总监伯纳德·辛加（Bernard Hinga）成了第一个落网的重要人物。辛加的职务被格泰所取代，而格泰在继承斗争中一直支持莫伊。

在反腐的伪装下，莫伊开始用一个特权核心圈子来取代另一个。他对于盟友的腐败行径毫不在意。例如，外交官们声称齐贝吉肆无忌惮地继续商业投机行为。作为财政与计划部长，齐贝吉为菲亚特汽车公司在肯尼亚组装汽车颁发许可证。菲亚特（肯尼亚）公司是由一个投资集团在许可证颁发之前成立的，据称齐贝吉也是股东之一。③ 齐贝吉很快就被任命为副总统和政府所属企业在议会中的代

---

① Hughes to Secretary of State, 9 December 1968；POL Kenya 12；CFPF 1967 - 1969；RG 59；NACP.

② Crabbie to Longrigg, 19 December 1978；TNA：PRO FCO 31/2324.

③ Fingland to Munro, 5 October 1978；TNA：PRO 31/2324.

表，他成为莫伊构建强有力政府的主要受益者。同样地，莫伊也将其他忠诚者安插到关键职位。与此同时，他也排挤竞争对手。例如，就在莫伊的职务确认后不久，穆比尤·科伊南格被降职为自然资源部部长。而在 11 月底外交领域的重新洗牌中，肯尼亚驻伦敦高级专员的职务从恩格特·恩乔罗格转到了沙德拉克·基马莱尔（Shadrack Kimalel）手中。恩乔罗格是蒙盖的弟弟，他一直参与蒙盖的总统竞争。重要的是，基马莱尔与莫伊一样也是卡伦金人。①

莫伊即国家（L'ETAT C'EST MOI）

用自己的侍臣来取代肯雅塔，这是莫伊推翻基库尤优势地位的第一步，也是最简单的一步。莫伊的下一个目标是基库尤、恩布与梅鲁协会，在这一过程中他得到了恩乔恩乔的极大帮助，恩乔恩乔长期以来对于该组织心存疑虑。协会负责人很快就因为财务违规行为而受审，基希卡·基马尼、恩金加·卡鲁梅等人遭受重罚。② 莫伊尤其希望消灭基马尼，因为他是莫伊在纳库鲁等裂谷省城镇所面临的主要竞争对手。基马尼的支持者很快就意识到一切都完了。恩格瓦塔尼洛公司的一般持股人开始对于未能严格遵循公司规章制度感到不安，并且意识到自己站错了队。在莫伊自上而下地排挤基库尤、恩布与梅鲁协会和恩格瓦塔尼洛公司的同时，下面的人也在极力鼓动解除那些曾经阻挠莫伊接任总统的公司董事。1979 年 3 月，这些人投票取消了基马尼等人在恩格瓦塔尼洛公司的公司董事职务。③ 在

---

① Crabbie to Longrigg, 5 December 1978；TNA：PRO FCO 31/2324.

② "A lesson to others：Prosecution has no room for technicalities", *Weekly Review*, 2 February 1979, pp. 8, 11.

③ "Kimani in trouble：Charges of misdeeds", *Weekly Review*, 16 March 1979, p. 19.

破坏了基库尤族精英的经济影响基础之后，莫伊将注意力转向了它的政治基础。基马尼的盟友被解除了原本已经赢得的纳库鲁当地政府职务，这一职务被总统亲信所取代。肯盟地方支部选举也被操纵，为的是确保在城镇选举中击败基马尼的支持者。新的亲莫伊的纳库鲁市长评价道："纳库鲁仿佛是一所政治大学。"① 基马尼所受到的教训终生难忘。

　　1979 年年底的大选为莫伊清洗肯雅塔旧部提供了良机。在任议员沾染着腐败习气，并且与肯雅塔政权的无法无天行径有着密切关联，选民们对此极为愤恨，因此有超过 70 名议员在选举中败北。在裂谷省，与基库尤、恩布和梅鲁协会有关联的基库尤族议员，包括基马尼在内，统统丢掉了官位。尽管一些自肯雅塔时代以来的关键人物保住了议会席位——例如，蒙盖重新获得了达高莱堤选区——而大多数议员退出了政治舞台。彼得·穆伊盖·肯雅塔，肯雅塔总统的长子，在大选前夕去世。肯雅塔时期的土地部长杰克逊·安加伊内（Jackson Angaine）和内罗毕大学的前任校长约瑟夫·恩宗乌纳·卡兰贾（Josephat Njunguna Karanja）双双被击败。基安布以往的统治精英成员甚至自相残杀，基库尤、恩布与梅鲁协会的恩金加·卡鲁梅趁机击败了穆比尤·科伊南格。事实证明，族群团结不过是攫取权力的一种手段而已。

　　由于诸多原因，莫伊在选举中胜出。尽管他所青睐的竞选人在尼扬扎被击败，而且切拉噶提·穆泰等尴尬的竞争对手仍然保留着议会席位，但是议会在选举之后与总统的关系要比以往更为密切。而且，莫伊的盟友取代了总统的某些顽固反对派。例如，亨利·科

---

① " Purge is on：Wanted：'Nyayo' promoters"，*Weekly Review*，11 May 1979，p. 6.

斯基（Henry Kosgey）夺走了塞罗尼在廷德雷特的议会席位，而科斯基是莫伊在裂谷省最为坚定的支持者。在莫伊确立卡伦金优势地位过程中，尼古拉斯·比沃特（Nicholas Biwott）是另一位关键人物。他甚至放弃了参与自己所在的南克里奥（Kerio South）选区的议员席位竞选。在任议员选择放弃参选，这使有钱的利马（Lima）农场机械流通公司董事长，同时也是莫伊的助手，进入议会之中。

选举最为重要的后果，或许是它为内阁重组所提供的机会，因为一大半的政府部长丢掉了议会席位。只有在接班斗争中明确支持总统的四位部长，才得以保住自己的职务，这其中包括齐贝吉和恩乔恩乔。其他政治领袖人物，例如鲁比亚，在肯雅塔去世前几年时间里选择公开支持莫伊，因此作为效忠莫伊的赏赐，他们得到了内阁职务。科斯基和比沃特等新当选的政府部长，由于效忠于莫伊而很快获得提拔。由于莫伊试图巩固全国范围内的支持，因此肯尼亚的四十二个地区都在新内阁中拥有一席之地，分别获得了副部长或者部长职位。公务员系统和省级政府也发生了类似的变革。公务员系统强势的领导人杰弗里·卡瑞希（Geoffrey Kariithi）于 1979 年 9 月退休。此时，海岸省专员、肯雅塔的关键盟友艾利乌德·马希胡遭到排挤，于 1980 年 5 月被贬为肯尼亚茶叶局主席，这是肯雅塔时代省专员中唯一保留职务的个例。

私营领域也发生了类似的变化。对于愿意遵照莫伊游戏规则，并向总统表达个人忠心的精英来说，潜在的经济回报是可观的。基库尤、恩布与梅鲁协会主席，肯雅塔以前的密友恩金加·卡鲁梅，决心撇清自己以往的关系。当莫伊准备孤立和破坏左派对手时，卡鲁梅不断发表声明支持总统。卡鲁梅由此得到回报，他被任命为副部长。更重要的是，在卡鲁梅与基马尼关于农业工业控股公司（此前是协会的控股公司）的竞争中，莫伊选择支持卡鲁梅一方。在1981 年肯盟大会上的一次演讲中，总统告诉基马尼"应当回去歇歇了"。① 随后，基马尼辞去了公司董事职务。② 其他人也意识到权力游戏的新规则。1981 年年初，罗荷东非分公司管理层鼓动了一场针对董事局主席和行政总裁乌迪·盖卡加的董事会"政变"。盖卡加与以往的基库尤当权派关系密切，而罗荷公司希望与莫伊政权保持友好关系。一个名为马克·阿拉普·图（Mark Arap Too）的卡伦金人取代了他的职位。③ 由于罗荷公司的决定，公司与政府继续保持了密切关系。从企业界到内阁，肯雅塔旧部让位于莫伊派。

马丁·什库库，作为批评肯雅塔政府声音最大的后座议员，宣称自己对于莫伊的领导感到满意。在肯雅塔时代，什库库以平民百姓的代言人而声名远播，并因此经营起自己的政治事业。在莫伊统治下，他感觉自己有成为多余之人的危险。"我现在处境比以往好得多，"这位老谋深算的政客告诉媒体，"事实上，我已经无事可做。我的事现在是总统在做。而我则是遵从总统的指示。"④ 除了支持反腐败之外，什库库也对于 1978 年 12 月莫伊释放所有政治犯感到欢欣鼓舞。这些获释者，如同什库库一样，起初对于莫伊赞赏有加。塞罗尼甚至在获释后承诺"我将是总统'足迹'（nyayo）主张的首要支持者"。⑤ 为表示对于莫伊的感激之情，他不再参与南迪地区和

---

① "Njenga Karume gets major political boost", *Weekly Review*, 11 November 1981, p. 6.

② "Karume triumphs in leadership tussle", *Weekly Review*, 1 January 1982, pp. 6 – 7.

③ "Suit and countersuit: Gecaga takes Lonrho to court", *Weekly Review*, 16 October 1981, p. 28.

④ "Shikuku is back on the old trail", *Weekly Review*, 11 January 1980, p. 5.

⑤ "Early comeback", *Weekly Review*, 5 January 1979, p. 11.

整个卡伦金族的政治事务。① 然而，获释的政治犯和以往的肯雅塔批评者逐渐意识到，莫伊时代的肯尼亚并非最初看到的那样。作为对于表示效忠和顺从的奖赏，塞罗尼获准参与 1979 年选举，不过正如上文所看到的，塞罗尼被科斯基所击败。其他获释的政治犯和异见人士，甚至没有机会经受塞罗尼所遭受的羞辱经历。例如，奥廷加和奥尼科被禁止参与选举。② 如同前任一样，莫伊政权同样容不下政治异见。

形势逆转

肯雅塔政府批评者鼓动发动新的斗争，并且因为第二位总统统治的明显不足而备受鼓舞。政府在诸多领域中的政策造成了相当程度的不安。例如，外交政策再次成为国内政治问题。莫伊保持了肯雅塔时期与西方大国之间的亲密关系。肯雅塔政府与美国政府所签订的允许美国利用肯尼亚军事设施的协定，这是肯尼亚与美国关系中最具争议的话题。"肯尼亚绝不能抵押或者出卖给外国利益，从而令其遭受剥削和霸权。"1982 年奥廷加在给到访的美国国会代表团的公开信中如是写道。③ 然而，大多数肯尼亚人更关心的是，政府如何处理经济，而不是它的外交政策。

20 世纪 70 年代末至 80 年代初，失业率增至将近 20%，而债务和通货膨胀也在飙升。1978 年的通胀率是 12.5%，不过这一平均值

---

① "Ex – detainees to stage a comeback：Will Kanu allow them to run?", *Weekly Review*, 25 May 1979, pp. 4 – 7.

② "Ex – KPU leaders, Anyona barred", *Weekly Review*, 5 October 1979, p. 4.

③ Oginga Odinga, "Letter to the delegation head, US Armed Services Committee", *Race and Class*, 24（3）（1983）, pp. 317 – 20.

掩盖了巨大差异。最高收入者的价格上涨只有 10%，而低收入群体则是 17%。[①] 到 1980 年年初，随着进口成本上涨，出口需求下滑，经济增速放缓；次年，政府公共开支比收入多出了 5.7 亿美元。政府为缩减日益扩大的贸易赤字而不得不举债，到 1980 年肯尼亚政府海外债务高达 10 亿美元，接近肯尼亚国内生产总值的 20%。1981 年，国际货币基金组织同意贷款 3.1 亿美元给肯尼亚政府。

导致经济状况恶化的很多因素是肯尼亚政府所无法控制的。第二次石油危机所导致的石油价格飙升，是造成肯尼亚经济困难的重要原因之一，1979 年和 1980 年的大旱也对农业领域造成巨大压力。与此同时，茶叶和咖啡等农产品全球价格下跌。最重要的是，每年都有更多的肯尼亚人需要吃饭、教育并享受医疗服务。到 1981 年年初，每年大约有 22.5 万肯尼亚人进入劳动力市场。即便 1980 年肯尼亚经济维持 2.4% 的增长率，这仍然远低于人口增长率。

非正规经济减轻了经济下滑的影响。1980 年，吉奇里·恩杜阿（Gichiri Ndua）和恩琼古那·恩格特（Njunguna Ng'ethe）在纳库鲁的一项研究表明，非正规经济对于肯尼亚城镇地区日常生活有着极为重要的意义。他们的研究证实当地有将近 1700 家商户处于政府正式控制之外。这其中将近 400 个是无所不在的小摊贩，他们销售各种家用商品，从鞋油到饮料。除此之外，还包括二手服装商店、裁缝、鞋匠、卖炭人以及其他商品和服务的提供者，他们的服务对象是纳库鲁的 10 多万居民。三分之二以上的商户雇佣人数不过一人，而四分之一的商户所雇佣人数只有两人。肯尼亚人正是通过聪明勤

---

① "Battling on：Kibaki reassures Law Society"，*Weekly Review*，22 February 1980，p. 24.

劳地经营这些店铺而为自己赢得生存机会。[1]

政府政策并没有太大帮助。1981 年肯尼亚先令贬值四分之一，并且政府还采取措施限制进口需求。然而，这些政策遏制了工业发展，因为这一领域依赖于进口原料并出口制成品。管理不善和政府腐败导致市场上的粮食和其他必需品短缺。作为对于总统忠诚的回报，与总统过从甚密者由于控制着国有利益，因而可以肆意妄为。不法商人为了牟取暴利而将必需品走私出肯尼亚，使得肯尼亚人饱受商品匮乏的煎熬。更加糟糕的是，这些走私者还将人道主义粮食援助重新卖到国际市场。[2] "1978 年至 1979 年，一小群部长们利用接近权力中心之便而倒卖玉米战略储备，而且他们还得到谷物进口权，" 1982 年一个匿名的政府批评团体声称，"我们之所以没有食物，这与政府官员的犯罪腐败行径和无能密切相关。"[3]

肯尼亚政府与国际货币基金组织达成削减公共开支协定，这所导致的意想不到的后果因为政治因素而受到影响：政府薪酬受到限制，这进一步助长了公职人员的腐败行为。类似地，政府为地方福利和教育项目的配套资助也大大削减。这些此前被政客们用作恩庇来源，现在他们为了维持自己在所在选区内的恩庇网络，不得不寻找替代方法。[4] 很多国营企业的财政预算并未受到影响。莫伊仿效肯

---

[1] Gichiri Ndua and Njuguna Ng"ethe, "The role of the informal sector in the development of small and intermediate size cities：Background information on Nakuru", working paper no. 416, Institute for Development Studies, University of Nairobi, November 1984；"The role of the informal sector in the development of small and intermediate size cities：The informal sector in Nakuru", working paper no. 417, Institute for Development Studies, University of Nairobi, November 1984.

[2] "Continued smuggling causes food crunch", *Weekly Review*, 5 December 1980, p. 26.

[3] Anonymous, *Independent Kenya*, London, 1982, pp. 115 – 16.

[4] CIA, "East Africa：Accumulating economic woes", June 1982, 1 – 4；CIA Records Search Tool（CREST）Database, NACP.

雅塔的做法，也将这些企业组织的行政职务作为筹码，以此来收买
主要批评者并与重要人物建立盟友关系。莫伊短期内的主要目标是
巩固统治，而毫不担心新的财政和金融政策的持续影响。然而，公
众情绪正在变化。很多肯尼亚人最初对于莫伊掌权的欢欣鼓舞，正
在被对于未来的不安所取代。

1979 年年底，内罗毕大学校园和肯雅塔大学学院成了抗议莫伊
统治的发源地。学生激进主义一直是后殖民时代不满的主要表现形
式之一：1961 年至 1980 年间，内罗毕大学由于游行示威而至少被关
闭了 25 次。学生与肯雅塔关系十分糟糕，因此他们起初对于莫伊继
任总统表示欢迎。而总统也投桃报李：1975 年，在内罗毕中心所举
行的悼念卡里乌基遇刺周年纪念活动，是首次在没有警察干预情况
下完成的。参与游行的学生甚至还高举赞扬莫伊政府的横幅。① 然
而，数年之后，校园中对于新政府的热情逐渐消退。

全国政治和校园政治在很大程度上是相互关联的。例如，在内
罗毕大学，当局拒绝恢复恩古吉·瓦·提昂戈学术职务引发了学生
愤怒。大学管理层或者政府不愿意恩古吉重返教职，是对于他在
1978 年 12 月获释后的立场的回应。不同于其他政治犯，恩古吉无意
于通过向当局献媚而参与 1979 年竞选：他是一位作家而非政客。他
认为不应该为了政府释放他而感激涕零。当获释不久被问到是否为
自己的经历而感到痛苦时，恩古吉回应说："坦白地讲，我感到十分
痛苦。未经审判就被关押，这岂能不令人感到痛苦。"但是他也准确
地感知到莫伊时代的肯尼亚并无太多变化。用他自己的话讲，他仍

---

① "Murder most foul: Killers were never caught", *Weekly Review*, 9 March 1979, pp.
14 – 15.

然继续引领"农民和工人积极"斗争。[①] 恩古吉必须保持警惕，因为当局仍在侵扰他。例如，1979 年 3 月中旬，他和《我要在想结婚时结婚》的合著者恩古吉·瓦·米利在利穆鲁附近一家酒吧被捕，当局指控他们在酒吧经营许可时间之外饮酒。恩古吉和米利都声称，他们在拘押期间遭到毒打，随后在法庭上被判定无罪。

恩古吉的痛苦处境在大学校园内引发极大同情。然而，政府决定禁止很多以往的政治犯参与 1979 年选举，这导致学生和当局之间的脆弱关系最终破裂。内罗毕大学学生走上街头抗议，当局关闭大学以阻止进一步的抗议示威。[②] 到 1979 年 11 月中旬大学重新开门时，6 名学生领袖被开除。[③] 在接下来的三年时间里，抗议和关门成了这两所大学校园的常事。骚动也蔓延到中小学校之中。1980 年，小学学生也不断抗议学校条件差以及老师的虐待。

学生激进主义的兴起，部分是由于校园生活条件的恶化。由于入学学生人数超过国家资助，因此住宿条件变得拥挤。"在肯雅塔大学学院，每间宿舍住着 8 至 10 名学生，这样的居住条件令学生几乎无法安心学习。"1982 年学生们抱怨道。腐败使得食宿条件难以忍受。内罗毕大学各级行政单位的相互推诿和裙带主义，导致"学生们只能吃马肉和野生动物，而原本属于他们的食物被卖掉，只是为了可观的利润"。高等教育机构是肯尼亚社会的缩影，学生很快意识到"大学是社会各个层面的掠夺和管理不善的反映"。[④] 然而，从小

---

① "Ngugi wa Thiong" o still bitter over his detention", *Weekly Review*, 5 January 1979, pp. 30 – 1.

② Sholto Cross, "L etat cest Moi：Political transition and the Kenya general election of 1979", discussion paper no. 66, University of East Anglia, April 1983, p. 9.

③ "Six expelled：Students back to work", *Weekly Review*, 9 November 1979, pp. 5 – 6.

④ Anonymous, *Independent Kenya*, pp. 117 – 119.

学到大学，整个教育领域的学生抗议触及肯尼亚社会的深刻变迁，而不仅仅是精英群体的犯罪行径。

自第二次世界大战结束以来，肯尼亚经历了人口爆炸，而学生罢课游行只不过是其最为明显的政治表达。高生育率和日益降低的死亡率意味着，现在比以往有更多的肯尼亚人出生并能够存活下来——就各种意义而言，肯尼亚是一个年轻国家。与科威特、象牙海岸和利比亚一样，1978 年肯尼亚 3.8% 的人口增长率同属当时世界上最高的。据世界银行 1980 年数据显示，这一日益增加的人口意味着可耕地所面临的压力增加，父母们的收入被更多子女所分享。随着人口增加，教育需求随之增长：1980 年，将近 500 万儿童，或者大约整个人口的三分之一正在学校就读。三分之一的公共开支被用来兑现政府普及小学义务教育的承诺。① 然而，由于政府开支面临巨大压力，所以一切从简。班级规模变大，学生食宿方面的开支被削减，图书资源也变得稀缺，教职员工薪水发不下来。这些所导致的结果是，内罗毕有越来越多学生愤怒抗议。

面对 1980 年至 1981 年日渐增多的抗议示威，莫伊起先试图收买教师，他认为这些人是抗议示威的幕后策划者。莫伊声称，雇佣外国顾问导致外汇储备的严重浪费，而这原本已经极为稀缺。莫伊鼓励教师们以私人身份从事政府顾问工作，同时大学还会照常支付工资。② 莫伊的这一命令，实际上是肯雅塔允许公务员在私营领域赚取收入政策的翻版。正如肯雅塔的措施加剧了官方腐败的总体趋势，莫伊鼓励教师们谋取额外收入也助长了寻租行为。接下来数年时间

---

① World Bank，*Population and Development in Kenya*，Washington，DC，1980.

② "Expensive drain：Moi suggests competitive consultancy"，*Weekly Review*，23 November 1981，pp. 24 – 25.

里，这一政策对于高等教育质量的长期影响日渐显现，其中相当重要的一点是，被莫伊统治方式所边缘化的学者们纷纷选择逃离肯尼亚。效忠总统而获得个人利益，这很快成了整个政治经济的运作逻辑。参与这一体系的刺激日益增加，因为政府资源随着经济衰退而减少。由于工作和在正规领域挣得收入的机会越来越稀少，参与这一恩庇体系以获得回报的刺激是如此之大，以至于很少有人能够抵制这一诱惑。

学生抗议仍然在继续。莫伊相信学生的抱怨并无实质内容，因此他在 1980 年 3 月认定他们是与竞争对手有联系的激进教师们所鼓动的。① 该年晚些时候他甚至暗示，大学骚动的目的意在为暗杀关键领导人提供掩护。"从此刻起，"莫伊警告说，"我应该对内罗毕大学非常小心。"② 随着学校和大学抗议日益加剧，议会中的不同声音也越来越强。由于担心政府逐渐面临来自各方压力，莫伊和他的高级幕僚们采取了全新的行动方针，其中的威权主义倾向日趋明显。总统明确表示，他没有时间来忍受针对他的政府和肯雅塔的无休止攻击。1980 年 7 月，在与卡巴内特宗教团体的讨论中，莫伊问道："难道肯雅塔总统的政府是殖民者，所以要经受这些煽动？还是说我的政府是殖民者？"③ 对于记者愿意报道批评政府言论，并且指控官员腐败，副总统齐贝吉对此予以严厉斥责。齐贝吉警告新闻界的政府批评者："他们应该清楚，我们知道他们为谁卖命，知道他们为谁

---

① "Riot costs: Students to pay huge damages", *Weekly Review*, 21 March 1980, p. 9.

② "Invisible masters: Moi charges campus is being used by foreigners", *Weekly Review*, 11 July 1980, pp. 13 – 15.

③ "Low priority: President says ex – detainees will be last to get jobs", *Weekly Review*, 11 July 1980, pp. 12 – 13.

工作。"① 一名记者对于异见领袖彼得·阿尼扬·尼翁戈（Peter An-yang'Nyong'o）教师所做的采访，导致该位教师和采访记者都被逮捕。两人随后获释，但是就在当晚，阿尼扬·尼翁戈的兄弟查尔斯·阿南（Charles Anam）在蒙巴萨轮渡码头离奇地溺水身亡。② 莫伊最初的民粹主义让位于对于威权主义和犯罪行径的精心利用。

莫伊本人毫无悔意。在7月底对于肯盟官员、议员和省政府高级官员的讲话中，他表示希望"没有人会说我没给很多人机会，从而让他们改过自新并认识到对于整个民族的责任。不过，我现在开始怀疑自己的行事方式，尽管我知道这一方式是正确的，但是在某些人看来却是软弱无力"。③ 参加此次集会的官员们通过了一系列决议，意图十分明显，就是要显示总统的力量。其中包括谴责：

> 任何个人或团体试图向年轻人灌输目无法纪的观念，无论是在大学还是其他学习机构。因此，从现在开始，政府应当采取所有可能手段来确保我们年轻一代形成正确的纪律观念，我们因此呼吁父母和政党领导们积极帮助政府实现这一目标。

政府所通过的另一项决议命令关闭包括基库尤、恩布与梅鲁协会在内的族群组织。④

即便如此，莫伊仍未感到满意。在公开演讲中，他更加仇视基库尤族精英。在全国范围内的多次集会上，他谴责那些仗着自己在

---

① "Kibaki"s turn: Vice president hits at the press", *Weekly Review*, 4 July 1980, p. 10.

② "Trouble erupts again at varsity", *Weekly Review*, 18 July 1980, p. 4.

③ "President Moi speaks out", *Weekly Review*, 25 July 1980, p. 9.

④ "Firm without favour", *Weekly Review*, 25 July 1980, pp. 12–13.

独立战争立下功劳就认为自己有资格拥有权力的人。① 瓦鲁鲁·坎加曾经参与茅茅起义，成为莫伊仇视的主要目标。坎加是尼耶利镇的议员、J. M. 卡里乌基的密友，1976 年修宪的激烈反对者，并且与基库尤当权派势不两立。作为奖赏，1979 年选举之后，坎加被任命为地方政府部副部长，但是他与新政府关系很快出现问题。对于肯雅塔时代涉嫌犯有极严重犯罪行为的人竟能当上议员，坎加感到极为愤怒，他在演讲中多次提及卡里乌基和姆博亚的遇刺案。坎加将怒气指向恩乔恩乔，谴责他参与这些谋杀。他甚至声称恩乔恩乔和伊格内修斯·恩德利曾威胁要他不再谈论卡里乌基谋杀案，否则就要暗杀他。恩德利是刑事调查署的负责人和坎加在尼耶利的老对手。坎加的这一表态使得他的处境变得更加危险。"我们应当免遭恐吓，"他告诉议会，"倘若我有罪，我应当在公众场合被处以绞刑，而不是被带到恩贡山。"② 对于卡里乌基在恩贡山遇害一事耿耿于怀的，并不只坎加一人。

1981 年 3 月 2 日，内罗毕大学学生计划在卡里乌基逝世周年纪念日举行年度示威。莫伊要求他们停止游行，但是学生和很多教职员工威胁要公然对抗。为了避免示威游行的发生，校方关闭了校园。一位叫斯坦利·奥洛伊蒂普伊蒂普（Stanley Oloitipitip）的政府部长，无法理解这一闹剧究竟是怎么回事。"我的父亲去世了，因此所有人都得死，"他讽刺道，"我不明白知识分子为何在大街上浪费时

---

① "What"s going on? Moi in combative mood", *Weekly Review*, 7 November 1980, p. 10

② "Serious accusations levelled on ministers", *Weekly Review*, 21 November 1980, pp. 4 – 5.

间，约莫·肯雅塔已经去世了，还吵嚷着他的名字。"① 尽管他这是
轻浮之语，但奥洛伊蒂普伊蒂普非常清楚学生以及坎加等人为何继
续"浪费时间吵嚷着肯雅塔的名字"：卡里乌基对于肯雅塔政府的批
评同样适用于莫伊政府。

其他政客对此表示同意。奥廷加在被禁止参加 1979 年选举之后
深藏不露，他决心有朝一日重返国家政治和公共舞台。1981 年年初，
邦多选区在任议员赫齐卡亚·欧格（Hezekiah Ougo）辞职，这为奥
廷加创造了机会。在其他卢奥族议员的支持下，奥廷加成为肯盟竞
选人的不二人选，而竞选人可以自动当选议员。因此他在 4 月初蒙
巴萨为募集资金而发表演讲时兴高采烈。他谈到与莫伊的亲切关系，
并向听众复述了总统对他所说的话："来吧，爸爸（'父亲'），和我
一道让我们共同为这个国家而奋斗。"② 莫伊觉察到了制服这位危险
对手的机会。总统否认他曾经称奥廷加为"爸爸"。"任何自以为有
资格让我这样称呼他的人，想必连自己是谁都不知道，简直是没有
方向感。"总统尖刻地讽刺道。一周后，莫伊态度更为明确。在共同
出席另一场募集资金集会上，总统公开羞辱奥廷加。"倘若过去三年
或更久的时间里，你没有改变自己的行为方式，你就太迟了。"莫伊
当着众人的面告诉奥廷加。③ 奥廷加被禁止参加邦多的补选。

总统的偏狭小气引起报纸媒体的强烈抗议。《民族报》呼吁他不
要阻止奥廷加参选邦多议员。对于公开指责他的行动，莫伊难以适

---

① "Early vacation：Lecturers criticise decision to close campus", *Weekly Review*, 6 March
1981, p. 19.

② "Odinga makes political gaffe", *Weekly Review*, 10 April 1981, pp. 4 – 5.

③ "Same old story：Kanu bars Odinga from by – election", *Weekly Review*, 17 April
1981, p. 7.

应，因此非常生气地予以回应。5 月 20 日，《民族报》的五名高级职员被逮捕，并被短时间监禁。① 其他一些异见人士也被镇压。学生于 5 月 15 日和 18 日举行游行，第二次游行时爆发冲突。防暴警察和学生在内罗毕街头发生冲突，内罗毕大学被无限期关闭。② 政府采取严厉措施监控教师学生们的行踪。一些有着激进观念的教师遭受严厉迫害。例如，1981 年年中，历史学家穆卡鲁·恩甘加（Mukaru Ng'ang'a）仅仅因为轻微罪行而数次被捕。

在议会中，政府批评者也面临着日益增强的压力。七名持不同意见的议员因向议会虚报费用而遭到质询。三名被指控者辛辣地回应道："一定是有人私下里在我们中间寻找替罪羊，仅仅是因为我们试图行使自由表达和如实反映的民主权利。"③ 其中一位名叫切噶特·穆泰（Chelgat Mutai），他不愿冒被逮捕的危险，选择逃往坦桑尼亚。事实证明，他的直觉是正确的。9 月 24 日，瓦鲁鲁·坎加成为莫伊时代的首位政治犯，他被判监禁三年，罪名是在年初的一次海外旅行归来时未将外币换回肯尼亚先令。曾经的激进派议员乔治·阿尼奥纳（George Anyona）成为司法过程政治化的受害者。10 月 22 日，他在家中被捕，既未被指控，也未经法庭审判。在他的妻子提出人身保护申请之后，阿尼奥纳在被捕数日后就被审判并判煽动骚乱罪，不过这一指控后来被撤销了。

---

① "Crack down at "Nation"："I have never known such torture all my life"", *Weekly Review*, 29 May 1981, p. 34.

② "Silent hallways：Students sent home again after violent confrontations", *Weekly Review*, 22 May 1981, pp. 10 – 11.

③ "Fiery Mutai once again in trouble", *Weekly Review*, 25 September 1981, pp. 5 – 6.

政变之路

奥廷加对于事态发展感到沮丧。到 1982 年年初，这位左派要人不愿意再压抑自己的不满。在一次新闻发布会上，他直截了当地批评政府。经济增长缓慢、日益增多的失业、贸易赤字的激增，他认为所有这些都是由"腐败、滥用外汇、进口奢侈品、规划不周、对于援助的过分依赖与滥用，全面的能源政策的缺失"所致。除此之外，奥廷加还批评莫伊政府与美国建立起的密切军事联系。对于肯尼亚经济政策与新自由主义意识形态的结盟，奥廷加也高度关注，新自由主义意识形态当时正在华盛顿的国际货币基金组织和世界银行之中形成。[①] 在学生持续抗议、后座议员批评政府、公众关注司法程序被滥用等诸多情况下，莫伊明确表态将不允许奥廷加或者其支持者再度爆发。在公开表示考虑恢复不经审判即逮捕时，莫伊表示"或许现在是恢复这一措施的时候了"。[②]

奥廷加也不愿意再听莫伊的话；他在莫伊总统第一个四年统治期间的缄默并未给他带来任何好处。在 1982 年 5 月访问伦敦期间，他在向英国工党的演讲中表达了对于莫伊统治的批评态度。尽管不愿意明确提及肯尼亚政府或者莫伊，他表示肯尼亚需要一个作为制衡的社会主义政党。他继续说道：

> 这些一党体制迟早会变成无党制。总统们擅自攫取了立法

---

① "Studious silence：Ministers keep out of debate", *Weekly Review*, 12 February 1982, p. 7.

② "Detention threat：Moi warns potential dissidents", *Weekly Review*, 23 April 1982, pp. 7 – 9

者权力。他们依靠未经颁布的法令实施统治。他们在自己周围聚拢起一群献媚者，并建立起秘密社团，他们的目的只有一个——剥削广大民众。①

在肯尼亚国内，乔治·阿尼奥纳赞成奥廷加的主张。在阿尼奥纳看来，只有建立第二个政党，才能"避免陷入灾难性的一党专制，而这已经成为当今非洲的普遍现象"。在阿尼奥纳和很多其他人看来，肯盟已经成了"对于当今肯尼亚民主的最大威胁"。② 这些言论切中要害，但是也为莫伊压制批评者提供了口实。

由于觉察到危机即将来临，政府的长期批评者呼吁保持克制。学生领袖呼吁政府和肯盟"尊重肯尼亚宪法，尤其是保障肯尼亚人民自由选择组建或者加入政党的权利"。穆卡鲁·恩甘加警告说，关闭代表着社会反对意见的正式机构，只会使得政府批评者为他们的愤怒寻找其他的发泄途径。③ 政府并未在意恩甘加的警告。相反，莫伊谴责奥廷加"从事针对肯尼亚内阁部长的分裂性政治和宣传活动，意在分裂肯尼亚民众"。用莫伊的话讲，他是一个"末日预言者"。奥廷加立即被逐出肯盟。④ 奥廷加组建新党的希望很快就破灭了。恩乔恩乔提出一项议会动议，要将一党制国家写入宪法之中。这一明确禁止组建反对党的动议得到齐贝吉的强烈赞成。随后的投票结果是一致通过——肯尼亚成了一党制国家，而议会代表对此毫无异议。

甚至在议会投票之前，政府已经采取措施镇压潜在的批评者以及

---

① Alan Cowell, "Multiparty system is under attack in Kenya", *New York Times*, 29 May 1982, p. 10.

② "Will Odinga now form another party?", *Weekly Review*, 21 May 1982, pp. 4 – 6.

③ "Kanu backs Moi's expulsion of Odinga", *Weekly Review*, 28 May 1982, p. 9.

④ "President expels Odinga from Kanu", Weekly Review, 21 May 1982, p. 4.

挑战过莫伊至高无上地位的人。在 5 月底至 6 月初的短短一周时间里，阿尼奥纳、穆万吉·斯蒂芬·穆里希（Mwangi Stephen Muriithi）和约翰·哈敏瓦（John Khaminwa）均未经审判而被监禁。首当其冲的是前情报部门副主管穆里希。对于自己被免去情报部门职务而被任命为国有企业高地熏肉厂（Uplands Bacon Factory）总经理，他在法庭上试图提出抗议。这类重新任命是莫伊的惯用伎俩，当他剥夺肯雅塔昔日盟友和其他潜在对手的重要职务时，就会以此作为安抚手段。然而，穆里希不愿离开情报部门。穆里希对于莫伊表现出无礼的代价是，他未经审判就被关押。数日之后，阿尼奥纳也因为主张组建新党而被捕。哈敏瓦是他们二人的辩护律师，不久后也被监禁。[1]

　　莫伊将阿尼奥纳组建第二党的要求与大学教师们联系起来。总统声称，这些人传授的是"颠覆和暴力的政治学"。[2] 1982 年 5 月底至 6 月份，大批学者相继被捕，罪名是阴谋颠覆政府，传播反动书籍。在 5 月份的肯雅塔大学学院骚乱之后，该校教师阿明·马祖里（Al Amin Mazrui）博士、威利·穆通噶（Willy Mutunga）和马伊纳·瓦·吉尼亚提（Maina wa Kinyatti）等人被抓，学校也被关闭。其他人也很快被逮捕。随着被关押人数的激增，以及政府声称将扩大镇压范围，很多的政府反对派被迫流亡海外。例如，在《标准报》撰写社论批评政府的乔治·吉西未经审判就遭逮捕，政府指控他是叛国者。其他可能表达不满的平台，例如恩古吉的卡米里苏社区剧场计划，也被迫停止。

　　随着合法表达不同意见的空间日渐缩小，最坚定的政府反对派

①　Wanyiri Kihoro, *The Price of Freedom：The story of political resistance in Kenya*, Nairobi, 2005, pp. 180 – 181.

②　"Spotlight on lecturers：Moi speaks of guns plot", *Weekly Review*, 11 June 1982, p. 7.

开始考虑动武的可能性。5 月份，在内罗毕流传一份名为《权力》（*Pambana*）的地下报纸，谴责莫伊政府"在我们民众中间种下了肆无忌惮的不和与仇恨的种子，并掠夺了无法形容的巨额财富与国家财产"。该报继续说道："所有这些犯罪行为都是以'进步与繁荣'为名，高举着所谓的'博爱、和平与团结'的肤浅旗号。"它明确强调："这不是独立的真正含义。"然后呼吁肯尼亚人"对抗并推翻帝国主义和新殖民主义，实现被耽误已久的真正独立"。① 莫伊则冥顽不灵，"这场战争将会一直持续下去，直至我们清理完家园之后。"他吹嘘道。总统认为，敌人们"如同毒害人们观念的卑鄙小人，除了逮捕他们之外，我别无其他办法"。② 莫伊政府彻底沦为威权主义政治。

政变

8 月 1 日早晨 7 点钟，这是一个星期日，肯尼亚人醒来后发现，肯尼亚之声广播电台先是播放了吉米·克里夫（Jimmy Cliff）和鲍勃·马利（Bob Marley）的音乐，然后播放了一条自相矛盾的声明。根据该电台最受欢迎的主持人之一利奥纳德·姆伯特拉·曼博（Leonard Mbotela Mambo）所播放的声明，莫伊政府已被推翻。曼博是被人胁迫离开家并被带往广播电台。"就在我向您讲话时，我们国家完全牢牢地处于军队的控制之中。"他告诉肯尼亚人。为他准备的

---

① *Pambana*, May 1982, reprinted in a special edition of *Race and Class*, 24（3）（1983）, pp. 322 – 325. See also Laurie Goodstein, "The trouble in Kenya", *Index on Censorship*, 11（4）（1982）, pp. 49 – 50.

② "District visits：Moi keeps up momentum of warnings", *Weekly Review*, 25 June 1982, p. 6.

这份声明承诺说："军方已经竭力保证这场革命尽可能是不流血的。"
在连篇累牍地批评莫伊政权之前，声明中提到：

> 在过去六个月时间里，我们怀着厌恶之情见证了一个法理
> 上的一党制体制，它并未得到人民的同意，肆意逮捕和监禁无
> 辜公民，实施新闻审查，威胁个人，并且侵犯基本的人权。

声明的作者认为，在英国殖民统治和莫伊政权之间有着惊人的
相似性。政府的存在只是"用毫无意义的警告来恐吓威胁。腐败的
泛滥、部落主义（和）裙带主义的存在，都使得生活在我们的社会
中令人难以忍受。这个国家的经济由于腐败和管理不善而停滞不
前"。面对着这样的暴行，"民众们要求将我们国家一劳永逸地从压
迫和剥削之中解放出来，以恢复人民的自由、尊严与社会正义，军
队已经充分注意到民众这一诉求"。这一声明承诺将恢复"我们父辈
和祖辈们通过英勇斗争而带给这个国家的自由"。① 在播送了这一声
明后，电台接着播放雷鬼（reggae）音乐。

占领电台的是肯尼亚空军军官，政变大约开始于四小时前的城
市东南角军营之中，当时他们冲入军营迪斯科舞厅。正在跳舞的军
官为躲避枪火而仓皇逃出舞厅并报了警。接警的当地警局警官很快
就被击败，从基地军火库里拿到武器的空军军官很快就从军事基地
扩散到全城。

这场兵变并非毫无前兆。空军士气低落，军人对于服役条件、住
房和制服匮乏、伙食差以及与高级军官关系恶化而心怀怨恨。早在

---

① "The coup broadcast", reprinted in a special edition of *Race and Class*, 24 (3)
(1983), pp. 325 – 326.

1979 年，不满的空军士兵已经开始讨论发动政变的可能性。1981 年，名为詹姆斯·迪安噶（James Dianga）的军官被军事法庭以煽动叛乱罪判处十年监禁。迪安噶已经试图联络多位不满的空军士兵来策划政变。① 1981 年，在安德鲁·蒙盖·穆滕巴（Andrew Mungai Muthemba）和迪希松·卡马乌·穆伊鲁里（Dichson Kamau Muiruri）叛国罪审判过程中，其他的政变谣言也被相继披露出来。他们二人被指控试图联络军官组建暗杀小组，对象是莫伊，但是这二人都被宣告无罪。

尽管穆滕巴和穆伊鲁里的审判意在贬损恩乔恩乔，而詹姆斯·迪安噶（James Dianga）参与了另一起与之毫无关联的阴谋，这场阴谋出现于 1982 年 8 月，这一点他后来也承认了。迪安噶的被捕与审判最初使得计划出现变故，只是到 3 月份合谋者才重新开始密谋。在内罗毕伊斯特利空军基地的一位名叫赫齐卡亚·奥丘卡·拉巴拉（Hezekiah Ochuka Rabala）的士兵领导下，阴谋者与奥廷加取得联系，奥廷加的主要支持者随后积极参与密谋。这其中最重要的人物是奥廷加的侍卫长约翰·奥东戈·兰吉（John Odongo Langi）。20 世纪 60 年代初，肯尼亚曾派出很多学生前往东欧接受军事训练，兰吉就是其中一位，当时他前往捷克斯洛伐克，回国后他未被招募进军队。类似地，欧普瓦珀·欧盖（Opwapo Ogai）在肯尼亚陆军服役之后被派往哈萨克斯坦，他也为政变提供了支持。奥廷加的儿子拉伊拉（Raila Odinga）也参与密谋，他被指控在政变当日在恩贡路（Ngong Road）建立指挥所。奥廷加的另一名助手帕迪·欧尼扬戈（Paddy Onyango），以前曾任内罗毕大学非官方的学生会秘书长，提

---

① James Dianga, *Kenya 1982, the Attempted Coup: The consequences of a one – party dictatorship*, London, 2002; Fredrick Wambua, *The "82 Kenyan Military Coup: An airman" s prison experience*, Kansas City, 2003, pp. 36 – 37.

供了关于肯尼亚之声广播电台总部的重要情报。① 从 4 月份一直到 7 月底，主要是由卢奥族构成的密谋者制订了行动计划。

尽管一年前的法律诉讼，内罗毕市民仍然对政变感到吃惊。当空军士兵从内罗毕的伊斯特利和因巴卡西分散开的时候，大多数市民选择待在家中。来自因巴卡西的政变密谋者控制了邻近的约莫·肯雅塔国际机场和规模小一些的威尔逊机场。在黎明前数小时，空军士兵相继占领了市中心的邮政总局和肯尼亚之声播音室，以及位于内罗毕西部郊区恩贡路上的肯尼亚之声转播站。叛军随后分布于全城，从南部的因巴卡西到东部的伊斯特利，再到西部的恩贡路。不过，起义士兵缺少车辆，所以只能强制征用和盗窃车辆。这并非一场策划顺利的政变。

在城郊的肯雅塔大学学院，学生们对于政变消息感到欢欣鼓舞。学生们在关押着教师的校舍外跳舞，不过并未试图参与起义。试图进入市中心的肯雅塔医学院学生，在遇到仍然忠于莫伊的公共服务警察和军队构筑的路障时，他们不得不退了回去。在市中心，内罗毕大学学生参与洗劫主要商业街区的店铺；特别是亚洲人商铺成为攻击目标。一些投机主义分子高喊着政变口号"权力"，劫持了轿车和小巴士来运送掠夺品。

就在掠夺开始之时，效忠于政府的安全部队已经开始反击。尽管肯尼亚空军内部有不满情绪，莫伊仍然保持谨慎地任命其他军队的指挥官和高级将领，为他们提供优厚的军饷，并予以妥善对待。这些措施确保安全部队在空军哗变发生时能大体上保持忠心。② 兵变

---

① Babafemi Badejo, *Raila Odinga*: *An enigma in Kenyan politics*, Lagos, 2006, pp. 95 - 98

② CIA, "National intelligence daily (cable)", 2 August 1982, 5; CREST, NACP.

一小时后，叛军遭到肯尼亚空军基地的猛烈攻击。在内罗毕城外，裂谷省吉尔吉尔军营士兵冲入肯尼亚山西北角的纳约基（Nanyuki），以防止这里的肯尼亚空军参与兵变。大约 200 名空军士兵为了躲避追捕而仓皇逃往肯尼亚山的丛林之中，不过生还希望不大。在内罗毕城中，密谋者也很少有机会逃生。

随着忠于政府的安全部队发动攻击，到早上 10 点钟，驻扎在肯尼亚之声广播电台的空军士兵被击退，超过 70 人被杀。一小时之后，该电台发布消息称政变已经被击败，权力仍然掌握在莫伊手中。下午三四时，政变密谋者已经意识到一切归于失败，掠夺行为很快就停止了。政变当天被损坏或者被盗物品价值数百万先令之巨。意识到计谋失败，两名政变领导人抢占了一架运输机，并强迫两名高级军官驾驶着这架飞机逃往达累斯萨拉姆。傍晚前后，莫伊发表广播讲话，他向肯尼亚人保证自己的权威已经恢复。莫伊是在纳库鲁度过的周末，一旦确保安全无虞，他立刻返回内罗毕监督扫尾工作。大约 200 名空军士兵和平民在兵变中丧生，另有 500 人受伤，其中很多是遭遇交火的无辜平民，或者被错当成空军士兵的人。

在两天之内，整个空军超过 2000 人被逮捕。肯尼亚空军超过 1000 名士兵被判煽动叛乱罪、叛国罪或者类似罪名，其中 12 人被判绞刑。① 如同 1965 年和 1971 年政变密谋一样，1982 年兵变为莫伊提供了巩固权力排挤对手的机会。政变领导人和其他被怀疑卷入阴谋的人很快就被逮捕。例如，拉伊拉·奥廷加被捕，直至 1988 年才获释。学生激进主义也很快被摧毁。8 月 2 日，也就是政变次日，内罗

---

① Amnesty International, *Torture*, *Political Detention and Unfair Trials*, London, 1987, pp. 3 - 4.

毕大学和肯雅塔大学学院被迫关门。当学生们离开住所时，遭到警察审问。大约 500 人被捕，主要是涉嫌参与抢劫。同时被逮捕的，还有被怀疑持有激进政治观念的教师。

莫伊也鼓动对于安全部队高层进行整肃，意在取代他从肯雅塔那里接管的军官。尽管警察和公共服务警察在镇压兵变过程中起到重要作用，警察总监本·格泰和公共服务警察的负责人彼得·恩杜古德·穆布西亚（Peter Ndgodo Mbuthia）仍被解除职务。以前曾是格泰副手的伯纳德·恩吉纽（Bernard Njiinu）接管了警察力量，而裂谷省的一名高级警官埃拉斯图斯·吉麦塔·穆穆贝基韦（Erastus Kimaita M'Mbijiwe）成为公共服务警察新任指挥官。在执政四年之后，莫伊几乎完全掌控了所有权力。他轻而易举地将内阁、议会、省级政府和公务系统中的敌手清洗了出去。他接下来清洗的是私营领域。虽然安全部队和高等教育机构的改造所费时间要长得多，但是在政变数周时间内已经完全处于总统的控制之下。

政变的全面影响直到次年才完全显露出来。恩乔恩乔被内阁之中的竞争对手指责参与政变，他被迫下台并接受调查。1980 年，恩乔恩乔辞去检察总长职务，随后进入议会担任议员职务，这表明莫伊已经不再把他视作得力干将，而是严峻威胁。这一决定引发了关于恩乔恩乔权力野心的猜测，很多人认为这是他谋求总统职位的第一步。当然，倘若恩乔恩乔击败莫伊，百姓也不会为此感到难过。恩乔恩乔至少试图篡夺齐贝吉的地位，意图取代他而成为基库尤人在莫伊政府内的主要领导，并企图在议会中营造支持者团伙。随着莫伊极力削弱肯雅塔昔日支持者的影响力，恩乔恩乔成了有用的象征物，意在向不满的基库尤基层民众展示他们的群体并未遭受迫害。然而，到

1982 年，随着逐渐用自己的支持者取代肯雅塔的奴仆，总统没有理由再容忍恩乔恩乔的阴谋伎俩。而且，随着 1980 年与美国友好关系的确立，肯尼亚在外交上也就没有维持前检察总长的紧迫需要。

恩乔恩乔虽然并未参与 1981 年的叛国阴谋，但是他的地位变得岌岌可危，特别是在政府当时担心发生政变的焦虑情况下。一旦昔日盟友的谣言再次突然出现，莫伊就按耐不住了。莫伊授意一个由高级法官所组成的委员会广泛调查恩乔恩乔被指控的轻率举动，包括与 1982 年兵变的关系，以及在 1981 年 11 月南非针对塞舌尔政府的一次失利的政变行动中的角色。法官们得出结论说，恩乔恩乔已经是肯尼亚国家安全的严重威胁，并且在 1982 年兵变中扮演了重要角色。[1] 然而，恩乔恩乔否认了所有指控。莫伊认定，对于前检察总长恩乔恩乔在击败蒙盖过程中的作用，基库尤族精英对此记忆犹新，因此他们一定会打击报复，所以莫伊让肯盟中央省支部来定恩乔恩乔的罪。然而，与恩乔恩乔关系密切的基库尤领导人不愿意充当杀死耶稣的彼拉多（Pilate）。相反，在分别调查了恩乔恩乔之后，肯盟的两个支部都宣布他无罪。[2] 恩乔恩乔侥幸逃脱了牢狱之灾，不过他的政治生涯就此结束。而继承斗争也就此最终画上了句号。

---

[1]　Republic of Kenya, *Report of Judicial Commission Appointed to Inquire into Allegations Involving Charles Mugane Njonjo*, Nairobi, 1984.

[2]　Karume, Beyond Expectations, pp. 244 – 245.

第五章 博爱、和平与团结，
1982—1988 年

然而，我们相信他为了维持权力，将变本加厉地诉诸镇压措施，这部分是因为来自政府内部有影响的强硬派的压力。他可能会通过威胁反对派来争取时间，但是可能会由此结下新仇，使得不同群体之间相互合作，并且考虑针对政府采取法律框架之外的斗争策略。

——美国部际情报备忘录（interagency intelligence memorandum），1982 年 11 月①

审讯室民主

在肯尼亚庆祝莫伊执政五周年暨肯尼亚独立二十五周年之际，政府建造了大量建筑物和纪念碑，这些都装饰有莫伊总统"尼亚约"（Nyayo）口号标语。从审美角度看，这些建筑大多粗鄙不堪，而其

---

① CIA, Defense Intelligence Agency and Bureau of Intelligence and Research, State Department, "Kenya: Prospects for stability", November 1982, 1; CREST, NACP.

中最丑陋的要数尼亚约大楼（Nyayo House）。这栋黄不溜秋的建筑于 1983 年 12 月投入使用，建在内罗毕乌呼鲁公园正对面，很快就被汽车尾气熏脏。正是在这里举行的总统就职典礼上，莫伊承诺要给肯尼亚人带来"博爱、和平与团结"。[①] 然而，按照异见组织"姆瓦肯尼亚"（Mwakenya）的说法，这个国家已经变成了"军靴和审讯室的民主"。[②] 审讯室属于政治保安处，位于尼亚约大楼的地下室。在接下来的八年时间里，大约 2000 名肯尼亚人在这 14 个牢房中遭受审讯折磨。"选择尼亚约大楼作为审讯室所在地，没有什么比这更能表明莫伊缺少作为总统的政治远见，"长老会牧师蒂莫西·恩乔亚（Timothy Nyoya）后来评论道，"尼亚约大楼原本可以成为总统所鼓吹的和平、博爱与团结哲学的标志性纪念物。相反，由于这一建筑物里所发生的种种荒诞事件，因此它可以称得上是'禁区'，这一建筑物也饱受指责。"尼亚约大楼全然玷污了莫伊的政治理念，而成为他总统任期内令人恐惧的墓志铭。[③]

在尼亚约大楼里遭受酷刑的，正是奥戈特所说的肯尼亚"十年极端政治专制"的受害者。[④] 就在政变后不久，政府批评者和反对派被逮捕，遭受到严厉迫害与监禁。而且，政府的压制措施不仅是针对议会、政府和大学校园中的激进派，而是要比以往更广泛地运用于整个社会。由于无法诉诸学生政治、反对派政党或者其他任何

---

① BBC Monitoring, "President Moi's inaugural speech", 14 October 1978；TNA：PRO FCO 31/2324.

② Mwakenya, Draft Minimum Programme：September 1987, Nairobi, 1987, p. 7；papers of the Committee for the Release of Political Prisoners in Kenya, George Padmore Institute, London（CRPPK, GPI）.

③ "Moi is guilty of misrule", *Finance*, 16 – 31 December 1991.

④ Ogot, *Who, if Anyone*, p. 121.

宣泄不满的途径，政府反对派被迫转入地下。国家安全部队跟踪反对派力量，他们试图找到社会不满的根源，比以往更具攻击性。平民百姓首次感到自己也成了政府专制的目标，迫害监禁成为统治者与被统治者之间相互关系的重要组成部分。肯尼亚民众比以往更加憎恨莫伊政府，但是由于他能够将恩庇网络和国家制度为己所用，因此总统统治得以维持而未受到严重挑战。

姆瓦肯尼亚

1982 年兵变后最为著名的反对派组织是姆瓦肯尼亚（"解放肯尼亚民族主义联盟"的斯瓦西里语缩写）。1985 年该组织成立于内罗毕，主要致力于保护势单力孤的异见人士，他们是 1982 年政变图谋最后的幸存者。[1] 例如，空军军官詹姆斯·迪安噶于 1981 年被控煽动叛乱，不过于 1984 年获释。在获释后，奥廷加的一名支持者找到他并鼓励他加入姆瓦肯尼亚。然而，迪安噶发现这一组织内部支离破碎。它缺少有效领导，并且其内部因为族群分歧而四分五裂。从一开始，这些分歧严重削弱了姆瓦肯尼亚的力量，甚至使它成了一个空架子。[2]

尽管如此，该组织还是做出大胆承诺。它扬言要推翻莫伊政府，以此作为打破"欧美帝国主义对于我国经济、政治和文化束缚"的第一步。[3] 基于这一点，姆瓦肯尼亚呼吁结束与美国的军事联盟。它谴责"所有外国帝国主义对于我们财富的掠夺"和"新殖民主义傀

---

[1]　Mwakenya, *Draft Minimum Programme*, pp. 13 – 15.

[2]　Dianga, *Kenya* 1982, pp. 227 – 232.

[3]　Mwakenya, *Draft Minimum Programme*, p. 20.

僵"。① 该组织还谴责腐败、土地分配不均、商业农场对于畜牧地区的缓慢侵蚀以及普遍的社会不平等问题："因此，在高楼大厦、豪华酒店馆舍的表象背后，一个残酷现实是，一些肯尼亚人住在沿街临时住所内，他们不得不忍受着难捱的恶劣天气，更有一些人因为营养不良和饥饿而濒临死亡。"② 姆瓦肯尼亚关于工人反抗和帝国主义侵略的言论，这对于大多数肯尼亚人而言是难以接受的，不过它关于莫伊时代肯尼亚生活的描述，肯定要比莫伊政权关于有活力、稳定和欣欣向荣的经济的描述准确得多。

姆瓦肯尼亚只采取了一项重要行动，就是破坏蒙巴萨至内罗毕铁路。莫伊却一直声称这个无效组织对于国家安全构成严重威胁。按照当时还是一名律师的基拉伊图·穆伦吉（Kiraitu Murungi）的说法，"莫伊政府达到了政治狂热的顶点"。政府批评者都被贴上"姆瓦肯尼亚分子以及威胁国家安全"标签。③ 这些所谓的威胁者未经审判就遭逮捕，其中包括再次失去政府信任的查尔斯·鲁比亚、拉伊拉的妻子伊达·奥廷加（Ida Odinga）以及反对派教师马伊纳·瓦·吉尼亚提的妻子蒙比·瓦·马伊纳（Mumbi wa Maina）。④ 莫伊政府无缘无故地大肆抓捕异己，这让很多人感到震惊。例如，鲁比亚显然并非地下马克思主义革命组织的成员。由于担心被政府以莫须有罪名逮捕，著名的反对派人士纷纷逃亡国外。

在伦敦，包括恩古吉在内的一些流亡者组建了肯尼亚释放政治犯协会（Committee for the Release of Political Prisoners in Kenya，CRP-

---

① Mwakenya, *Draft Minimum Programme*, p. 33.
② Ibid. , pp. 3 - 4.
③ Kiraitu Murungi, *In the Mud of Politics*, Nairobi, 2000, p. 10.
④ Amnesty International, *Torture*, *Political Detention and Unfair Trials*, p. 8.

PK）。这一组织组建于 1986 年，当时的境况极其悲惨。该协会估计，当时的 1986 年肯尼亚一共有大约 1000 名政治犯。这其中包括协会创始人之一万伊里·基霍洛（Wanyiri Kihoro）。在回国前，基霍洛一直在伦敦学习深造，不过他与肯尼亚政治激进派长期保持着联系。20 世纪 70 年代初，在内罗毕大学学习法律期间，基霍洛一直积极参与学生政治，他在卡里乌基葬礼上代表学生致悼词。1979 年，基霍洛曾参与竞选议会席位，竞选失败后他选择留学英国。回国后，他一直住在蒙巴萨。1986 年 7 月 29 日午夜过后不久，基霍洛和妻子万姬露（Wanjiru）被警察敲门声惊醒。在搜遍了房屋之后，警察将他逮捕并带到了内罗毕的尼亚约大楼。在被捕后的一周内，他遭受了各种酷刑，直到 10 月 10 日才被正式收监。此后，他一直被关在牢中，直至 1989 年 6 月 1 日。①

在 1986 年肯尼亚当局所逮捕的政治犯中，基霍洛是典型代表。这些被捕者通常受过高等教育，例如像 E. S. 阿蒂诺·奥德海姆博（E. S. Atieno Odhiambo）等学生政治领导人或者著名知识分子。然后，警察会在这些嫌犯的社会网络中排查抓捕。因此，政府镇压范围在一定程度上被扩大了，包括像肯尼亚科学教师学院、蒙巴萨理工学院以及恩乔罗（Njoro）附近的埃杰顿学院。新近招募教师与大学校园和学生政治的联系，甚至引起官方对于全国中小学教师的关注。其他被控与姆瓦肯尼亚关系密切的人，大多曾经长期参与政治抗议。在 1986 年 3 月 12 日午夜被捕之前，约瑟夫·奥尼扬基·姆巴贾（Joseph Onyangi Mbaja）曾是奥金加·奥廷加所创办的东非光谱公司（East Africa Spectre Ltd）经理。姆巴贾曾因参与 1971 年政

---

① Wanyiri Kihoro, *Never Say Die：The chronicle of a political prisoner*, Nairobi, 1998.

变而被判七年监禁。彼得－杨·加蒂噶·吉拉拉（Peter-Young Gathoga Kihara）于 4 月份被判四年半监禁，曾于 1955 年被英国监禁，在 20 世纪 60 年代肯雅塔镇压肯人盟期间再次被捕。然而，伦敦流亡者所搜集到的逮捕细节表明，莫伊政府镇压活动的对象，并不仅仅包括与异见人士保持密切关系的大学或者其他机构中的知名反对派。

这些人在 1986 年被捕受刑后又遭监禁，他们代表着广泛的社会阶层，而不只是政府主要反对派力量。从 1986 年 1 月开始，很多人被认定为姆瓦肯尼亚成员而遭到逮捕。[①] 肯尼亚如同一个警察国家，政府特工对于民众的丝毫不满都时刻保持警惕。"政府开始变得无处不在：在我们家里、卧室、学校、教堂和酒店；莫伊到处都能找到真实而又虚幻的敌人。"奥格特写道。[②] 在肯雅塔镇压政策受害者中，有很多默默无闻的普通人，这其中就包括拉斐尔·卡里乌基·恩顿古（Raphael Kariuki Ndung'u），他在 5 月中旬被捕，罪名是"吹捧姆瓦肯尼亚，制造混乱"；一位名叫艾里·约翰·基塔乌·恩达比（Elly John Gitau Ndabi）的水果销售商和名叫蒙盖·瓦瑞鲁（Mungai Waruiru）的木匠，他们都被判监禁七年，罪名是"传播具有煽动性的印刷品"；一个名叫斯坦利·曼楚基亚·穆布鲁（Stanley Munchugia Mburu）的肯尼亚国有银行工作通信员，被判十年监禁，罪名也是传播违禁印刷品。[③]

对于很多由来已久的反对派或者平常公众而言，监禁经历是暴力而又充满创伤的记忆。姆瓦肯尼亚嫌犯被捕时都被登记了虚假名

① Mwakenya, *Draft Minimum Programme*, p. 17.

② Ogot, *Who, if Anyone*, p. 121.

③ CRPPK, "Political prisoners in Kenya", *Kenya News*, August 1986, pp. 3 - 4；CRPPK, GPI.

字，为的是不让嫌犯家属查找他们的下落，这些嫌犯然后会被交由政治保安处在尼亚约大楼进行审讯。① 1986 年 5 月 8 日午餐时间，一位名叫约翰·古普塔·恩刚阿·钦格（John Gupta Ng'ang'a Thing'o）的法学院学生，在法学院外被警察逮捕，并被带到附近的吉里沙瓦（Kileleshwa）警察局。傍晚时分，一群便衣警察将他从刑房中带走，并把他蒙上双眼，然后丢进车里。为了不让路人看到，警察还命令他卧倒。警车载着钦格在内罗毕市区兜了一圈，最后才停在了尼亚约大楼外，而这里距他被捕的地方只有一英里距离。从被关进警察局，直至 5 月 14 日正式受到指控之前，这一周大部分时间他经受了严刑拷打。次日，钦格被带到法庭之上。在驱车前往法庭的路上，警官警告他倘若再不认罪，还要再拷打他。钦格只得照做。②

为了不再经受尼亚约大楼的折磨，钦格只能认罪。尼亚约大楼最为严厉的酷刑是"游泳池"。将近一周时间里，嫌疑犯的牢房被灌进两英尺深的水，而嫌犯身上还会被定时喷上水。在这段难熬时间里，被捕者无法离开牢房，他不得不在水里大小便。在 1986 年 8 月向高等法院提出的上诉中，卡里格·基霍洛（Karige Kihoro）描述道："在浸满水的牢房里，我被关押了 60 小时，并不断遭受拷打，还被迫承认知晓有人图谋组建非法政党。我被迫招供画押。只有这样他们才把我从水里带出来。除此之外别无选择，我十分痛苦地在供状上签了字。"拷打更是十分常见，但是牢头会避免在嫌疑犯身体上留下伤痕。即便是那些身体未受伤害的嫌犯，他们也一直经受着残酷折磨。即便在地面没有积水的牢房里，这里也没有任何家具物

---

① Amnesty International, *Torture*, *Political Detention and Unfair Trials*, p. 8.

② Ibid., pp. 17 – 18.

件，墙壁被涂成了黑色，天花板上是黑白相间的颜色。昏暗的灯光一直在亮着。大赦国际声称，这一切所导致的结果是，"囚犯基本上处于焦虑紧张状态之中"①。

有嫌犯在羁押期间死亡，这不是什么稀奇事。彼得·恩金加·卡兰贾（Peter Njenga Karanja），一名来自纳库鲁的成功赛车手和商人，在 1987 年 2 月 6 日因涉嫌支持姆瓦肯尼亚而被捕。他的家人整整一个月都没有任何关于他的讯息，直至他的妻子发现他 2 月 28 日死于内罗毕的肯雅塔医院。在被送往医院救治之前，卡兰贾在尼亚约大楼一直遭受拷打。验尸结果显示，死亡原因是脱水，"小肠薄膜被撕裂，四肢有伤口瘀青"②。大赦国际声称，卡兰贾的尸体"青肿、伤痕累累，瘦骨嶙峋，皮肤起泡脱皮——今年年初政治保安处警官逮捕他时，他的身体状况仍然良好，这才二十一天时间。"③ 然而，总统办公室主任贾斯特斯·奥里·蒂皮斯（Justus Ole Tipis）却告诉议会，卡兰贾并未受到拷打，他是死于肺炎和肠道血管堵塞。④

嫌犯一旦招供就会被立即带往法庭，并未通知他们的律师或家人。基拉伊图·穆伦吉写道，"高等法院已经成为政府镇压机器的重要组成部分"⑤。案件大多仓促判定，很多只用不到半小时。甚至是罕见的被判无罪的案件，嫌犯随后也不一定会被释放。1986 年 3 月，

---

① Amnesty International, *Torture, Political Detention and Unfair Trials*, pp. 12 – 16.

② Ibid. , p. 23.

③ Amnesty International USA, "Human rights under serious attack in Kenya – Amnesty International cites government program to silence opponents", 21 July 1987; African pamphlet collection, Kenya – Politics and Government, African and Middle East Reading Room, Library of Congress.

④ BBC Monitoring Summary of World Broadcasts (SWB), "Kenyan minister says reports of detainee" s death "misleading" ", 25 March 1987.

⑤ Murungi, *Mud of Politics*, p. 11.

一位名叫查尔斯·卡兰贾·恩乔罗格（Charles Karanja Njoroge）的受审商人，虽然被判无罪，但是在法庭外重新被捕，并被非法监禁六天时间。一周后，他被重新带到法庭，前几日被判无罪的同一指控，他此时表示认罪。① 在被定罪之后，政治犯会被送往高度戒备监狱。这些监狱遍布全国各地，它们在 20 世纪 50 年代曾经是殖民政府镇压茅茅起义时的监狱和拘留营。这些监狱中的条件并不比审讯期间好多少。② 无论是在监狱还是在审讯前的拘留所，政治犯缺少基本医疗救治，这是他们关于牢狱经历频频提及的话题之一。

政治犯即便在释放之后，他们所受到的惩罚也并未就此停止。20 世纪 80 至 90 年代，越来越多的肯尼亚人选择流亡美国、英国和斯堪的纳维亚半岛。这其中包括科伊基·瓦·瓦姆韦里（Koigi wa Wamwere）等政治家，以及阿蒂诺·奥德海姆博、恩古吉为首的知识分子。姆瓦肯尼亚嫌疑犯和异见人士在获释后大多经历了艰难状况，然后他们只得选择流亡。尽管 1988 年 10 月离开了纳瓦沙监狱，马伊纳·瓦·吉尼亚提继续遭受警察的虐待。监狱生涯使得他落下多种疾病，并且无法合法地出国旅行或者就业，吉尼亚提于 1989 年 3 月逃往坦桑尼亚。一个月后他离开东非，前往美国开始新生活。他的妻子也被解除了大学教职，并被逐出教工寓所。③ 吉尼亚提和其他人继续在国外从事活动，批评莫伊违反肯尼亚和国际社会人权法。

政府严刑逼供的逻辑蛮横无理。政府的借口通常是国家安全，在莫伊看来，国家常常遭到间谍内奸的威胁，这些人通常有着不确

---

① Amnesty International，*Torture*，*Political Detention and Unfair Trials*，pp. 11 – 12.

② Ibid.，p. 40.

③ Maina wa Kinyatti，*Mother Kenya：Letters from prison*，1982 – 1988，London，1997，pp. 250 – 251.

定的政治目标。人类学家安热莉克·豪格鲁德（Angelique Hauger-ud）娴熟地展示了政府官员如何通过公共集会来宣扬反对派所造成的威胁。类似于姆瓦肯尼亚这样的反对派组织，其力量通常被夸大了，目的是为政府的侵犯人权行径寻找借口，这相应地允许莫伊通过逮捕所有反对派的方式来维持控制。① 莫伊政府声称所有举措都是以法律和秩序为名，但是政权本身罪证累累。

瓦噶拉

政府依赖于暴力和侵犯人权来维持权力，最明显的表现在东北省。尽管 1967 年签订的和平协定结束了希弗塔战争，但是地区边缘化所引发的不满情绪仍然时有表达。类似地，不安全对于该省居民仍然是一个严峻问题。在 1977 年至 1978 年索马里和埃塞俄比亚之间的欧加登战役之后，这表现得尤为突出。在英、美两国的要求下，肯尼亚并未插手这场冲突。然而，这场冲突却使大量武器流入肯尼亚北部地区，甚至有武装组织进入该地区。政府实施了外国人登记计划，这导致大量索马里人在内罗毕和整个北部地区遭到逮捕，具体数量不详。

在这场冲突中，索马里的失利导致摩加迪沙发生了一系列政治变动，这对于肯尼亚北部局势有着重大影响。② 面对着广泛不满和严峻经济困难，索马里总统西亚德·巴雷（Siad Barre）经受着索马里内部不同派别巨大压力。为恢复控制，他试图与个别的索马里部族

---

① Angelique Haugerud, *The Culture of Politics in Modern Kenya*, Cambridge, 1995, pp. 56 – 107.

② CIA, "National intelligence daily（cable）", 2 January 1982, 7 – 9；CREST, NACP.

合作，并实施武器分配计划，将自动武器分给关键支持者。但是这些武器也被挪作他用，而这是西亚德始料未及的。其中最重要的是，大量武器的存在意味着部族冲突变得更加血腥，整个索马里南部更加不安全，从而恶化了肯尼亚北部和东部的安全局势。①

随着武器从索马里运入境内，以及不安全局势加剧，肯尼亚军队更频繁地打击东北省民众武装，不过肯尼亚政府军的这些拙劣行径使得暴力变得更加常见。此后几年时间里，当地政客搜集整理了大量的侵犯人权指控。一名来自瓦吉尔（Wajir）的肯盟党员声称，在 1980 年一名当地官员被谋杀之后，政府展开大规模安全排查，抓捕了很多人。在被关押等待审讯过程中，其中有三名妇女由于未能得到及时医疗救助而死在分娩过程中。该省议员阿卜迪·谢赫（Ab-di Sheikh）甚至声称，在镇压过程中，有将近 300 名平民被肯尼亚安全部队杀害。② 安全部队并未理会这些抱怨，它们继续采取军事行动，没收被偷的牲畜和弹药，枪杀土匪疑犯。

由于莫伊的政治战略，安全局势变得更加恶化。他运用恩庇网络作为构建支持网络的首要手段，政府和安全部队也卷入到东北省内部政治之中。莫伊在这里的两个伙伴分别是来自加里萨中部的侯赛因·马利姆·穆罕默德（Hussein Maalim Mohammed）和他的兄长马哈茂德·穆罕默德（Mahmoud Mohammed）。马利姆于 1983 年进入议会，很快就获得提拔，成为首个当上内阁部长的东北省穆斯林。而马哈茂德，由于在镇压 1982 年政变中的巨大贡献（这被认为是绝对忠诚于莫伊的证明），被任命为军队总参谋长。

---

① CIA, "Trends in the Horn of Africa", 27 September 1983, 11；CREST, NACP.

② "New explanation", *Weekly Review*, 21 November 1980, pp. 9 – 10.

穆罕默德兄弟是阿朱兰索马里人（Ajuran）。在与竞争对手关于稀缺资源的漫长竞争中，他们凭借着在政府和军队中的影响力为阿朱兰人赢得巨大利益。他们的竞争对手认识到政府支持带给阿朱兰人的好处：例如，在 1983 年 10 月在古拉尔（Gurar）举行的会议上，阿朱兰人头领要求迦尔索马里人（Gare）归还劫掠并被带往埃塞俄比亚境内的牲畜，迦尔索马里人长老们只得表示同意。①

然而，德格迪亚索马里人（Degodia）却并不情愿接受这一新秩序。长期以来，在控制瓦吉尔的议会席位，以及用以巩固在这一地区支持的资金问题上，阿朱兰人和德格迪亚人相互仇视。（事实上，这一政治斗争所反映的，是他们围绕着土地和水资源而发生冲突的漫长历史。）

由于获得了瓦吉尔地区最高职务，从 1983 年年初开始，阿朱兰人与本地竞争对手发生对抗。在瓦吉尔城外不远的瓦噶拉（Wagalla）新建造了军用飞机跑道后，这里气氛变得十分紧张。建筑工全是从国内其他地方调来的。当地人感到被忽视了，因此在瓦吉尔掀起了一系列抗议活动。当地的德格迪亚首领被指责是这些骚动的煽动者；11 人被捕收监，包括曾在肯雅塔手下做过副部长的阿卜迪瑟拉特·哈利夫·穆罕默德（Abdisirat Khalif Mohamed），时任瓦吉尔县委员会（Wajir County Council）主席的穆罕默德·努尔（Mohamed Noor）以及前任镇政务委员艾哈迈德·埃尔米（Ahmed Elmi）。②

1983 年 1 月至 1984 年 2 月间，瓦吉尔的阿朱兰人和德格迪亚人

---

① BBC Monitoring SWB, "Agreement between clans in north – eastern Kenya", 31 October 1983.

② CRPPK, "Press release：New wave of political detentions in Kenya", 8 February 1984; CRPPK, GPI.

之间的冲突造成 88 人丧生。安全部队和当地政府试图解除双方的武装。① 政府庇护意味着阿朱兰人可以接受解除武装的命令，而德格迪亚人则不愿意这样做，担心倘若如此将会任由敌人摆布。2 月 9 日，德格迪亚人的一支突袭队攻击了阿朱兰人的一个村庄，共杀死 6 人，另有 2 人受伤。军事官员立即在瓦吉尔周围采取安全行动，强迫解除德格迪亚人的武装，搜集有关袭击者的情报。在次日黎明前，安全部队包围了瓦吉尔镇附近的德格迪亚人定居点，并命令所有居民离开家。然而，居民们很少有人理会这一命令，因此士兵们放火烧掉了村民的棚屋，迫使他们逃离。这一过程中，所有成年男性被捕并被押到卡车上，送往富有争议的瓦噶拉飞机跑道。②

据瓦吉尔镇政务委员苏格·温斯尔（Sugal Unshur）和当地议员阿卜迪·谢赫（Abdi Sheikh）所说，5000 名德格迪亚人被带到飞机跑道。在被军官和警察毒打之后，他们被迫在烈日下浑身赤裸地躺在跑道上，在没有任何食物和水的情况下，整整躺了五天。拒绝脱光衣服的毛拉和试图逃跑者遭枪杀。温斯尔和谢赫还表示，其余人被安全部队活活烧死了。据称，在飞机跑道被杀的德格迪亚人共有大约 300 名。而且，幸免于难的人中间有 900 名被押送到了附近灌木丛中执行枪决。这一地区的外国援助机构工作人员证实了他们的说法。③ 不过政府则声称，共有 57 人在安全部队解除他们武装时试

---

① BBC Monitoring SWB, "Kenyan minister's statement on Wajir clashes", 12 April 1984.

② Ibid. .

③ "2 Kenyan officials make massacre charge", *New York Times*, 29 February 1984; Edward Girardet, "Notes from the border badlands", Christian Science Monitor, 24 September 1985. See also S. Abdi Sheikh, *Blood on the Runway*: *The Wagalla massacre of* 1984, Nairobi, 2007.

图抵抗而被杀。①

瓦噶拉事件之后，政府试图遏制东北省暴力事件的进一步升级（或者至少避免被揭露出来）。在安全部队试图平定该地区的过程中，有可能也发生了其他的屠杀事件。对于瓦噶拉事件，政府在外交和政治方面的回应受到极大关注：肯尼亚外交官们试图与索马里的西亚德·巴雷政权建立更为密切的关系。肯尼亚政府方面希望通过保持两国间的密切关系来孤立和削弱东北省的不满情绪。7 月，肯尼亚总统对摩加迪沙进行国事访问，这标志着肯尼亚方面的努力达到顶点，这是肯尼亚总统对于索马里的首次访问。

在东北省，政府试图恢复民众对政府机构和官员的信心。政府任命了新的省级专员，并且组织了多次和平集会，阿朱兰人和德格迪亚人也举行了和解会议。政府还宣布大赦，意在鼓励匪徒缴械投降。中央政府提供给某些关键个人和群体的恩庇资源也大大增多。东北省增加了两个议会席位，多名索马里人被任命为副部长，这些举措意在创造从权力中心到代理人的恩庇网络，这些代理人都是莫伊政府精心甄选的。军队中的职位，更容易获得原本稀缺的发展资金，以及获得本地最高权力的表象，所有这些足以赢得足够多的肯尼亚索马里人的顺从。

可能更重要的是，1984 年和 1985 年席卷整个东北非的大饥荒。如同邻国一样，肯尼亚也经受了罗伯特·贝茨所描述的"百年一遇的旱灾"。尽管贝茨所记载的是梅鲁地区政府在应对机制上的缺陷，不过他也强调政府对于旱灾的成功应对。政府"购置、进口并分发了大量食物给老百姓。在地方层面，政府确认并登记闹饥荒的地区，

---

① "Genocide alleged", *Weekly Review*, 13 April 1984, pp. 15 – 19.

并发放食物给民众"。① 饥荒救济有助于安抚东北省民众。瓦吉尔和其他地方不满的当地民众开始依赖于政府所提供的粮食援助。除此之外，他们并无其他选择。1984 年，瓦吉尔的粮食收成只达到预期的 9%。② 顺从政府成为个人生存问题。到 1984 年 10 月，瓦吉尔镇酋长宣布本地区重新恢复和平。③

政府对于东北省态度之所以经历了从镇压到和解的变化，也是由于内罗毕外交使团的反应所导致。冷战心态极大地限制了最重要的外国盟友对于肯尼亚政府行为的批评。只要莫伊还是盟友，英美两国都会对于莫伊政府践踏人权的行径视而不见。但是，军队在瓦噶拉的举动太过火了，罕见地引起了内罗毕的欧洲外交官谴责抗议。④ 面对着国内支持的减退，莫伊知道他无法承担疏远外国朋友的后果，因此开始以少有的热情在东北省恢复部分和平。该地区的和平也有着其他动力。地区局势稳定后，政府于 1985 年 4 月宣布与阿莫科石油公司（Amoco Petroleum Company）达成了石油勘探协议，勘探范围涵盖瓦吉尔和加里萨地区。⑤ 然而，就东北省的安全和政治不受邻国的影响而言，政府缺少这方面的意愿和财力。

索马里内战的恶化导致肯尼亚边境频频发生土匪袭扰。1987 年在基图伊（Kitui）、1989 年在加里萨，这两地先后发生的巴士遇袭事件在肯尼亚引发了巨大关注。国外也越来越关注肯尼亚国家公园

---

① Bates, *Beyond the Miracle*, pp. 139 – 146.

② BBC Monitoring SWB, "Drastic reduction of harvest in Wajir district", 14 August 1984.

③ BBC Monitoring SWB, "Wajir district calm", 6 October 1984.

④ Alastair Matheson, "Reports of massacre surface in Kenya", *Globe and Mail*, 14 April 1985.

⑤ BBC Monitoring SWB, "Kenya signs third oil exploration agreement with Amoco", 30 April 1985.

的安全问题。对于索马里人武装组织而言，偷猎象牙是宝贵的资金来源，但这导致索马里武装分子与游客、环境保护主义者以及保护区看守人直接接触，结果可想而知。在东部狩猎公园所发生的针对游客的致命袭击事件，以及 1989 年著名环境保护主义者乔治·亚当森（George Adamson）被杀事件，这些引发了国际社会对于该地区安全局势的关注。由于偷猎象牙肆虐，肯尼亚政府宣布，为了擒拿在肯尼亚城镇乡村寻求庇护的土匪叛军，所有索马里族肯尼亚人都要接受盘查。① 而且，肯尼亚境内的所有索马里人，无论是肯尼亚籍还是索马里籍，都必须随时携带特别身份证。

尼亚约国家

瓦噶拉事态发展以及大屠杀后果表明，镇压成了一种复杂统治形式的重要组成部分。如同肯雅塔一样，莫伊充分利用省级政府以及由省专员、地区专员和地区官员所组成的网络。总统于 1978 年 11 月告诉官员们，他们将成为"我在他们各自地区的代表"。② 他也希望通过赋予党内官员更多地方权力，从而增加当地公民对于政治体系的参与感。③ 不过，莫伊最成功的统治策略是运用恩庇关系。在适应了肯雅塔自己的恩庇网络基础上，他又扩展和重新界定这一网络，由此将国家资源从中心分配给各地区和选区的关键盟友。

掌握这一资源流动与维持的能力，成为全国范围内地方政治的

---

① "Background to a drastic measure", *Weekly Review*, 17 November 1989, pp. 19 – 20.

② Daniel Arap Moi, address at provincial and district commissioners" meeting, 21 November 1978; KNA KA/4/21.

③ Jennifer Widner, *The Rise of a Party State in Kenya: From "Harambee" to "Nyayo"*, Berkeley, CA, 1992.

关键因素。政治学家卡塔特·奥尔瓦（Katete Orwa）关于 1983 年南尼扬扎姆比塔（Mbita）选区选举的研究表明，这一体系对于当地政治辩论有着腐蚀效应。奥尔瓦发现，投票者和参选人的立场极为偏狭。一方面，投票人对于政治制度感到不满。由于发展资金随着经济衰败而锐减，因此投票者很快认识到，只有投票前后才能获得确切的金钱利益。"唯一确定能够获得的利益是在竞选过程中得到的。"奥尔瓦写道。民众的这种犬儒心态看似理由充分，却使得接受贿赂成了顺理成章的事情。"即将参加投票的民众明目张胆地索要钱财，"奥尔观察到，"倘若参选人不能当场付钱，选民会直截了当地告诉他，'你得不到我们的选票'。"对于愿意遵照游戏规则的参选人来说，回报相当丰厚。要想赢得选票，不能靠巡回演讲或者议会中的优异表现来获得，而是通过"其他一些途径来获得，其中包括捐助建房材料、购买服装和足球以及现金捐助，除此之外，还包括支付现金给个人"。这对于政治代表们品德的影响是显而易见的。不过，这对于肯尼亚政治文化有着同样重要的影响。莫伊建构起来的恩庇网络，这也意味着"选民堕落为由农村侍从们所组成的赤贫阶层"。[1]

然而，莫伊的精英侍从们却并非"赤贫阶层"。如同基库尤精英对于肯雅塔的作用一样，裂谷省的卡伦金领导人也为莫伊政府提供了坚实基础。在比沃特领导下，卡伦金部长们在总统周围组成了小

---

[1]　Katete Orwa, "Political recruitment in Mbita constituency: A study in electoral politics", University of Nairobi, Department of Government seminar series on general elections, seminar paper 3, 2 March 1984, pp. 30, 35.

圈子，这个小圈子虽是无形却富有影响。① 莫伊通过分配国有企业和组织的管理岗位来收买潜在竞争对手，犒赏效忠者。例如，泰塔·托韦特（Taita Towett）与莫伊同属卡伦金族，并且是他昔日的竞争对手。托韦特取代了基库尤族大佬艾利乌德·马苏（Eliud Mathu）而控制了肯尼亚航空公司。然而，与肯雅塔借以实现基库尤族优势地位的资源相比，具备一定商业经验和可支配资本的卡伦金族潜在经济伙伴少得可怜。莫伊只能在自己族群之外寻找盟友。莫伊改变了肯雅塔时代政府与南亚裔肯尼亚人之间的紧张关系，并借助他们来扩大自己的政治和经济权力联系。1981 年年初，莫伊访问新德里并与印度政府达成了一系列协定，以推动肯尼亚多个领域的发展。这些进展鼓励肯尼亚的亚裔精英与莫伊政府之间建立起更密切联系。②

在政变之后五年时间里，恩庇和恐惧的结合使得莫伊达到自己的统治目的。然而，反对派势力逐渐增强。关于政府的非法监禁、刑讯逼供以及其他侵犯人权行径的流言蜚语在全国范围内四处流传。"我们几乎知道正在发生的任何情况，从莫伊的私生活，到他的儿子们和帮手们的，"恩金加·卡鲁梅写道，"秘密的确存在，不过很多都被泄露了出来，对此每个人都是心知肚明。"③ 例如，关于尼亚约大楼刑讯室位置的传言后来被证明属实。④ 这一信息多是由海外流放

---

① David Throup, "The construction and destruction of the Kenyatta state" in M. Schatzberg（ed.）, *The Political Economy of Kenya*, New York, 1987, pp. 60 – 61.

② CIA, "Sub – Saharan Africa report", 30 April 1981, 32 – 33; CREST, NACP.

③ Karume, *Beyond Expectations*, p. 242.

④ Amnesty International USA, "Human rights under serious attack in Kenya: Amnesty International cites government program to silence opponents", 21 July 1987; African pamphlet collection, Kenya – Politics and Government, African and Middle East Reading Room, Library of Congress.

者所散布。在欧洲和北美洲，流亡的肯尼亚人为了国内政治犯而热情地四处奔走呼吁。在恩古吉领导下，无数流放的肯尼亚反对派于 1987 年 10 月聚集起来组成了肯尼亚民主联合运动（United Movement for Democracy in Kenya），它的另一个为人所熟知的名字是乌莫加（Umoja）。[①]

对于莫伊政府的谴责传回到肯尼亚。基拉伊图·穆伦吉回忆道："律师们锁上门在室内阅读《伦敦时报》《经济学人》和《新闻周刊》上的'反动'文章。"[②] 肯尼亚民众则在各种场合讨论和批评政府。他们寻求"自己的民主政治空间，以自己的方式手段来继续参与，或者退出，或者作为旁观者观察，或者发布评论，并就政治活动趋势得出自己的结论"，阿蒂诺·奥德海姆博于 1987 年写道。尽管大多数公共集会需要得到政府批准，但是葬礼和婚礼却并不需要官方批准，因此这些成了交换关于政府的信息和观点的场合。在日常对话中，人们相互谈论着谣言，他们拿政府开玩笑，并批评它的表现。民众尤其会在小巴公交车（matatus）上谈论这些话题，这些小巴车多是私人经营，它们遍及整个城市，阿蒂诺将这里称作"人民共和国"。由于公交系统如同其他公共服务一样在莫伊时代陷入瘫痪，小巴成了民众主要的公共交通工具。[③]

这些乘客不仅散播传闻，而且交换报纸来阅读。虽然在 20 世纪 80 年代没有太多的新闻自由，私人作家还是善于在审查制度之下钻

---

① Committee for the Release of Political Prisoners in Kenya, "Focus on human rights in Kenya", June 1988, 2; African pamphlet collection, Kenya – Politics and Government, African and Middle East Reading Room, Library of Congress.

② Murungi, *Mud of Politics*, p. 10.

③ Atieno Odhiambo, "Democracy and the ideology of order", pp. 177–201.

空子。没有人比瓦霍米·穆塔伊（Wahome Mutahi）更熟谙此道，也没有人比他更受到读者喜爱。从 1982 年起，穆塔伊成为《标准报》专栏作家。他的作品中最为著名的是每周专栏"私语"（"whispers"），穆塔伊成了莫伊时代另类的历史记录者，批判和嘲讽公共权威的大师。由于支持姆瓦肯尼亚的莫须有罪名，穆塔伊在狱中待了十五个月，不过他一恢复专栏写作就重新开始反对莫伊政府。[1] 穆塔伊的笔名起得十分贴切：整个 20 世纪 80 年代，政府的批评意见只能窃窃私语。然而，到 1987 年年底，这些窃窃私语再次变成抗议呼声。

1988 年选举

莫伊维持权力的策略一切如旧。他的专权疏远了太多肯尼亚人，而他的恩庇网络则依赖于有充足资源来分配给侍从们。随着国家经济前景日益暗淡，莫伊发现越来越无法提供必要的恩庇资助，从而维持自身影响和控制。国际货币基金组织和世界银行所推动的新自由主义改革，削弱了肯尼亚政府对于经济的影响力，并迫使政府削减公共开支，而这以往被作为行贿资金用以构建恩庇网络。在贫穷和国家镇压趋于严重的情况下，主要城市出现街头抗议活动。1987年年底，首都内罗毕市政工人举行罢工。在 10 月至 11 月蒙巴萨市的示威游行中，抗议者破坏政府办公室和城市警察总部。[2] 然而，这些反对仍然是零星分散的。在姆瓦肯尼亚等颠覆组织中存在着少量的反对派；工人和农民因为收入锐减而感到幻灭；大量的失业者近

---

① Herve Maupeu and Patrick Mutahi（eds），*Wahome Mutahi"s World*，Nairo.

② Umoja，*Struggle for Democracy in Kenya：Special report on the 1988 general elections in Kenya*，London，1988，pp. 15 – 16.

乎绝望地寻找工作机会；而精英人物则因与权力无缘而愤愤不平。无论是在阶级、族群或者来源地等方面，所有这些不满都没有太多的共同点。这些不同群体也不存在一个共同诉求，从而为更具凝聚力的反对力量的联合提供基础。

因此，对于政府针对 1988 年选举处理方式的广泛不满，使得此前互不相关的反政府群体受到极大刺激。他们关注的焦点是候选人提名过程中所运用的"排队投票"。排队投票是于 1986 年引入的，主要用以取代肯盟内部政党选举中所采用的秘密投票。按照 1988 年所运用的投票方法，参与肯盟的议会竞选人初选的投票人，需要站在他们所选竞选人身后。倘若 70% 的投票者站在某个特定竞选人一边，那么他或者她就能毫无悬念地重新回到议会。否则，3 名得票最高的候选人将会参与 3 月 21 日选举，这时仍将采用秘密投票方式。肯盟领导层认为排队投票是平民更积极地参与投票过程的方式，肯盟总书记布伦迪·纳布韦拉（Burudi Nabwera）声称感到高兴，因为"将不再由总书记来决定哪名候选人必须退出下一轮选举"。他告诉肯尼亚人，"这是他们的选举，提名日也是他们当家的日子"①。

提名日是 2 月 22 日，当天发生巨大骚动。选举官员拒绝允许某些代表观看计票过程，而是公布了经过捏造的结果，忽视了所记录投票人数与在场人数之间存在的巨大差距。用西基里尼亚加（Kirinyaga West）一名被击败参选人马塔雷·柯里利（Matere Keriri）的话讲，那些操纵提名过程的人是"对于正义的莫大嘲讽"②。鲁比亚此前两年时间一直在批评"排队投票"和总统权力的加强，成为政府

① "Steps towards taking Kanu to the people", *Weekly Review*, 5 February 1988, p. 4.
② "Cries of "unfair"", *Weekly Review*, 26 February 1988, p. 13.

操纵选举所针对的重要目标。斯塔里赫（Starehe）选区提名过程被肆无忌惮地操纵，为的是确保鲁比亚主要竞争对手成为这一席位无可争议的候选人。鲁比亚相信，斯塔里赫选区提名结果，"践踏了我们立宪民主的真义，并使得我们的民主化政府诉求的合法性大打折扣，也使得我们所有的（原文如此）国歌受到嘲讽，我们国歌中唱到'正义乃吾等的护卫与守护者'"①。其他的政治人物也因为各自的痛苦经历而与鲁比亚站在一起，他们一道公开抗议 1988 年选举中的违法行径。

25 名候选人发起请愿，他们声称被骗走了胜利果实。这其中最为著名的或许要数资深的反对派政治家马丁·什库库。② 肯尼斯·马蒂巴（Kenneth Matiba），自从肯雅塔时代以来长期担任公务员，也是一名著名的基库尤族商人，他也对于排队投票制度感到不满。马蒂巴声称，由于政府对他的竞争对手朱利乌斯·基亚诺的偏袒，因而自己才无法赢得 70% 的多数票，因而也就没有希望成为候选人。③ 马辛德·穆利罗，一名资深的卢亚族政治领导人，也与鲁比亚、什库库和马蒂巴一道谴责排队投票制度，并要求恢复实行以往的秘密投票。④

作为肯尼亚最显赫的公众人物，这些精英政客的支持者也对于排队投票结果感到不满。在西部省布泰雷和卡卡梅加，成千上万的什库库支持者走上街头抗议，对于警察和政府官员要求他们返回家

---

① Umoja, *Struggle for Democracy*, p. 71.

② Anonymous, "The elections", 10 May 1988, 1; African pamphlet collection, Kenya – Politics and Government, African and Middle East Reading Room, Library of Congress.

③ "Claims of coercion and rigging in nominations", Weekly Review, 4 March 1988, pp. 20 – 21.

④ "Queuing has never been African", *Weekly Review*, 29 April 1988, p. 9.

中的命令置若罔闻。在海岸省塔韦塔（Taveta）以及蒙巴萨、内罗毕、基苏木和基安布等地，也都出现抗议活动。[1] 伦敦的肯尼亚流亡者要求按照国际民主规范重新举行选举。[2] 在肯尼亚国内，姆瓦肯尼亚"宣布最近阶段操纵选举的结果无效，并发誓将继续挑战莫伊总统和肯盟所组建傀儡政府的政治合法性"。[3] 政府对于这些申诉不予理会。一位部长声称这些关于排队投票的抱怨"只会煽动民众仇恨与暴力，而原本并不存在暴力或者仇恨的根源"。[4] 然而，其他人则没有这么确定。

公民社会的起源

政府在排队投票问题上的不妥协，致使对于莫伊的反对增强。教会是这些反对者的旗手。在独立之后的二十多年时间里，教会对于政治的参与既受到政府阻挠，同时也困扰于神职人员内部争论，他们对于究竟应当在多大程度上介入世俗事务而展开激烈讨论。到20 世纪 80 年代中期，一些教会领导人已经深信放弃这一立场的必要性。一位名为蒂莫西·恩乔亚（Timothy Njoya）的长老会高级教士，开始不断地公开批评政府 1984 年的人权记录。[5] 其他教士并不愿意公开庇护姆瓦肯尼亚疑犯或者政变参与者。然而，排队投票极大地改变了宗教界态度。

---

① Umoja, *Struggle for Democarcy*, pp. 23 – 24.

② Umoja, "Umoja rejects the fraudulent general elections of March 21, 1988 in Kenya", 10 April 1988, 1; CRPPK, GPI.

③ Mwakenya, "Moi – KANU regime has no legitimacy to rule Kenya", 29 March 1988; CRPPK, GPI.

④ "The aim is positive patriotism", *Weekly Review*, 29 April 1988, p. 15.

⑤ Murungi, *Mud of Politics*, p. 17.

在 1986 年肯盟选举引入排队投票之后，很多宗教人士开始不断地批评政府。例如，在天主教主教们写给总统的信中，他们请求允许民众更多地参与讨论重要的政治话题，并在排队投票问题上三思而行。[①] 1988 年大选临近时，教会明确表态反对排队投票。教会杂志《超越》（*Beyond*）非神职编辑贝丹·穆布古阿（Bedan Mbugua）写道，"肯尼亚民主已经倒退一大步，整个国家陷入自我毁灭之中，而这是很多非洲国家所走过的老路"。这一杂志因而遭到查封，不过这些教士并未就此放弃。无论是在教堂讲坛还是在全国媒体上，各个教派的教会领导人都明确谴责操纵提名和选举的行为。时任纳库鲁天主教教区主教的恩丁吉·穆万阿·恩泽吉（Ndingi Mwan'a Nze-ki）表示，"他对于我们国家真正民主的前景的担忧"以及他对于"政党和政府越来越难以容忍民众观点和意愿"的震惊之情。[②] 恩泽吉的国教会同事亚历山大·穆格（Alexander Muge）对此表示赞同，他当时是埃尔多雷特主教，他将排队投票描述为"恐吓性的政治集会"。[③] 在选举结束之后，很多人和穆格一道继续批评政府。

政府公然滥用排队投票并且不愿意接受教士们的关切，这使得宗教领导人的关注范围变得更为广泛。例如，在 1988 年的牧师信中，天主教团声称它致力于"上帝所赋予的人类发展使命，并促进正义、博爱与和平"。"我们应当竭力避免不平等日益加剧"，主教

---

① "Memorandum of the Kenya Episcopal Conference to His Excellency Daniel T. Arap Moi, C. G. H. , M. P. , the President and Commander – in – Chief of the Armed Forces", 13 November 1986；Kenya：Catholic Church vertical file, Herskovits Library, Northwestern University.

② "Shall I ever have a say again?", Weekly Review, 29 April 1988, pp. 11 – 12.

③ "Heretical statement", Weekly Review, 29 April 1988, p. 14.

对此深信不疑。① 圣公会的穆格主教是一名富有个人魅力的政治评论家，他对于 80 年代末的重要政治事件提出直白批评。他的活力与亲民使得很多话题引起了更多关注，这些话题原本只是某些反对派用马克思主义话语在私下里，或者在尼扬扎和东北省极少人中间进行讨论。简单地说，基督教改变了后殖民时代肯尼亚公众政治讨论。它为教徒和教士提供了共同话语和一系列惯用语，而这些跨越了肯尼亚不同族群语言和文化传统。

教会领导人的声音是很难压制的。首先，莫伊并未掩饰自己的基督教信仰，因而也就无法公开钳制教士的言论自由。虽然其他形式的政治反对很容易通过立法限制言论自由和公共集会的方式来予以禁止，但是宗教自由很难禁止。倘若贸然禁止，势必引起巨大争议。教会领导也清楚自己在社会中享有特权地位，并对此加以利用。他们尖刻地批判政府。例如，穆格相信"我们国家的人民生活在威胁、恐惧和专制之中"，他因此将莫伊统治下的肯尼亚与种族隔离时代的南非相提并论。② 政府试图限制国内媒体报道他们的言论，但是穆格、恩乔亚以及其他宗教领导人仍然娴熟地利用国外媒体渠道来传播批评政府的讲道文章。③

然而，宗教领袖所具备的最大优势，是肯尼亚人的宗教虔诚。刚刚独立时，肯尼亚大约 800 万人口中间只有少数人是基督徒，但是到 20 世纪 80 年代，可能超过 80% 的肯尼亚人接受洗礼。"在肯尼

---

① Episcopal Conference of Kenya, *Justice and Peace Commission*：*Pastoral letter of the bishops of Kenya*, Nairobi, 1988.

② Paul Vallely, "Kenya's changing image：Church a lonely voice on Moi's totalitarian drift", *The Times*, 26 May 1987.

③ Widner, *The Rise of a Party State*, pp. 190–192.

亚除了教会之外，恐怕没有其他的组织每周都有如此之多的听众。"内罗毕大学校长在 1984 年评论道。[1] 由于年轻人和受过教育者在后殖民时代基督教信众中占有较大比例，因此教会力量的增强有着巨大的文化影响。正如恩古吉在 1970 年所说："作为一名肯尼亚非洲人，我无法逃脱教会。它的影响无处不在。"[2] 一旦教会领导人克服了对于介入世俗事务的不情愿情绪，他们就是批评政府的不二人选。

除了宗教领导人之外，少数的律师也公开批评政府行为。这一点毫不奇怪：新教组织肯尼亚全国教会委员会（NCCK）和肯尼亚法律协会，一直在共同感兴趣的领域进行合作，当 1986 年排队投票引发巨大争议时，它们呼吁公众进行讨论。[3] 由于显而易见的原因，这些曾经作为政治犯辩护人的律师成为重要的政府批评者。这些律师亲身经历了刑讯逼供的肉体和精神影响，其中一位名叫约翰·哈敏瓦（John Khaminwa）的律师，他曾经因为给乔治·阿尼奥纳和穆万吉·斯蒂芬·穆里希辩护而被逮捕。在校园激进主义的顶峰时期，反对派律师也在内罗毕经受了巨大考验。

如同教会领袖一样，律师们也发现，政治犯遭受迫害这一话题无法激发民众的不满情绪。律师们对于政治犯的人身保护（habeas corpus）以及嫌疑犯遭受迫害的控诉，这些对于肯尼亚人影响甚微。律师们对于这些事情的关注是以人权术语表达，而并未考虑将其"翻译"成更多民众所能理解的语言。正如其中的一位名叫基拉伊

---

① NCCK, *A Report on the Church" s Involvement in Development*, Nairobi, 1984, p. 53.

② Ngugi wa Thiong'o, *Homecoming*: *Essays on African and Caribbean Literature*, *Culture and Politics*, London, 1972, p. 31.

③ Widner, *The Rise of a Party State*, p. 172.

图·穆伦吉的律师在回忆录中所说：

> 每当我回到家乡农村地区，那里的民众谈论更多的是下雨、
> 干旱、牲畜以及村里哪个人生病了。联合国宣言、公约以及关
> 于人权的华而不实的言论，所有这些是大多数民众闻所未闻的。
> 这些在我们乡村里毫无任何影响。①

对于这些被政府贴上"造反派"标签的人，基拉伊图的乡亲们
不会有丝毫好感。

对于 1988 年选举，教会和律师们态度相似，这使得双方都能从
中获益。教会为律师提供了更广泛的听众和交流媒介；而律师则为
这一关系带来了两个至关重要的因素。首先，律师的精英背景以及
他们对政治犯的保护，为公民社会激进主义和各种政治犯的联系提
供条件。其次，保罗·穆伊特（Paul Muite）、基拉伊图·穆伦吉、
吉布森·卡马乌·库里亚（Gibson Kamau Kuria）、吉托布·伊玛尼
亚拉（Gitobu Imanyara）和菲洛奇·诺罗基（Pheroze Nowrojee）等
律师将对于排队投票制度的批评延伸为关于宪政改革的更为广泛的
批评。"我们无法通过非民主手段捍卫民主。"穆伦吉在 1988 年 11
月指出。② 肯尼亚的问题是由宪法所造成，而问题解决也要通过宪政
改革，这些为教会领导们所接受。在随后 25 年时间里，宪政改革成
为肯尼亚公民社会的流行语。

---

① Kiraitu Murungi, "The role of the ICJ（Kenya Section）in promoting the rule of law and protecting the enjoyment of human rights" in International Commission of Jurists（Kenya Section）, *Law and Society：Selected papers from a seminar held 24 – 26 November* 1988 *at the Green Hills Hotel，Nyeri，Kenya*, Nairobi, 1989, p. 10.

② Ibid., pp. 1 – 11.

到 1988 年年底，新的政治联盟正在政府制度之外形成。这一联盟是以宪法改革诉求为基础，并由公民社会所推动。然而，政府控制力仍然足够强，因此这些富有进取精神的改革者很难想象肯尼亚以及地区其他国家会采取何种形式的民主。1989 年年中，一名律师写道："一党制在非洲已经过时了。"① 当时很少人对此表示赞成，改革可能性似乎仅限于修修补补，从而使得政府多少变得透明负责，而不是取代一党制。"没有人希望看到政治地震。"穆伦吉在 1988 年 11 月尼耶利举行的会议上告诉律师同行们。② 然而，不到数月时间，人们就开始感受到地震。不过，震中不是在内罗毕、蒙巴萨或者基苏木，而是在柏林、华沙和布加勒斯特。

① J. R. Otieno, "Has the system of a one party state outlived its usefulness in Africa?", *Nairobi Law Monthly*, July/August 1989, p. 7.

② Murungi, "Role of the ICJ".

第六章　弓箭之战，1989—1994 年

我们呼吁民主、良治、透明，收回外国银行中我们的钱财，以及运转更好的经济。我们呼吁结束政治谋杀、纵火、流离失所和无家可归——所有这些都是莫伊政府所造成的。哪里有真理，哪里便有胜利；但是这并不会轻易或者随意得到。当莫伊政府挑拨肯尼亚人相互敌对时，当弓箭武器正在射杀我们人民之时，我们不能保持缄默。

——万比·韦亚基·奥蒂埃诺（Wambui Waiyaki Otieno），1998 年[1]

新秩序

在柏林墙倒掉之后不到几天时间的一次宗教集会上，一位名叫卡比鲁·基尼亚韦（Kabiru Kinyanjui）的政治学家告诉听众：

东欧在过去几周所发生的事情，不仅挑战了我们的思维、

---

[1]　Wambui Waiyaki Otieno, *Mau Mau's Daughter: A life history*, Boulder, CO, 1998, p. 239.

语言和世界观，而且也包括我们对于自由的理解，以及对于正义与和平的基本追求。总体而言，曾经塑造二战后欧洲与世界的观念此时已经垮掉。新秩序正在形成之中。①

基尼亚韦一语中的。此后数周内，由于受到东欧事件鼓舞，政治改革要求在肯尼亚乃至整个非洲大陆日益高涨。基尼亚韦也准确预测到，全新时代也要求新的政治话语："一些政治领导人时常压制非洲的正义、民主化与和平，并冠之以'共产主义'。对于这些人来说，他们应当重新思考这些问题。他们现在很难找到其他替罪羊！"② 只不过基尼亚韦过于乐观。尽管民主新时代似乎即将到来，但是肯尼亚领导人很容易找到其他替罪羊。

基尼亚韦并非公众人物，莫伊也并未因为他的话而烦心。然而，长老会教士蒂莫西·恩乔亚的言论则不同。在 1990 年新年布道时，恩乔亚呼吁结束一党制，莫伊总统则试图压制所有的多党制言论。"那些谈论两个或以上政党的人，他们的脑子似乎少根筋。"莫伊说道。像恩乔亚这样的多党制鼓吹者，"他们的主子躲在国外，指使他们大放厥词"③。他竭力将恩乔亚及其同类抹黑为外国支持的颠覆者，这也就显示出总统在面对政治自由化时的脆弱性。

1989 年底至 1990 年初，莫伊很容易看到民众对于政府广泛不满的证据。1989 年 11 月，内罗毕大学学生示威演变为暴力冲突，首都

---

① Kabiru Kinyanjui, "Justice, peace and reconciliation: The challenge to the Church today" in Samuel Kobia and Godffrey Ngumi (eds), *Together in Hope: The official report of the Mission Conference* 1989, Nairobi, 1991, p. 45.

② Ibid. .

③ BBC Monitoring SWB, "Moi says advocates of pluralism 'have masters abroad'", 15 January 1990.

郊区鲁伊鲁（Ruiru）的罢工工人则因为工资未能及时发放而发生骚乱。更令总统感到头痛的是，新出现的反对派跨越了族群障碍，而这是肯雅塔和莫伊煞费苦心制造出来的。这些著名政治人物对于排队投票感到不满，并且受到律师和教士们鼓励，再次发起抗议。这其中包括富有的基库尤政客。肯尼斯·马蒂巴等人直至最近才公开反对莫伊政府。尽管马蒂巴是莫伊政府的一名部长，但却因排队投票而遭受排挤。在被边缘化的过程中，马蒂巴和鲁比亚等人与全国范围内其他政治人物以及持其他政治立场的人物走到一起。奥廷加是其中最著名的，此外还包括卢亚族政治家马丁·什库库和马辛德·穆利罗。与流放或监禁的校园激进派一样，这些领导人也反对政治监禁和酷刑。基拉伊图·穆伦吉和保罗·穆伊特等律师将这些不同群体联合起来。他们对于政治犯的辩护以及他们与基库尤精英的联系，都使得他们成为理想的中介力量。更为重要的是，教会为这一网络提供了公众所能接受的话语。

国际政治环境最初的变化也有利于反对派。肯尼亚的捐助国原先并不太在意腐败和民主问题。例如，英国高级专员曾经于 1975 年强调，"通过援助迫使肯尼亚政府妥善处理国内事务"的想法完全行不通。[①] 每次都是冷战现实政治战胜了民主和人权。然而，随着冷战终结，肯尼亚反共立场失去意义。由于伊拉克入侵科威特，以及该地区军事基地为美国开放，肯尼亚也就因而丧失了它距离中东地区相对较近的战略重要性。在华盛顿、伦敦和布鲁塞尔的地缘政治考量中，此时的肯尼亚处于边缘地位。

冷战的终结也改变了肯尼亚昔日盟友的外交政策目标。对于内

---

① Duff to Head of Chancery, 27 January 1975；TNA：PRO DO 226/17.

罗毕政府的过激行为，外国盟友不再坐视不管。在美国、英国和其他欧洲捐助国领导下，国际货币基金组织和世界银行将政治改革作为援助先决条件。按照世界银行总裁巴伯·科纳布尔（Barber Conable）的说法，肯尼亚经济增长的关键在于"良治"，这"将与促进市场机制和企业家精神的政策相得益彰"①。良治是多党选举的委婉说法。不论按照何种标准，肯尼亚都算不上良治。由于国内局势不稳定，20 世纪六七十年代的经济前景发生逆转，再加上政治专制的持续，肯尼亚正在经受着治理危机。1988 年 9 月，英国游客朱莉·沃德（Julie Ward）在马赛马拉野生动物保护区遇害，事后肯尼亚政府采取了拙劣的掩饰行为，这使得外界将所有错误都归咎于肯尼亚。用一份澳大利亚报纸的话说，肯尼亚成为"非洲的失乐园"②。

自由之角

在后冷战时代起初几周里，反对派领导人与外国外交官的联合展示出巨大威力。早在 20 世纪 80 年代，肯尼亚领导人已经清楚如何攫取公共土地来谋取私利。肯盟打算在乌呼鲁公园为执政党和《肯尼亚时报》（*Kenya Times*）建立新总部。《肯尼亚时报》由肯盟和罗伯特·马克斯维尔（Robert Maxwell）共同拥有。然而，即便按照肯尼亚人的标准，这样的计划也属厚颜无耻。乌呼鲁公园是内罗毕市少有的公共绿地，属于共有土地。对于这一建造计划，肯盟预算费用是 2 亿美元，这不啻天文数字。对于这种公然的挥霍浪费行

---

① Neil Henry, "World Bank urges steps to reverse Africa's economic decline", *Washington Post*, 22 November 1989, p. 17.

② John Shaw, "African Paradise Lost", *Sydney Morning Herald*, 26 August 1989, p. 71.

为，外交官们感到极为震惊。肯尼亚政府当时正游说捐助国更多地为公共开支买单，美国和日本外交官明确表示对于该计划的反对态度。面对着激烈的国内和国际压力，政府于 1990 年年底只好放弃该计划。

绿带运动（Green Belt Movement）领导人旺加里·马塔伊（Wangari Maathai）是反对这一计划的主要领导者。马塔伊在肯尼亚国内享有巨大声望，这折射出肯尼亚政治在 20 世纪 80 年代末 90 年代初已经发生巨大变化。捐助国推行新自由主义，这使得莫伊政府权力受到削弱。在这一情况下，社会运动和其他公民社会组织的自由空间得以显现。这些也受到捐助国关注重点变化的影响，相对于政府而言，他们把绿地运动视作更为透明负责的发展资金接受者。在公民社会介入公共辩论的同时，肯尼亚妇女也登上了政治舞台。

妇女之前的边缘化地位绝非偶然。相反，这与她们在独立时民族主义激进派中的代表有关。20 世纪 40 年代末 50 年代初，殖民政府实施农村发展计划。由于男人们离家外出从事工资劳动，因此承担这些计划的重担大多落在了妇女身上。类似地，至少在肯尼亚中部，在殖民政府镇压茅茅运动期间，正是这些妇女面对着日常生活的残酷现实。这一殖民主义的痛苦经历使得很多妇女政治化，"妇女就意味着革命"[①]。妇女不满最初是通过肯盟妇女团来表达。然而，如同其他更为激进派别一样，妇女团也被边缘化了。莫伊等政客鼓励妇女加入"妇女发展组织"（Maendeleo ya Wanawake）。"妇女发展组织"形成于 20 世纪 50 年代，意在向妇女传授成为现代母亲和

---

① E. S. Atieno Odhiambo, "Foreword: A critique of the postcolony of Kenya" in Waiyaki Otieno, *Mau Mau's Daughter*, p. xii.

主妇所需的技能，从而避免她们成为政治领导人。

关于妇女边缘化，这里也存在例外情况。我们在前面几章提到了格蕾丝·奥尼扬格，她在进入议会之前曾担任基苏木市长，我们还提到了 20 世纪 70 年代莫伊的强劲对手切拉噶提·穆泰。女性议员数量屈指可数。然而，那些希望成为议员的女性面对着巨大障碍。万比·韦亚基·奥蒂埃诺是其中一位。她在茅茅起义过程中发挥了重要作用，是一位极富热情的民族主义活动家，并且是基库尤族政治精英的一员，然而即便是她也无法赢得 1969 年和 1974 年议会选举。① 万比当时在肯尼亚已经是知名人物，不过让她更出名的，则是围绕着她丈夫西尔维纳斯·梅莱拉·奥蒂埃诺的遗体而展开的诉讼。这场漫长而又广受关注的争论使得她备受瞩目。在 1986 年奥蒂埃诺去世后，在关于究竟下葬何处，万比和丈夫的家族发生了激烈冲突。万比主张遵照丈夫遗愿，将丈夫安葬于内罗毕，而奥蒂埃诺的家族则坚持将奥蒂埃诺安葬在祖籍地尼扬扎。在接下来六个月时间里，这一案件遭遇到一系列法律挑战，最后以万比败诉告终。正如阿蒂诺和科恩在条理清晰的著作中所展示的，这一事件折射出族群、法律和现代性的问题。② 对于万比来说，她甚至连在何处埋葬自己丈夫都无法决定，这充分显示出妇女在肯尼亚社会中难以施加影响。"除了政治参与，"她写道，"文化是非洲妇女进步最大的制约因素。"③

万比事例同时也表明，妇女们尽管面临着很多挑战，但是她们仍然能够对于公共生活施加一定影响。在独立后全国范围内的日常

---

① Waiyaki Otieno, *Mau Mau's Daughter*, pp. 103 – 7.

② David William Cohen and E. S. Atieno Odhiambo, *Burying S. M.：The politics of knowledge and the sociology of power in Africa*, London, 1992.

③ Waiyaki Otieno, *Mau Mau's Daughter*, p. 228.

生活中，自助组织和互助组织居于主导地位。正如 20 世纪 70 年代末纳库鲁情况所显示，妇女在这些组织中发挥了巨大影响。纳库鲁有着妇女居于主导地位的各种组织，例如教会、舞蹈、讨论和投资等方面，这些妇女组织定期举行集会。一个妇女福利组织帮助一些家庭负担丧葬、教育或者诉讼费用。纳库鲁妇女还同裂谷省东部妇女一道加入伊科贝（Ikobe）农民互助社。该协会成员共同出资在莫洛（Molo）附近购置 500 英亩土地。另一个类似的"母与子"（Kangei na Nyakinyua）消费合作社成立于 1969 年，目标是在纳库鲁镇购买商用不动产，其收入将用来资助福利基金。① 恰恰是这些类型的组织成为了发展和改革讨论的平台，从而为当地带来了追求多党制的活力。

旺加里·马塔伊是这些变化的典型代表。她的前夫穆万吉·马塔伊议员一直是基库尤、恩布与梅鲁协会关键人物，在 1969 年击败了万比·奥蒂埃诺而获得兰噶特（Lanagata）议席。旺加里和穆万吉于 1979 年离婚。旺加里本人试图参加 1979 年选举，但是未能获得提名。然而，从 20 世纪 80 年代中期开始，她成了肯尼亚最重要的环保运动推动者。针对森林砍伐以及其他威胁到贫苦农民生活的活动，她领导绿带运动进行抗争。为了鼓励退耕还林并提供家用燃料，她们栽种培育树木。然而，这一群体也介入到捍卫妇女获取土地的斗争之中。这一立场不可避免地与政治交织起来，旺加里成了反对土地窃取的主要鼓吹者。由于环保和政治激进主义之间密不可分的联系，她很快也卷入到民主运动之中。

---

① Eleanor Wachtel and Andy Wachtel, "Women's co - operative enterprise in Nakuru", discussion paper no. 250, Institute for Development Studies, University of Nairobi, March 1977.

1992 年 2 至 3 月份，旺加里及其支持者再次来到乌呼鲁公园。她们之前在这里的抗议活动是反对窃取公园本身的土地，而这次示威则带有明确政治性。她和支持者们为了结束政治监禁而绝食抗议。很多示威者是政治犯的母亲、妻子或者姊妹。她们选择正对着尼亚约大楼的公园一角驻扎下来，这里很快就被称作"自由之角"。尽管警察于四天后袭击了该营地，但是妇女们仍然坚守在这里，直到剩余的政治犯获释。"我们将一直团结下去，直至我们的孩子获释，我们每天都在自由之角歌唱祈祷。"赖尔·基图尔（Rael Kitur）写道。她是一位名叫提洛普·基图尔（Tirop Kitur）政治犯的母亲。① 这一运动为旺加里在全国范围内赢得巨大威望，使得她被视作政治改革和人权的坚定鼓吹者。警察殴打妇女抗议者，而很多妇女为了羞辱警察而裸露胸部。这样的照片刊登出来之后，使得更多的公众谴责政府，正如旺加里所写："当母亲们被打时，她们愤怒而沮丧地表示'我赤裸地面对你们，我若是我儿子，定会因你侮辱我而诅咒你'。"② 尽管政治监禁在 1994 年死灰复燃，但是自由之角的妇女行动暴露出，政府实际上是外强中干，它再也无法限制新的社会运动出现。

旺加里等组织和个人的成功，部分原因在于她们能够利用全新的大众交流方式。政府对于电台和电视的控制以及对于报纸的强烈影响，这些意味着反对观念的传播十分困难。例如，姆瓦肯尼亚主要依靠小册子进行宣传，印刷量非常小，主要在内罗毕以及周围地区传播。"沉默最令人感到痛苦，"旺加里在 1990 年 1 月表示，"独

---

① Abantu for Development, *The Other Side of Prison: The role of women left behind*, Nairobi, 2004, p. 71.

② Wangari Maathai, *Unbowed: One woman's story*, London, 2008, p. 221.

裁就是这样制造出来的。"① 随着政府对于肯尼亚社会和经济影响力衰退，沉默也随之被打破。企业家们乘机创办报纸、电视台以及调频电台，事实证明调频电台更为重要。例如，肯尼亚电视网组建于 1990 年，这家私营企业成为国营肯尼亚广播公司竞争对手。这些媒体渠道为肯尼亚人的讨论创造平台，民众在这里批评政府执政表现，甚至讨论莫伊的接替者。

"谁杀死了鲍勃"

20 世纪 90 年代初，在社会运动风起云涌、国际社会同情改革以及媒体自由化情况下，莫伊所面临的最大挑战是如何继续生存下去。尽管面临着这些全新挑战，政府仍然试图按照以往方式进行回应。限制媒体自由、运用政治监禁，这是过去十二年时间里莫伊屡试不爽的手段。但凡刊登批评政府、主张多党制文章的杂志都会遭到罚没，而且政府还试图攻击当时最具影响力的杂志《内罗毕法律月刊》(*Nairobi Law Monthly*)。该杂志主编是吉托布·伊玛尼亚拉，该刊经常登载反对派领导人和主张改革的律师的主题文章，并成为批评政府的主要声音。1990 年 7 月，伊玛尼亚拉被拘禁了三个星期，他的律师菲洛奇·诺罗基则于次月被指控藐视法庭。

为维持统治精英凝聚力，政府试图采取非常手段来维持优势地位。1990 年 2 月 15 日，外交部部长罗伯特·奥考的尸体在基苏木住处附近被发现，尸体部分烧伤，头部中弹。在后殖民时代肯尼亚政治生活中，奥考地位举足轻重。奥考精明睿智，待人友善，曾在独

---

① Robert Press，"Kenyan democracy shows strains"，*Christian Science Monitor*，30 January 1990，p. 4.

立后担任公务员，然后当选议员进入政府。在肯人盟遭取缔之后，他在消弭卢奥族内部分歧方面发挥了重要影响。然而，他并非自由派或者天生改革者：1989 年 11 月，他曾经在挪威的新闻发布会上表示，一直批评莫伊侵犯人权记录的大赦国际，"已经成为半真半假地报道和弥天大谎的主要传播者"。① 然而，奥考非常清醒地认识到肯尼亚急需某种形式的变革。

奥考尸体是在失踪三天之后被发现的。失踪前，他刚刚陪同莫伊访问美国并与美国国务院官员进行会谈。在遇害前数月，奥考与内阁同事和总统关系变得十分糟糕。对于政府最高层持续存在的腐败，奥考和比沃特有着截然不同的看法。奥考认为，肯尼亚统治者必须考虑到国际社会对于政府腐败的批评声音。他还认为，官员腐败妨碍了肯尼亚与包括美国在内的捐助国缔结友好关系。1990 年 2 月，莫伊及其部长们在访问华盛顿期间所受到的冷遇，也证实了他的这一观点。比沃特则认为，政府能够渡过难关。莫伊将比沃特视作他最亲密的政治盟友，倾向于赞成他的观点。对于代表团在华盛顿寻求发展援助所遭到的冷遇，比沃特视而不见，他仍然固执地认为，恩庇和腐败网络是支撑莫伊政府的基础，它必须保持完好。

在奥考尸体发现后不久，官方声称他是自杀，先是试图自焚，后又开枪自杀。没人相信这一欲盖弥彰的谎话，抗议活动随之而起。为了缓和局势，莫伊命令深入调查。伦敦警务厅的约翰·特鲁恩（John Troon）被请来重新调查。特鲁恩说服英国最为著名的病理学家伊恩·韦斯特（Iain West）一同前往。按照韦斯特的说法，二人

---

① BBC Monitoring SWB, "Kenya's Ouko says Amnesty peddler of 'Outright Lies'", 27 November 1989.

在调查结束之后得出结论称"罗伯特·奥考是被另一人射杀……随后尸体被人点燃"。① 特鲁恩强烈要求调查总统办公室常务次官赫齐卡亚·奥尤基（Hezekiah Oyugi）和尼古拉斯·比沃特（Nicholas Biwott）。尽管奥尤基和比沃特随后都被逮捕，但是都因证据不足而很快获释，而特鲁恩报告也被压了下来。按照美国使馆说法，比沃特是"肯尼亚最令人恐惧害怕的人物"，史密斯·亨普斯通（Smith Hempstone）和奥尤基"控制着全国特工网络、线人和暴徒"，并且"掌握着几乎每个肯尼亚人的生杀大权"。面对着公众压力，他们三人最后"被迫从政府辞职"。② 前地区专员乔纳·安古卡（Jonah Anguka）曾经和奥考长期共事，遭到拘押候审长达三年时间，直至1994 年无罪释放。安古卡后来声称，"政府试图寻找替罪羊来掩盖奥考杀人真凶，对于他们来说，我很容易就成为他们的目标"③。

大量调查也未能弄清杀害奥考的真凶及杀人动机。亨普斯通认为，奥考很可能是在位于科鲁（Koru）的家中被抓，在内罗毕的刑事调查署总部遭受酷刑之后，又被带到了内罗毕的国家宫。亨普斯通写道，"莫伊曾亲自打了奥考"，因为他觉得美国之行受到冷落。亨普斯通称，奥考次日又被带回国家宫，"倒在了莫伊面前"。

据说有人掏出手枪朝奥考头部开了两枪，大多数人认为开枪人是比沃特，而所有这一切都是当着莫伊的面。据说，总统命令用刑事调查署直升机将尸体运回科鲁，并烧毁尸体掩盖他

---

① Chester Stern, *Dr Iain West's Casebook*, London, 1997, p. 99.

② Smith Hempstone, *Rogue Ambassador: An African memoir*, Sewanee, TN, 1997, p. 65.

③ Jonah Anguka, *Absolute Power: The Ouko murder mystery*, London, 1998, p. 12.

的枪伤。①

亨普斯通的指控是否属实，已经无从证实。关于莫伊时代的肯尼亚政治文化，科恩和奥德海姆博的《知识的危险》一书或许是最令人震惊的描述，书中专门有一份关于奥考谋杀案的各种争论的情报分析，作者在书中承认，"我们无法确定罗伯特·奥考的死因"②。很多证人离奇死亡，因此很难确定他的死因。然而，多数肯尼亚人清楚幕后指使者是谁。在全国范围内的游行示威中，尽管民众们呼喊着"谁杀死了鲍勃？"的口号，但是他们心里清楚杀人真凶是谁。民众们对于游行示威者的呼喊听在了心里，镇压反对派、驱赶竞争对手的老把戏显然已经过时。莫伊必须找到新的方式手段。

萨巴萨巴

随着冷战结束，奥考遇刺案暴露出政府腐败无能，查尔斯·鲁比亚和肯尼斯·马蒂巴察觉到一党制国家时日不多了。正如这两位资深政客在 1990 年 4 月所说："既然这一制度在世界上大多数国家已经消失，肯尼亚领导人最好顺应这一不可避免的潮流。"③ 他们与奥金加·奥廷加、他的儿子拉伊拉以及忠诚的盟友阿钦·奥尼科等举行会谈，一同商讨恢复多党制宪法的下一步举动。反对派领导人计划在内罗毕卡姆昆吉广场举行公众集会，在殖民时代这里曾经举行过很多富有历史意义的抗议示威。他们确定日期为 7 月 7 日 ［7 月

---

① Hempstone, *Rogue Ambassador*, pp. 69－70.

② Cohen and Atieno Odhiambo, *Risks of Knowledge*, p. 32.

③ Kenneth Matiba and Charles Rubia, "One party system stifles criticism ruthlessly", *Nairobi Law Monthly*, April/May 1990, p. 37.

7 日的斯瓦西里语是"萨巴萨巴（saba saba）"，这一事件由此得名]。随着示威日期的临近，改革运动所获得的支持逐渐增强。据一位名为卡里乌基·加蒂图（Kariuki Gathitu）的前政治犯所说，酒吧顾客点啤酒时会说"还是来两瓶（mbili mbili kama kawaida），这里暗含的意思是两党而非一党。"加蒂图所在的内罗毕的沙里莫约（Shauri Moyo）地区的维纳斯酒吧（Venus Bar）"一直不停地播放的歌曲是'够了够了，让我们分手吧'（*Reke Tumanwo*）"。[1] 总统对此感到害怕。"仁慈的时间已经结束，"莫伊警告说，"我得对这些人尽快采取行动。"[2] 然而，当局拒绝批准 7 月 7 日集会，这对于民主活动家来说无关紧要，这种明显的行政干预似乎已经过时。

即便政府镇压反对派领导人，这也无法打击反对派支持者的热情。在原定集会前几日，马蒂巴和鲁比亚被捕入狱。律师约翰·哈敏瓦赫（John Khaminwahe）、穆罕默德·易卜拉欣（Mohamed Ibrahim）以及拉伊拉·奥廷加、吉托布·伊玛尼亚拉等人一道遭到逮捕。另一位著名的人权律师吉布森·卡马乌·库里亚逃往美国大使馆寻求庇护，而后离开肯尼亚。然而，到 7 月 7 日中午过后，成千上万人聚集在卡姆昆吉广场。他们决心庆祝与政府的公然对抗，不过这种欢乐气氛很快就消散了。正如一位目击者所说："当人们看到刑事调查署之后，就变得更为愤怒，朝着他们指指点点，说他们是来当间谍的。他们决定把这些人赶跑，事态因而恶化。"[3] 防暴警察向人群发动攻

---

[1]　Kariuki Gathitu，"Kamukunji：The Kenyan Tiananmen"，*Nairobi Law Monthly*，July 1992，p. 25.

[2]　"Detentions and after：Crackdown on multi‐party advocates is followed by riots in Nairobi and several other towns"，*Weekly Review*，13 July 1990，p. 4.

[3]　Africa Watch，*Kenya：Taking liberties*，New York，1991，p. 61.

击。亲民主的支持者高呼对于多党制的支持，要求释放马蒂巴和鲁比亚，并伸出手指做出代表胜利的"V"字形手势，这一手势很快就成为民主运动的标志。警察用催泪弹回击。接下来两天，暴力事件席卷内罗毕周边地区。公共交通工人也加入抗议举行罢工，整座城市陷入瘫痪。到周一时，中部省和纳库鲁主要城镇出现暴力的反政府抗议活动。作为回应，莫伊签发命令，允许安全部队使用杀伤武器来镇压示威活动。政府镇压导致20多名抗议者被杀，另有上千人在抗议和暴力镇压过程中遭到逮捕。

政府则毫无悔意。政府高级官员声称，抗议示威者参与推翻政府的基库尤人密谋，幕后主使是马蒂巴和鲁比亚。"我们今天所看到的绝对是蒙昧的部落行径。"比沃特于7月7日表示。① 然而，很少有人同意这一说法。对于宗教领袖来说，7月初的暴力事件似乎"是深层次的贫穷和民众缺少政治参与的表现"。② 尽管教士和其他改革支持者希望"萨巴萨巴事件"成为转折点，不过这一事件只是政治暴力新篇章的开端。政府对于示威活动的镇压，向政党强硬派释放出明确信号，表明政府暴力将不再仅仅用于麻烦不断的索马里人或者某些个别的异见人士。相反，这是每个希望保住自己议会席位的政客都可以使用的手段。在"萨巴萨巴事件"后，这些政客措辞变得更加刻薄狠毒。威廉·奥里·恩提玛玛（William Ole Ntimama），一位富有争议的马赛族重要政治人物，呼吁支持者要狠狠打击渗透到纳罗克地区的多党制支持者。明眼人一看就看出，他这里所说的是基库尤人，因为正是这些基库尤人被认为是反对派主要

---

① "Detentions and after: Crackdown on multi-party advocates is followed by riots in Nairobi and several other towns", Weekly Review, 13 July 1990, p. 3.

② "Lobbying for dialogue", *Weekly Review*, 20 July 1990, p. 14.

支持者。此后不久，恩提玛玛支持者四处抓捕亲民主的"第五纵队"，在纳罗克的一个村庄里，共有两人被杀。① 恩提玛玛和肯盟领导人一样，都企图通过肯尼亚人相互争斗的方式来击败反对派，从而确保自己地位稳固。

回归多党制

1990—1991 年，政府试图通过承诺肯盟内部改革来削弱民众对于反对派的支持。然而，政党机器已名存实亡，因而无法承担必要的改革使命，更无法满足民主需求。早已不耐烦的奥金加·奥廷加试图推动变革。奥廷加曾经于 1991 年 2 月组建起新党，不过遭到政府阻挠，因而只是昙花一现。8 月份，奥廷加再次尝试。奥廷加与马辛德·穆利罗、马丁·什库库和乔治·恩森格（George Nthenge）等政坛老将共同宣布成立恢复民主论坛（Forum for the Restoration of Democracy，FORD）。他们告诉记者，"我们是独立斗争的领导者"，"我们是独立宪法缔造者，而这是肯尼亚自由和公民解放赖以存在的基石"。② 恢复民主论坛得到莫伊统治反对力量的广泛支持，这些反对力量在此前数年里逐渐联合起来。总统的反应可想而知，他谴责恢复民主论坛是"以制造政治动荡为目的的非法政治组织"。③ 穆利罗被短期拘禁，但是很快就获释，其他著名反对派领导人，例如拉伊拉·奥廷加和保罗·穆伊特，也遭到政府安全官员骚扰。然而，这些伎俩无济于事。

---

① "Magugu's gaffe", *Weekly Review*, 20 July 1990, p. 15.

② Wachira Maina and Chris Mburu, "The Forum for Restoration of Democracy in Kenya", *Nairobi Law Monthly*, August 1991, p. 16.

③ "FORD fights on", *Nairobi Law Monthly*, September 1991, p. 10.

在 11 月中旬一次重要集会前，恢复民主论坛领导层遭到逮捕。不过，对于全国范围内多党制的抗议示威而言，这无异于火上浇油。恢复民主论坛领导人被押回各自家乡举行保释听证会，他们在这里被当作荣归故里的英雄人物。在基安布，警察动用催泪瓦斯驱赶法院外面的保罗·穆伊特支持者，而这些民众毫不畏惧，引吭高歌，群情激愤。吉托布·伊玛尼亚拉的保释听证会是在梅鲁举行。听证会举行时，法庭完全被恢复民主论坛支持者的歌声和欢呼声所淹没。对于穆伊特和恢复民主论坛其他年轻人在接受审判时的表现，很多肯尼亚人深受感动。万比·奥蒂埃诺在回忆录中写道，"在他们身上，我看到了以往独立斗争时期的精神"。"当我看到他们的毅然决然，我明白我不是一个人在战斗，其他人也会和我一道揭穿莫伊的真面目。"① 恢复民主论坛领导人的反抗，以及他们所得到的当地民众的支持，这些似乎进一步证明了多党制必将胜利。

11 月 26 日所发生的事件，似乎最终证明民主成功在望。经过大量讨论，外国政府最终达成一致，决定运用援助来支持肯尼亚实行多党制。副总统兼财政部长乔治·赛托蒂（George Saitoti）飞赴巴黎与捐助国政府举行会晤，与此同时，莫伊以谋杀奥考的罪名命令逮捕比沃特和奥尤基，他非常担心西方国家切断援助。然而，这一命令来得太晚。捐助国通知赛托蒂，新的外国援助协议将会暂停六个月，以后的援助"将取决于实施经济和社会改革的明显进步"。② 莫伊对此言听计从，于 12 月 3 日宣布废除一党制。

莫伊毫不掩饰自己在做出这一决定时的反感情绪。就在议会修

---

① Waiyaki Otieno, *Mau Mau's Daughter*, p. 210.

② Hempstone, *Rogue Ambassador*, pp. 254–255.

改宪法接受多党制的前几天，莫伊在内罗毕一次集会上谈论"多党制这样的垃圾"。他将民主描述为"非洲人难以承担"的"奢侈品"，警告肯尼亚人不要听信反对派领导人："他们希望看到你们拼得你死我活，而这是我所不希望看到的。"① 莫伊的意思清楚明确。在总统看来，在缺少强有力的、集权化的一党制政府情况下，肯尼亚的贫穷和族群分歧使得暴力不可避免；对于肯尼亚而言，民主意味着族群流血冲突。总统在此后数年里的所作所为，使得这些话听起来似乎是一种预言。

尽管只是半心半意，不过莫伊宣布的这一消息使得改革派欢欣鼓舞。在官方允许的恢复民主论坛第一次公众集会上，奥金加·奥廷加向卡姆昆吉地区民众发表演讲，告诉他们"我们今天品尝到自由的滋味"。② 然而，民主运动推动者也认识到政治改革只是推翻威权主义的第一步。在 1992 年 1 月新年公开信中，天主教主教表示欢迎多党制的恢复。"我们的新时代到来了。"他们写道。③ 不过，主教们也要求结束贪污腐化、践踏人权、操纵宪法和煽动暴力等勾当。④ 主教们注意到，随着改革加速推进，滥用权力和犯罪行为非但没有减少，反而变得更多。

---

① BBC Monitoring SWB，"Moi reportedly says multi – party system soon but says pluralism a luxury"，2 December 1991.

② "Kamukunji FORD rally attendance stuns Kenyans"，*Nairobi Law Monthly*，January 1992，p. 20.

③ Catholic Bishops of Kenya，*Kenya* 1992：*Looking towards the future with hope*，Nairobi，1992；Catholic Bishops of Kenya vertical file，Herskovits Library，Northwestern University.

④ Ibid. .

暴力的开端

随着多党制讨论日渐增多，以往（不过同样令人担忧）的讨论重新浮出水面。在 1964 年肯人盟并入肯盟后，作为国家政治辩论主题的"马金博主义"基本消亡。比沃特的亲密盟友，来自瓦吉尔的议员努尔·阿卜迪·奥格莱（Noor Abdi Ogle），重新挑起了关于这一话题的讨论。在 1991 年 7 月议会演讲中，奥格莱明确将马金博主义的实施与肯盟和一党制的生死存亡联系起来。在他看来，权力下放将满足大多数肯尼亚人求变的心理预期，因此将会消除民众对于多党制的支持。奥格莱和其他人还希望，在全球化的政治变革时代，分权将使得肯盟和一党制国家得以生存。数周以后，奥格莱的想法也得到来自卡伦金族的约瑟夫·米索伊（Joseph Misoi）议员支持，米索伊同时是一名副部长和总统盟友。奥格莱和米索伊也得到政府其他主要支持者帮助，包括纳库鲁地区议员埃里克·波密特（Eric Bomett），以及海岸省资深政治家和肯盟蒙巴萨支部负责人谢里夫·纳西尔（Shariff Nassir）。

此后数周内，资深的卡伦金族政治领导人在裂谷省举行了一系列公众集会。在亨利·科斯基等内阁部长和议员领导下，这些会议做出多项决定。这其中包括警告恢复民主论坛领导人不得进入裂谷省，并警告除马赛族和卡伦金族之外的肯尼亚人，要待在自己所在省份。马纳西斯·库里亚（Manasses Kuria）主教对此感到沮丧："这是肯尼亚人在大约三十年前所拒绝的制度。为了对抗多党制诉求而恢复这一制度，这一想法本身危害甚大。任何可能导致不和谐、冲突和混乱的都是罪恶的；这是极其恶劣的。"① 库里亚的担心反映出肯尼亚人对于新出现的"马金博主义"所造成暴力威胁的担忧。

这些威胁最早表现在 1991 年 10 月南迪地区美提提（Meteitei）农场。这是裂谷省西部农场的一个典型代表。它曾经是白人移民财产，随后被分给了小土地所有者及其家庭。美提提农场居住着不同族群的民众。由于该农场邻近尼扬扎省，大量的卢奥族人也在此定居——这令当地的卡伦金人感到懊恼，因为他们认为这片土地应该属于自己。除了这些争端外，美提提农场在数年里一直因为土地分配方式的分歧和仇恨而动荡不定。卡伦金居民认为他们遭受到极不公正待遇，因此于 1991 年展开报复行动。随着暴力的蔓延，卢奥人被卡伦金年轻人赶走。数天时间里，暴力很快就从美提提扩散到其他的南迪地区定居点，进而蔓延到邻近的凯里乔和基苏木地区。到 11 月底，共有 6 人在冲突中被杀，将近 2.25 万人无家可归。学校关门，家园被毁，财产遭窃。

暴力事件的政治环境显而易见。宗教领导人正确认识到暴力绝非偶然。"这些悲剧事件是事先策划好的"，纳库鲁的天主教主教拉斐尔·恩丁格·姆瓦纳·阿·恩泽克（Raphael Ndingi Mwana a' Nzeki）尖锐地批评道，引发这些事件的导火索，正是那些信奉"马金博主义"的政客们，"他们在卡普萨贝特（Kapsabet）、卡普卡提特（Kapkatet）、凯里乔和纳罗克等地散播不负责任的言论"②。任何人都清楚，未来选举结果将取决于裂谷省，因为这里占到了所有议会

---

① Njehu Gatabaki, "Peace: Interview – the Most Rev. Manasses Kuria", *Finance*, 16 – 31 October 1991, p. 37.

② "The Nandi clashes 'a very dirty affair'", *Nairobi Law Monthly*, November 1991, p. 19.

席位将近四分之一。然而，由于基库尤族、卢亚族和卢奥族领导人是反对派的主要构成，因此肯盟领导层担心，在裂谷省，属于这些群体的人口将会转向民主恢复论坛一边。总统和来自该地区的议员为此忧心忡忡。卡伦金族、马赛族、图尔卡纳族以及桑布鲁族中间的亲政府派宣布，他们是裂谷省土著居民的代表。他们要求驱逐卢亚族、卢奥族和基库尤族居民。这无异于"裂谷省的种族清洗"。[1]

在裂谷省，对于议员和竞选人个人而言，这一策略颇具诱惑力，因为可以借此除掉选区内可能的反对派支持者。在总统看来，暴力成了将竞争对手支持者从这些省份赶走的手段。按照宪法修正案要求，以后总统竞选中的当选者不仅要争取全国范围内的选票，而且要获得至少 8 个省份中 5 个省的四分之一选票。反对派支持者倘若以惨败的结果被挤出裂谷省，那么莫伊的任何一位竞争对手都很难达到最低标准。[2] 然而，政府所关注的不仅仅是数字，它还希望彻底贬损民主观念。"随着多党制到来，部落冲突也就开始了，"莫伊在 1992 年 1 月底警告肯尼亚人，"我早就警告过这样的暴力事件可能发生"。[3] 他希望投票人把这一切都归罪于反对派带给肯尼亚无谓的苦难，并使得族群暴力得以发生。这也就是政治学家帕特里克·沙巴尔（Patrick Chabal）和让-帕斯卡尔·达洛（Jean-Pascal Daloz）所说的"作为政治手段的混乱，政府出于政治目的考虑而故意煽动暴

---

[1]　National Election Monitoring Unit（NEMU），*Courting Disaster：A report on the continuing terror，violence and destruction in the Rift Valley，Nyanza and Western Provinces of Kenya*，Nairobi，1993，p. 5.

[2]　Republic of Kenya，*Report of the Judicial Commission Appointed to Inquire into Tribal Clashes in Kenya*，Nairobi，1999，p. 91.

[3]　NEMU，*Courting Disaster*，p. 12.

力事件"。①

　　受害者们对于暴力政治的危害有着切肤之痛。反对派领导人怀疑肯盟九二青年团（the Youth for KANU'92）参与煽动和组织暴力。肯盟九二青年团领导人是赛勒斯·吉隆格（Cyrus Jirongo），一名与莫伊家族关系密切的商人，他被指控涉嫌 20 世纪 90 年代初多起腐败丑闻。据南迪的一起纵火案受害人所说，"他们告诉我叔叔，倘若没有参与恢复民主论坛的集会，那么你就是我们这边的人——如果是我们的人，那就必须帮我们放火烧房"②。随着次年选举临近，暴力事件席卷肯尼亚西部。"这是最为紧张的圣诞节"，卡卡梅加的一名居民写道：

　　　　当人们在庆祝耶稣基督生日时，房屋被纵火犯们点燃……这是一场弓箭之战……多人被杀，还有很多人受伤。

另外一人描述说：

　　　　人们在道路上带着弓箭走着，妇女们则背着家什寻找避难所。这是南迪人与卢亚人之间的冲突，这样的冲突随处可见。少数被抓到的南迪人说是政府中的当权者派他们来的。③

　　在卡卡梅加共有 12 人被杀，大约 100 人受伤，另有成百上千人无家可归。

---

　　①　Patrick Chabal and Jean‐Pascal Daloz, *Africa Works: Disorder as political instrument*, Oxford, 1999.

　　②　"The Nandi clashes 'a very dirty affair'", Nairobi Law Monthly, November 1991, pp. 19–20.

　　③　Kiraitu Murungi, "Kenya's dirty war against multiparty democracy", *Nairobi Law Monthly*, January 1992, p. 29.

令人感到惊奇的是，鉴于暴力攻击的暴烈程度，竟然有很多人存活下来。教会神职人员目击了 12 月 26 日卢亚人在埃尔贡山（Elgon）以东恩德贝斯（Endebess）农田附近遭受袭击的场景。当天晚上八点钟，袭击者向目标家庭射击，他们喊着战斗口号。听到卡伦金年轻人冲过来，这些卢亚人逃离房屋。从家中逃出来晚的人被箭射中，但是当这些年轻袭击者进来时发现大部分房子空空如也。侵入者洗劫房子里的财物，然后放火烧掉了房子、谷仓和地里的庄稼。当一些居民第二天返回时，他们昔日的家园已被夷为平地。除了前往基莫杜（Kimondo）和恩德贝斯小镇之外，他们别无选择。成千上万的难民从废墟里寻找材料来搭建简易棚屋。[①]

反对派领导人和公民社会知名人物要求政府为遭受攻击的族群提供保护。马辛德·穆利罗吁请莫伊"约束卡伦金族群在肯尼亚西部的政治把戏"——但是并未奏效。事实上，有大量证据表明政府参与了这些暴力事件。正如天主教主教们所认为的：

> 安全部队在恢复和平的过程中并非毫无私心。相反，他们的态度似乎表明，他们得到上级命令，要求他们只针对特定族群……政府很难说对于这些暴力冲突不负任何责任。[②]

1992 年初，一个议会特别委员会做出调查，谴责政府各部门。省政府官员"直接参与或者教唆其他人实施暴力行径"。安全官员和

---

① National Council of Churches of Kenya（NCCK），*The Cursed Arrow：Contemporary report on the politicised violence in the Rift Valley，Nyanza and Western Provinces*，vol. 1，Nairobi，1992，p. 6.

② Catholic Bishops of Kenya，A Call to Justice，Love and Reconciliation，Nairobi，1992，pp. 4 - 5；Catholic Church Kenya vertical file；Herskovits Library，Northwestern University.

司法部门不愿惩处这些罪魁祸首，并且"在处理冲突时，多次表现偏袒不公"。国营媒体"并未向公众传递全面的讯息"。最后，议会报告明确指出，暴乱是由政客们煽动。①

政府极力阻挠调查顺利进行以及终止暴力的努力。议会发言人乔纳森·恩盖诺（Jonathan Ng'eno）先后四次阻挠议会围绕这一话题展开讨论。恩盖诺随后被控涉嫌为冲突煽动者提供训练和装备。② 政府最高层对于受害者处境的漠视也反映在安全部队和司法机构。南迪地区暴力冲突的一位受害者告诉媒体：

> 这里的警察大多是南迪人——他们要么旁观，要么视而不见。我去找副局长，他让我去找局长，而局长则让我去找地区警长。我去找地区警长，警察却把我轰了出来。③

在以产茶而闻名的凯里乔通往湖边城市基苏木之间的交通要道上，有一个名叫科古塔（Koguta）的居民点。这里的警察和地方官员用恢复民主论坛"V"字形手势嘲讽遭受袭击的受害者，并告诉他们："怎么不让恢复民主论坛来帮你们。"④ 法庭也没有公正对待受害者，煽动暴力者在交纳保证金之后就会获释，而对于上千名被指控涉嫌暴力活动者也是轻判了事。不管怎样，司法体系腐败和政治操纵早已侵蚀了肯尼亚人对于法庭的信心。正如埃尔贡山暴力活

---

① National Assembly, *Report of the Parliamentary Select Committee to Investigate Ethnic Clashes in Western and Other Parts of Kenya*, Nairobi, 1992, pp. 79–81.

② NEMU, *Courting Disaster*, p. 9.

③ "The Nandi clashes 'a very dirty affair'", *Nairobi Law Monthly*, November 1991, pp. 19–20.

④ NCCK, *The Cursed Arrow*, p. 7.

动的一位受害者所说："我们并未想过要上法庭。我们压根就没有想过。"① 试图调查冲突的新闻记者遭到骚扰，而政府会以紧急状态法案为由来限制记者进入暴力发生地区，人权活动家也被阻止在这些地方自由活动。莫伊政权是在为了生存而战。

大量关于相关暴力事件的分析都强调，政府车辆被用来向受影响地区运送劫掠者。这表明议员和当地政府官员要为组织和推动袭击事件负责。② 例如，在尼扬扎颂杜（Sondu），攻击卢奥族居民的袭击者可能不是当地卡伦金人。这些袭击者是从邻近裂谷省运来，很有可能是从莫伊家乡巴林格。③ 这些袭击者通常是拿报酬的：一位证人在稍后议会质询中说道，"每杀一个人，他能得到 1000 肯尼亚先令（16.67 美元），每烧一座房子得到 600 先令（10 美元）"④。尽管骚乱是由外来人所引发的，但是暴力很快就在族群内部获得动力支持。事实证明，暴力受到裂谷省卡伦金族广泛欢迎，尽管这一说法可能令人感到不安。

土地、族群与暴力

裂谷省、西部省和尼扬扎省所发生的政治暴力，常常是政府高层与当地民众联合的结果。我们很容易谴责莫伊和他的部长们是 20 世纪 90 年代暴力事件的策划者，但是这并不能解释为何很多平常的肯尼亚人也参与其中，或者心照不宣地支持冲突。我们在解释这一暴力时，倘若仅仅关注于即将发生的选举和高层政治，很容易犯一

---

① African Rights, *Kenya Shadow Justice*, London, 1996, p. 81.
② NEMU, *Courting Disaster*, p. 8.
③ NCCK, *Cursed Arrow*, p. 10.
④ National Assembly, *Report of the Parliamentary Select Committee*, p. 51.

个错误，就是将暴力活动的参与者描述为政治舞台上令人害怕的傀儡。倘若自下而上来看，我们就会理解，冲突是解决因土地而引发的不满的一种方式。

这些不满至少包含着两个历史层面。这其中最为深刻的层面是殖民剥夺的历史记忆。20 世纪初欧洲农场主定居以及兼并非洲人土地，仍旧是裂谷省地方政治辩论中的热点话题。例如，卡伦金族领导人声称他们之所以将卢亚人赶出跨恩佐亚地区，是因为早在殖民征服之前，这片土地已经属于波克特人（Pokot）。波克特人是卡伦金族的一支。波克特族年长者曾向肯尼亚、英国以及联合国土著居民工作小组提出过这一诉求。在写给英国高级专员公署的信中，波克特族年长者以殖民时代地图作为寻求补偿和赔偿的依据，他们认为自己被"赶出"了现在的跨恩佐亚地区。①

后殖民时代安置计划进一步加剧了殖民时代兼并土地所导致的仇恨。桑布鲁、马赛等族群以及卡伦金人各支都认为，在独立后，肯雅塔政府并未允许他们收回被窃取的世代相传的土地，而是将这些土地分配给了基库尤族农民。一位卡伦金人告诉人权观察组织下属的非洲观察小组（Africa Watch），"独立之时，肯雅塔将所有土地都给了基库尤人，而卡伦金人一无所获，因此卡伦金人现在必须收回土地"②。很多卡伦金人、桑布鲁人和马赛人担心反对派的胜利将会导致卢亚人、卢奥人和基库尤人在裂谷省的扩张。

除了土地纷争的历史之外，20 世纪 90 年代暴力事件也是由一系列围绕着土地获取而展开的地方竞争所导致。这也就很容易解释肯

①　"Pokot elders want borders reviewed", The Clashes Update, June 1996, pp. 1 - 2.
②　Africa Watch, *Divide and Rule*: *State - sponsored ethnic violence in Kenya*, New York, 1993, p. 88.

尼亚人在试图解决争端时为何会诉诸暴力，而非现有的国家制度或者法律机制：这些制度或机制早已声名狼藉。肯雅塔时代和莫伊时代差异在很大程度上是被莫伊批评者所夸大的；然而，在某些方面的政策和制度上，1978 年之前与之后的确存在着关键差异。土地政策就是其中一个重要领域。

对于裂谷省和其他地方的安置方式，不管我们如何评价，至少它看起来是有组织的，并且得到官僚机构支持。其结果是，土地所有者感到自己的土地诉求是安全的。正如 1971 年关于这一问题的一项研究所证实的，财产所有者"并未感到不安全，或者担心丧失自己的大部分土地"。[①] 然而，随后几十年里这一信心逐渐消失。到 2001 年，东山再起的查尔斯·恩乔恩乔所做的一项调查发现，"土地法管理的整体失败，以及政府官员在土地事务上滥用权力"，而政府对此熟视无睹。[②] 其结果是：

> 现存的土地争端解决机制拖沓无能、腐败不堪、裙带主义、叠床架屋，从而导致冲突、混乱和低效的官僚制度。因此，公众对于这一制度已经丧失了信心，他们在土地争端解决机制中参与程度较低。[③]

由于无法诉诸正式国家制度来解决土地争端，很多肯尼亚人只

---

① Rodney Wilson, "The economic implications of land registration in Kenya's smallholder areas", staff paper no. 91, Institute for Development Studies, University of Nairobi, February 1971, p. 21.

② Republic of Kenya, Report of the Commission of Inquiry into the Land Law System of Kenya on Principles of a National Land Policy Framework, Constitutional Position of Land and New Institutional Framework for Land Administration, Nairobi, 2002, p. 7.

③ Ibid. , p. 78.

好通过其他途径来解决分歧。

土地所有权危机是莫伊政府一手造成。随着经济衰退，政府和公共领域萎缩，土地成了值钱的硬通货，莫伊政权可以借此收买关键的盟友。到 20 世纪 90 年代，政府为了政治恩庇而肆无忌惮地攫取土地，如同殖民时代以来任何时期一样；杰奎琳·克洛普把这称作"狂热攫取土地"时代。[①] 对于很多臣属未能有效控制土地，莫伊政府无情地加以利用。在全国范围内，成千上万民众依靠数十年前订立的不成文协议而获得土地。20 世纪 80 年代末，政府开始正式登记土地拥有情况并注册土地产权，地方政府和有权势的个人趁机会盘剥城镇和农村民众。例如，在纳罗克的泛马拉地区，吉西人（Kisii）和卢奥人家庭被赶出已经劳作数十年的土地。大量吉西人居住在吉西和纳鲁克交界处。吉西人农民当初有两种获取土地的方式：或是以不成文的方式与马赛人订下的长期合同；或是购置土地。然而，无论是租用或者购置土地，都没有官方文书。[②] 约翰·凯泽（John Kaiser）神父在 1986 年、1987 年观察到，在靠近吉西和纳罗克地区交界处，这里属于他的教区，"成千上万的吉西人经过尼扬古苏（Nyangusu）和拉马沙（Ramasha），带着所有他们能带的家什，他们恐怕要作为难民开始新生活"[③]。他们所留下的土地很快就被人侵占。1989 年至 1993 年间，泛马拉地区共签发了超过 837 件地契，

---

① Jacqueline Klopp, "Pilfering the public: The problem of land grabbing in contemporary Kenya", *Africa Today*, 47 (1) (2000), pp. 7 - 26.

② John Rogge, *The Internally Displaced Population in Kenya*, *Western and Rift Valley Provinces: A need assessment and a program proposal for rehabilitation*, Nairobi, 1993, p. 34

③ John Kaiser, *If I Die*, Nairobi, 2003, pp. 27 - 28.

并且已经在筹划分割集体牧场并划定私人土地的界限。①

这样的场景在全国范围内十分普遍。埃尔多雷特主教亚历山大·穆格（Alexander Muge）谴责埃尔贡山、尼耶利和内罗毕出现的"残暴而又违法的"驱赶事件。② 1990 年最后几周里，政府强制拆除首都周围一系列非正式的安置点，借口是保障安全和公共卫生。将近 1500 家企业，主要是摊棚店铺被拆除，超过 4.5 万人无家可归。在数小时时间里，以往还是熙熙攘攘的街面很快就被夷为平地。大多数情况下，这些清理之后的土地四周很快就竖起围栏并被卖给私人开发商，而这些地块原本属于公有土地。③

特别是那些在独立之后迁入裂谷省的移民，他们尤其容易成为被强制驱赶的对象。如同纳罗克的吉西居民一样，冲突的大多数受害者并没有地契来证明自己是被抢占土地的主人。暴力受害者处于弱势地位，这其中原因较为复杂：或是由于调查的延误；或是因为地方政府的无能，因为它们一贯收受贿赂，并且受到裙带主义的影响；或者是因为农民并未偿付购买土地的贷款（但是这需要在签发土地所有权之前解决）。④ 在纳库鲁地区，很多农民的土地要么通过大型合作社购买，要么是由恩格瓦塔尼洛这样的大型土地购买公司发放，他们的土地没有正式界限或者地契。⑤ 在包括埃尔多雷特镇在

---

① Office of the Vice President and Ministry of Planning and National Development, *Narok District Development Plan* 1994 – 1996, Nairobi, 1994, pp. 106, 109 – 111.

② Africa Watch, *Taking Liberties*, p. 242.

③ NCCK, *Nairobi Demolitions: What next?* Nairobi, 1991.

④ Rogge, *Internally Displaced Population in Kenya*, p. 37.

⑤ Office of the Vice President and Ministry of Planning and National Development, *Nakuru District Development Plan* 1994 – 1996, Nairobi, 1994, pp. 105, 139.

内的乌森吉舒（Uasin Gishu）地区，超过 40% 的地块并未划定界限。①

在很多地方，土地所有权登记是伴随着多党政治而发生。在南迪地区，1989 年至 1993 年间，政府总共签发了超过 3.8 万件地契。②在最先爆发暴力冲突的美提提，土地所有权的签发已经在进行之中，但是到冲突开始之后才完成，而非卡伦金族家庭被迫离开。这样一种关于土地以及未来的不确定性的冲突模式，是很多地方的共同特征。在南迪的凯里乔，当暴力活动发生时，主要针对卢奥族居民土地占有情况的调查刚刚开始。在凯里乔的科特尼（Kotetni），主要针对卢奥族家庭的当地人口土地占有情况的调查也是在暴力事件之前展开的，但是也并未签发土地所有权。同样情况也包括凯里乔的库尼亚克（Kunyak）、奥乔里亚（Ochoria）和布鲁·瑟希里亚（Buru Theselia），基苏木的科古塔和科特尼。③

对于很多卡伦金人、马赛人、图尔卡纳人和桑布鲁人来说，裂谷省的签发土地所有权将使得他们眼中外来人的存在永久化，从而威胁到他们的利益。由于恢复民主论坛可能赢得即将进行的选举，从而加剧了他们的这一担心，而这在肯盟支持者看来，将会导致基库尤人、卢亚人和卢奥族在裂谷省的地位变得更稳固。除了对于这些自称的裂谷省本土人口造成威胁外，选举也提供了重要机会。政客们手中有着充足的竞选资金（有些是通过下一章所讨论的腐败合

---

① Office of the Vice President and Ministry of Planning and National Development, *Uasin Gishu District Development Plan* 1994 – 1996, pp. 11, 19, 79 – 80, 125.

② Office of the Vice President and Ministry of Planning and National Development, *Nandi District Development Plan* 1994 – 1996, Nairobi, 1994, pp. 146 – 147.

③ Rogge, *Internally Displaced Population in Kenya*, p. 34.

同搜刮的），他们出于政治目的而排斥"外来人"，这与很多选民的期望不谋而合。经过族群清洗的裂谷省，符合总统以及他的议员和支持者们的目标。对于那些急不可耐的裂谷省本土民众而言，倘若要将他们眼中的外来人赶出争议土地，1991 年和 1992 年将是他们的最后机会。

选举

尽管暴力与选举政治紧密相关，但是在 12 月份选举前后，冲突暂时停止。由于选举观察家以及国际社会关注，肯尼亚事务备受世人瞩目。对受到暴力影响的地区，政府实施戒严，警察加强巡逻。暴力的暂时停歇使得"审核"所造成的破坏成为可能：大约 30 万人无家可归，超过 1500 人在选举日之后的 14 个月内被杀。在所有无家可归人口之中，儿童占到四分之三。由于学校关门、家庭不得不暂时借住他处，这些孩子的教育被彻底耽误了。这些背井离乡的家庭由于撇弃了赖以维生的庄稼，他们只能靠购买食物维持生计，失去了宝贵的收入来源。而那些接纳无家可归者的亲朋好友们，很快发现自己也入不敷出。[1] 撂荒导致粮食供应紧缺，联合国发展署报告描述道"有人居住、打理得很好的田地，与遭到毁坏、杂草丛生的荒芜田地，这两种地貌之间存在巨大反差"。作者写道，这是一种"真切的衰败迹象"。[2] 在埃尔贡山脚下，吉特瓦姆巴基库尤居民在受到攻击后，曾经一度兴旺的贸易中心日渐消亡。当地奶制品生产

---

① Rogge, *Internally Displaced Population in Kenya*, pp. 2–3.
② Ibid., p. 15.

彻底荒废，土地价格暴跌到暴力事件之前价格的三分之一。① 暴力的影响也表现在海滨地区和野生动物保护区。肯尼亚游客数量锐减，旅游收入下跌了一半以上。

随着冲突停息，人们将注意力转到选举上。莫伊宣布恢复多党制，这最初令人感到欣喜，因为肯盟这时似乎不大可能在选举中获胜。然而，由于反对派无法维持团结，结果使得莫伊和肯盟胜算增大。恢复民主论坛受到内部四分五裂的困扰。它所面临的首要问题是代际矛盾。自从 1991 年成立之初，最初创立这一政党的资深政治家感觉受到所谓的"青年土耳其"的威胁——来自学界、新闻界和法律界的职业群体，例如彼得·阿尼扬·尼翁戈、保罗·穆伊特和吉托布·伊玛尼亚拉。第二个层面的分裂，是反对派的根基面临着被基库尤保守主义吞噬的危险，这是随着党禁开放后党员规模急剧扩大而出现，因为随着恩乔罗格·蒙盖这样的人加入进来，他们将恢复民主论坛看作恢复肯雅塔时代的最佳工具。这些人物与政党的缔造者之间并无太多相通之处，因此威胁到它的改革主义形象。

除内部问题外，恢复民主论坛作为反对派旗手地位也面临挑战。从 1992 年 1 月起，它开始面对民主党（Dmocractic Party）这个竞争对手。民主党是由齐贝吉从政府和肯盟辞职之后创建的。在 1988 年选举之后，他被解除副总统职务，成了一名普通的政府官员，郁郁不乐。然而，齐贝吉仍然公开支持莫伊，他并不认为恢复民主论坛有机会击败肯盟，因为这就如同"试图用刮胡刀砍倒无花果树"。② 尽管如此，他的确认为肯盟必须进行改革，倘若它要继续维持执政

---

① International Commission of Jurists（Kenya Chapter）（ICJ – K），*The Political Economy of Ethnic Clashes in Kenya*，Nairobi，2000，pp. 62 – 63.

② Karume，*Beyond Expectations*，p. 262.

党地位，那就必须变得更加负责透明。然而，莫伊并不为其所动，而是盘算着开除他的这位最早的盟友；因此，齐贝吉自己选择辞职不干。

民主党得到基库尤族精英大力支持，但是在争取更为广泛的民众支持方面却受到极大限制。在恩金加·卡鲁梅关于民主党成立的描述中，政党只不过是政客们实现个人野心的工具，齐贝吉等人认定肯盟必遭失败，想要加入恢复民主论坛又为时太晚，因而没有发挥领导角色的任何机会。"想要成为恢复民主论坛的政党领导人，已经没有任何机会了，因为它已经如同一艘超载船只，头重脚轻，迟早是要沉没。"① 肯尼亚人对于齐贝吉的这番冷嘲热讽，算不上冤枉他。而且，齐贝吉较晚主张多党制，这与恢复民主论坛领导人直接面对暴政时的勇气形成鲜明对比，同时影响到民主党的声望。尽管约翰·基恩（John Keen）这位资深的马赛族政治家是民主党创建者之一，但是民主党与昔日基库尤精英的结盟，使得中部省以外投票人很难相信民主党这个新党实现了与过去的彻底决裂。而且，它在理念方面厚颜无耻地信奉精英主义。正如政治学家、齐贝吉后来的一位关键支持者基伍萨·基布瓦纳（Kivutha Kibwana）所评价的，"这将是应该能讨世界银行欢心的政党"②。

尽管民主党出现，但是倘若举行自由公平选举，可能获胜的仍然是团结的恢复民主论坛。随着选举临近，谁将会成为政党的总统候选人，这一问题变得日益紧迫。对于很多的恢复民主论坛党员来说，政党的缔造者奥金加·奥廷加是必然选择。然而，其他人对此

---

① Karume, *Beyond Expectations*, p. 263.

② "Kibaki's Democratic Party: A party the World Bank should like", *Nairobi Law Monthly*, January 1992, p. 25.

表示反对，他们更青睐于肯尼斯·马蒂巴。在因为萨巴萨巴事件被捕后，马蒂巴一直并未参与日常政治事务。在监狱服刑期间，他的健康状况受到很大影响。获释后，马蒂巴前往伦敦接受治疗，这才逐渐康复。马蒂巴最终于 1992 年 5 月 2 日返回肯尼亚，受到归国英雄般的欢迎。"从机场到市区道路上，挤满了成千上万的热情支持者，"卡鲁梅回忆道，"不熟悉肯尼亚政治的旅游观光者，可能以为是教皇来了。"① 随着马蒂巴归来，恢复民族论坛内部的紧张关系浮出水面。在基库尤人中间，他所获得的支持无人能比，但是他不愿意在即将到来的选举中给任何人打下手。相比之下，奥廷加拥有全国范围内的支持，并将选举看作弥补自己受挫败的政治命运的机会。无论是马蒂巴，还是奥廷加，他们都不打算做出让步。

在年迈的马蒂巴的政策或者整个生涯中，没有任何迹象表明他会纠正贫穷和不公正问题。在离开政府负责的东非酿酒公司这家尽人皆知的啤酒厂之前，他曾经担任高级公务员。在担任这一职务以及其他公司职务期间，他受到极大关注。马蒂巴还是肯尼亚足球协会领导，在 1983 年作为议员重返政坛之前，他同样充分利用这一职务来保持在公众心目中的地位。马蒂巴毫不掩饰自己是基库尤族精英，他的经济和社会理念与肯雅塔有着很大的相同之处："只有通过我们自己的艰苦劳动才能够拯救经济。"② 通过激进手段来消除不平等，这实际上是不适合的，因为"破坏掉原本美好的东西，你又能得到什么好处？"马蒂巴认为，自己的目标是为"财富创造构建合适环境"。③ 他是从公司企业和市场的角度来理解民主斗争和恢复民主

---

① Karume, *Beyond Expectations*, p. 265.

② Kenneth Matiba, *A Dream for Kenya*, Nairobi, 1992, p. 22.

③ Ibid., pp. 25 – 27.

论坛内部的权力纷争。"我一直坚信竞争的重要性"，他写道：

> 它在公司企业中如此有效，以至于能够确保消费者得到最好商品、最佳服务，所花的钱物有所值。与奥廷加或者其他人不同，我希望能够证明一点，即商业世界竞争精神同样适用于政治世界。①

然而，马蒂巴所传达出来的信息，并不能为他赢得基库尤族以外的支持者。

总体而言，奥廷加个人更漫长的反抗斗争和社会正义承诺，这对于肯尼亚人更具吸引力。然而，到 20 世纪 90 年代初，甚至他也放弃了一直秉持的再分配理念。鉴于以往的痛苦教训，奥廷加希望避免出现导致分裂的议题，并维持恢复民主论坛的广泛基础。正如奥廷加所告诉《内罗毕法律月刊》的，他太清楚恢复民主论坛很容易"因为个人行动而发生分裂"。奥廷加因此试图强调共同关注的话题，其中最为显著的是腐败问题，腐败是"恢复民主论坛所要解决的主要问题之一"。奥廷加也认识到，倘若要推翻莫伊的统治，就少不了国际社会的支持，因此他小心谨慎地避免外交官提起他过去曾参与过政治斗争："在国家事务上，投资者愿意与坦诚诚恳之人打交道。他们希望能够从对我们国家的投资中获得回报。"② 随着年龄的增长，奥廷加变得更加老练。

随着公布的选举日期临近，恢复民主论坛最终于 1992 年 10 月分裂成两支：奥廷加所领导的恢复民主论坛－肯尼亚（FORD－Kenya）

---

① Kenneth Matiba, *A Dream for Kenya*, Nairobi, 1992, p. 28.

② "Interview with Oginga Odinga", *Nairobi Law Monthly*, January 1992, pp. 21 – 23.

和马蒂巴所领导的恢复民主论坛－正统（FORD－Asili）。两个分支政党均参加了 1992 年 12 月份大选。关于这一阶段历史，戴维·索洛普和查尔斯·霍恩斯比（Charles Hornsby）曾做了一番极为详细的描述：

> 在民主党已经分化了反对派选票的情况下，只有恢复民主论坛实现团结，马蒂巴和奥廷加相互协作，他们才有可能击败控制着政府恩庇和国家机器的肯盟。[①]

肯盟和莫伊的胜利，这在数周之前原本是无法想象的，现在却极为可能。然而，政府仍然小心谨慎地避免给反对派留下任何可乘之机。正如旺加里在选举结果公布后给莫伊的公开信中所写的，"选举委员会、政府媒体和公务员系统"全都被用于"操纵选举，为的就是让阁下重掌权力"[②]。竞选过程中发生了严重腐败、威胁和其他不当行为。大批的肯盟竞选人在没有竞争对手的情况下当选，选举委员会成政府囊中之物，省级政府官员继续效忠于他们的政治主子，而非肯尼亚人民。

莫伊和肯盟侥幸赢得了 12 月 29 日选举。尽管总统在选举中只赢得 36% 的选票，但仍然击溃了马蒂巴、齐贝吉和奥金加·奥廷加的挑战，这三位竞争对手相互拆台导致反对阵营分裂。在议会选举中，执政党更是大获全胜，肯盟得到 100 个议席，恢复民主论坛两支各得到 31 个席位，而齐贝吉的民主党得到 23 个席位。反对党拒绝承认大选结果，但是在法庭上又无法提出有力证据。改革支持者

---

① David Throup and Charles Hornsby, *Multi－Party Politics in Kenya：The Kenyatta and Moi states and the triumph of the system in the* 1992 *election*, Oxford, 1998, p. 127.

② Wangari Maathai, "Kenya Down the road", *Finance*, 31 January 1993, p. 21.

们，例如马伊纳·卡伊埃（Maina Kiai）和吉布森·卡马乌·库里亚律师，对于大选结果感到不满，不过他们并未泄气，而是呼吁"珍视真理、自由和正义的肯尼亚人"，"竭尽所能地确保国家进入民主国家大家庭"。[①] 然而，肯尼亚人的耐心经受了巨大考验。

第二次浪潮

大选期间，国际货币基金组织和世界银行向肯尼亚派驻高级别代表团，负责评估肯尼亚经济和政治改革进程。代表团于 1993 年 3 月离开肯尼亚，选举所造成的脆弱和平也就难以为继。一旦选举观察家、新闻记者和经济学家离开，暴力再度燃起。肯盟九二青年团的纳库鲁地区主席奥斯卡·基帕吉姆博伊（Oscar Kipkmboi）承诺，只要所有基库尤人离开裂谷省，那么它就会自行解散。奥金加·奥廷加呼吁卡伦金人停止对于邻近民众的攻击，并要求袭击者们反思一下，他们是否真的相信能够通过"弓箭之战"而将所有非卡伦金人赶出裂谷省。[②] 对于这些警告，卡伦金领导人置若罔闻。

在隆迪亚尼，基督教长老会牧师所罗门·卡马乌（Solomon Kamau）成为卡伦金年轻人攻击的基库尤人目标。1993 年 6 月 22 日，卡伦金人洗劫了他的住处并一把火烧光。他非常清楚个中原委，他告诉肯尼亚全国教会委员会，"这一侵扰意在吓跑那些拒绝屈服于驱逐运动的裂谷省非卡伦金人"[③]。在埃尔多雷特附近，针对基库尤家

---

① Gibson Kamau Kuria and Maina Kiai, "The struggle continues", *Finance*, 31 January 1993, pp. 24 - 25.

② "A glance at the events in the hot spots", *The Clashes Update*, July 1993, p. 3.

③ "No hope for victims in Nyayo regime – pastor", *The Clashes Update*, July 1993, p. 4.

庭的纵火袭击迅速增多，该地区肯盟主席杰克逊·基博尔（Jackson Kibor）在该地小学的哈拉穆比集会（参见第一章）上所表示的，应当将所有基库尤人从这一地区赶走。在随后几天里，针对埃尔多周围的基库尤人的盗窃和纵火案件日益加剧。① 在纳库鲁附近的莫洛，随着 1993 年 8 月针对基库尤人发生攻击，共有超过 100 人丧生，1.5 万人逃离家园。在纳罗克和吉西交界处，马赛族年轻人继续把矛头指向吉西人。纳罗克地区出台新规定，允许当地政府监督土地销售，以此来禁止非马赛族人购买土地。② 1993 年 10 月底至 11 月初，西波克特（West Pokot）也发生暴力冲突事件，这是由当地议员和内阁部长弗朗西斯·洛托多（Francis Lotodo）的一系列宣言所鼓动，他宣称非波克特人应该离开这一地区。③

暴力事件的重新出现在埃尔贡山表现得尤为明显。萨保特族（Sabaot）年轻暴徒以及来边境另一边乌干达的塞比人（Sebei），他们针对山区的非卡伦金人所发动的暴力袭击，为的是争夺土地并创造出单一族群聚集的地区和议会选区。那些被从埃尔贡山赶走的人，他们不得不暂时居住在临时简易棚、学校和教会之中。在奔戈马地区的卡普卡提尼（Kapkateny），非洲观察小组发现，上百名的山区冲突的难民居住在一起，"这些无家可归者躲在一个六十英尺长、二十英尺宽的房子里，地方极为狭窄，条件十分恶劣。人们只能靠教堂施舍的土豆和玉米度日"④。政府非但不接济这些难民，反而要求

---

① "Kibor sparks off violence", *The Clashes Update*, August 1993, pp. 1 – 7.

② "Maasais still attacking Kisiis", *The Clashes Update*, August 1993, p. 5.

③ "Lotodo still determined to flush out non – Pokots: Kapenguria hospital is Lotodo's target", *The Clashes Update*, December 1993, pp. 7 – 8.

④ Africa Watch, *Divide and Rule*, p. 36.

他们回家。

政府所提出的难民回乡的建议，并未考虑受到冲突影响地区的现实状况。在解除冲突煽动者武装力量方面，政府无所作为。"倘若不清缴武器，我们就无法安宁"，朱迪斯·昆杜（Judith Kundu）说道，她就是被人从位于埃尔贡山的家中撵出来的。她试图回到自己家中，但是被再次赶了出来。① 其他试图返回者，也发现自己昔日家园被占领了，要么是那些暴力事件的制造者，要么是被从其他地区驱赶出来的人。塞比人占据了冲突受害者所遗留下来的农场，这使得埃尔贡山原本复杂的局势变得更为严峻。早在 20 世纪 30 年代，曾经有大约 1 万名塞比人离开肯尼亚寻找土地。大约 350 名居住在乌干达的塞比人，在当地萨保特领导人的鼓动下，他们从乌干达越过边境进入肯尼亚，他们声称自古以来埃尔贡山麓就属于自己。房屋和田地的原来主人试图返回，但是遭到塞比人的坚决抵制。1993年 3 月初，一位名叫彼得·瓦福拉（Peter Wafula）的老人和他的妻子特蕾莎（Teresa）试图回到他们位于艾特（Ite）的土地上。尽管有警察在场，这对卢亚人夫妇还是遭枪杀。②

政府仍旧竭力避免调查无家可归者的艰难处境，为此不惜一切代价。政府封锁了受到冲突影响的地区，以免泄露消息，并且采取措施压制批评意见。在纳罗克的伊努素普基亚（Enoosupukia）教堂，汤姆·奥尼尔（Tom O'Neil）神父被禁止做弥撒。对于基库尤族居民遭到驱逐，奥尼尔感到愤怒，这些人多是从 20 世纪 60 年代末就已经拥有这些土地的地契。当地议员和地方事务部部长威廉·奥莱

---

① "Future of clash victims bleak", *The Clashes Update*, April 1993, p. 4.

② "Victims crying for security but state firm with deaf ear", *The Clashes Update*, April 1993, p. 7.

·恩提玛玛宣称，居住在伊努素普基亚的这些基库尤人是非法占有土地者，要求他们立即离开这一地区，大规模的驱逐事件正是在这一背景下发生的。"基库尤人压迫了马赛人，夺走他们的土地，并且破坏了他们的环境，"恩提玛玛告诉议会，"我们已经受够这一切。我必须领导马赛人保护自己的权利。"在 10 月中旬的三天时间里，马赛族年轻人对于伊努素普基亚的基库尤人发动了一系列的攻击，其中 17 人被杀，另有 3 万人被迫离开家园。①

在纳库鲁地区马伊拉（Maela），纳罗克难民建立起难民营，他们占纳罗克难民总数的大约三分之一，这里的居住状况十分悲惨。奥尼尔因为谴责驱逐事件而引起了公众的高度关注，现在他又开始关心马伊拉教区的悲惨状况，他之前曾经在这里工作过。政府因为这一局面而感到尴尬，因而将他驱逐出境。对于这些缺吃少药的无家可归者，政府非但没有采取措施帮助他们，反而试图关闭马伊拉难民营。这里的 1 万名左右无家可归者立足未稳就接到驱赶命令。这导致难民营的家庭被毁，大约 6 万人被赶走，仍有 4 万名成年男女和儿童留了下来，他们无处可去。然而，政府坚持要把他们赶走，并且拒绝人道主义组织提供食物、药品和帐篷。尽管如此，难民仍然待了下来。

1994 年圣诞节前两天，难民营最终被清理干净。美国天主教牧师约翰·凯泽神父亲眼看难民们在当地行政官员胁迫下登上卡车，甚至连自己的东西都带上。官员告诉他们说是要将他们带往"应许之地"。在他们的周围，当地的肯盟支持者捣毁了难民的临时居所，偷走或者放火烧掉了难民们少得可怜的物品。卡车离开难民营前往

---

① ICJ–K，*Political Economy of Ethnic Clashes*，p. 31.

裂谷省和中部省之外的陡坡，他们"被扔在路边或者足球场上，而此时已是午夜时分"。[①] 所谓的"应许之地"事实上不过是莫伊所制造的另一个"恐怖荒凉之地"。[②]

[①] Kaiser, *If I Die*, pp. 57 – 61.

[②] NCCK, *Cursed Arrow*, p. 5.

第七章　戈登堡年代，1993—2002 年

无辜的肯尼亚民众的鲜血仍然在时间长河里流淌。这究竟是苟延残喘、行将就木的旧制度正走向混乱的前兆，还是新生的、更加美好的肯尼亚诞生时的阵痛？让我们来做出最终选择！

——阿明·马祖里，1997 年①

奥廷加之死

1994 年 1 月 20 日，奥金加·奥廷加在基苏木家中突发心脏病。他很快就被转送到内罗毕医院，当天去世。奥廷加的年迈——去世时 82 岁——以及糟糕的健康状况，所有这些都无法缓解支持者的悲痛。甚至莫伊也对这位昔日敌手表现出宽宏大度："肯尼亚失去了一个伟大儿子，一位民族主义者和一位爱国公民。"② 尽管莫伊总统极力淡化奥廷加在恢复多党制过程中所扮演的角色，但是奥廷加支持

---

① Kenya Human Rights Commission（KHRC），*Kayas of Deprivation*，*Kayas of Blood*: *Violence*，*ethnicity and the state in Coastal Kenya*，Nairobi，1997，p. 60.

② Richard Lyons，"Oginga Odinga，82，a longtime leader in Kenya's politics"，*New York Times*，22 January 1994，p. 10.

者和盟友们则不愿意忘记他在改革运动中的领导地位。"他为了实现正义而在身体、思想和资源方面所付出的牺牲，远远大于其他任何人。"蒂莫西·恩乔亚在奥廷加去世后不久的一次采访中评论道。①在葬礼上，当奥廷加棺椁下葬时，成千上万名哀悼者伸出恢复民主论坛标志性"V"字形手势。

"将肯尼亚变成一个更加人道、更为公平、更具宽容性的社会，这是奥廷加一生所追求的目标，"贝斯维尔·奥戈特说道，"一位对于肯尼亚人民充满信心、坚持原则的领导人，伟大的民族主义者和泛非主义者，肯尼亚民族的缔造者。对于这样的领导人，人们将会永远怀念。"②在殖民统治末期，以及肯人盟后来遭政府镇压、他本人身陷囹圄时期，奥廷加一直表现出极大勇气，再加上他为了实现多党制而做出的巨大努力，所有这些都令人感到鼓舞。奥廷加在各个场合都为民主运动赢得了巨大支持，否则这些运动会因为无法顶住政府攻击而归于失败。不过，他所留下的遗产要比奥戈特所提到的复杂得多。尽管奥廷加提出以再分配为基础的民族主义观念，以及以社会正义为中心的民主，然而他在政治智慧方面却较为欠缺。奥廷加曾无数次败给平庸的竞争对手，更不用提姆博亚、肯雅塔和莫伊。出于恼怒、顽固以及判断失误而采取的行动，往往会抵消他所热衷事业的潜在成就。

令人遗憾的是，奥廷加在去世之前犯下了一个关键失误。1993年，当时的反对派一片散沙，奥廷加已经几乎走投无路，他似乎注定一辈子都无法执政。在这一情况下，奥廷加开始与莫伊讨论组建

---

① "Timothy Njoya", *Finance*, 15 November 1994, p. 23.
② Ogot, *Who, if Anyone*, p. 114.

联合政府的问题。更为糟糕的是，他卷入了肯尼亚后殖民历史上最大的一桩腐败丑闻。在去世前六个月，奥廷加承认接受了商人卡穆里希·帕特尼（Kamlesh Pattni）6 万美元的竞选资金。奥廷加所接受的这一捐助，是帕特尼腐败丑闻中的一部分，这被称作"戈登堡丑闻"。在此后四年时间里，肯尼亚国内和国外媒体曝光了这一丑闻，也使得此后数年所有的政治辩论都蒙上了阴影。而且，戈登堡成为肯盟执政最后八年时间统治典型方式的代名词。正如有人对这一历史时期所评价的，这是"戈登堡年代"。①

戈登堡

20 世纪 90 年代初，为了鼓励肯尼亚的工业品出口并提高外汇储备，政府推行了一项意在奖励出口商的计划。按照这一计划，倘若出口商将所赚的外汇兑换成肯尼亚先令，他们就能得到出口商品总额 20% 的津贴。除此之外，政府还提出一项出口信贷计划，意在帮助出口商应付商品运输给外国消费者和收到货款之间这段时间的困难。

戈登堡国际（Goldenberg International）是由帕特尼和政治保安处前任头目詹姆斯·坎约图于 1990 年共同创建的。公司向政府承诺，它能够在黄金和钻石出口方面获利大约 5000 万英镑。尽管肯尼亚压根就没有钻石矿储备，黄金蕴藏量也少得可怜，肯尼亚政府还是授予它这两宗商品的出口垄断权。

---

① François Grignon, Marcel Rutten and Alamin Mazrui, "Observing and analyzing the 1997 general elections: An introduction" in M. Rutten, A. Mazrui and F. Grignon (eds), *Out for the Count: The 1997 general elections and prospects for democracy in Kenya*, Kampala, 2001, p. 18.

　　然而事实上，矿业资源的商业开采与公司成立毫无关系：戈登堡的成立实际上是政府为了应对 1992 年选举而设立的"竞选资金"。以奖金支付和出口信贷为中心的戈登堡计划，为的只是公司老板们的利益。更为重要的是，也是为公司老板在政府中的盟友们谋取利益。公司收入并非来自黄金或者钻石开采，而是来自肯尼亚中央银行：按照政府出口投资计划和出口信贷计划，它获得 35% 的津贴。

　　肯尼亚中央银行很快就听到传闻，说戈登堡国际利用虚假销售记录骗取出口信贷和出口补贴。1993 年年初，转移到戈登堡国际的资金竟达 70 亿先令（1.2 亿美元），这大约占到肯尼亚货币流通量的 7%。然而，总审计长很快觉察到："该公司声称卖出黄金和其他贵金属，并由此得到了政府补偿。然而，没有任何证据表明，这些贵金属是在肯尼亚出产并加工的。"① 尽管存在这样疑虑，1990 年至1993 年间，数十亿先令仍然源源不断地从中央银行流入戈登堡国际。戈登堡国际的资金是由德尔菲斯银行（Delphis Bank）管理，银行老板科坦·索米亚（Ketan Somia）是帕特尼的朋友，同时还是莫伊、赛托蒂和比沃特的亲密伙伴。戈登堡国际下属也有一家银行，名为汇兑银行（Exchange Bank），该银行在 1992 年至 1993 年利用出口骗局中所得到的资金进行货币投机。

　　1993 年 7 月，约翰·基松戈（John Githongo）评价道，戈登堡国际"动摇了肯尼亚经济基础"。② 1993 年年中，在戈登堡真相暴露之前十八个月时间里，先令大幅贬值，与英镑的兑换汇率贬值将近

---

　　① Richard Dowden, "Export scam robs Kenya of millions", *Independent*, 8 June 1993, p. 16.

　　② Quoted in Billy Kahora, *The True Story of David Munyakei: Goldenberg whistleblower*, Nairobi, 2008, p. 27.

一半。货币流通量增加，导致 1993 年 8 月通货膨胀超过 40%。

此时，戈登堡国际真正面目开始暴露。随着丑闻愈演愈烈，那些涉嫌参与戈登堡丑闻的政府高官和商人开始担心选举失败，因此趁机利用公司来掠夺经济，以满足一己私利。

1993 年初，报纸媒体开始调查戈登堡丑闻，而反对派领导人也开始提出质疑。消息最初来自肯尼亚中央银行雇员戴维·穆尼扬基（David Munyakei）。对于中央银行拨给戈登堡国际账户的巨额钱款，穆尼扬基感到震惊，因此报告给了银行管理高层。银行高层却对此无动于衷。"我起初以为政府对于肯央行所发生的情况一无所知。"他后来告诉比利·卡霍拉（Billy Kahora）。① 穆尼扬基将此事告诉了几位政客。他曾多次与反对派议员保罗·穆伊特和彼得·阿尼扬·尼翁戈见面商谈。这两位政客把消息泄露给了媒体，并在议会里提出质询。然而，政府很快发现穆尼扬基才是消息主要来源，因此解除了他的职务并将其拘押。穆尼扬基被迫逃离内罗毕，前往蒙巴萨避难。

国际和当地媒体向政府施加巨大压力，要求妥善调查戈登堡丑闻。国际货币基金组织和世界银行的调查使得汇兑银行倒闭，中央银行行长埃里克·科图特（Eric Kotut）被迫辞职。尽管反对派将这些丑闻披露出来，但对于是否彻底揭露戈登堡丑闻真相，反对派举棋不定，因为很快就查出来包括奥廷加在内的反对派领导人也接受了帕特尼的钱财。② 其他政客，包括穆伊特在内，据称也卷入这一事

---

① Quoted in Billy Kahora, *The True Story of David Munyakei：Goldenberg whistleblower*, Nairobi, 2008, p. 60.

② Robert Press, "Kenyan officials caught in export, bank scams", *Christian Science Monitor*, 17 August 1993, p. 7.

件。此后数月里，奥廷加试图阻止支持者调查戈登堡案件。

1993 年 1 月，姆萨利亚·穆达瓦迪（Musalia Mudavadi）接任财政部长。在穆达瓦迪干预下，戈登堡国际收敛了不少，但他却迟迟不愿展开深入调查。穆达瓦迪的前任是乔治·赛托蒂，此时仍然继续担任副总统，并且断然否认与此丑闻有任何瓜葛。戈登堡事件影响太大，以至于无法隐瞒，但是太过重要，因此很难调查清楚。尽管公众很快就得知了丑闻基本情况，并且猜到涉案金额巨大，但是他们并未看到犯下如此巨额腐败案件的人员得到应有惩罚。戈登堡丑闻获益者们压根就没有打算掩饰自己的财富。相反，帕特尼在内罗毕市中心建起了一座外形笨拙的五星级酒店，仿佛是丑闻的耻辱柱。与之形成鲜明对比的是，戴维·穆尼扬基却于 2006 年 7 月死于贫困潦倒之中。戈登堡丑闻的这位揭发者在临终前甚至没钱医治口腔疾病，并且一直经受着多种疾病恶化的煎熬。

在关于穆尼扬基生平的精彩叙述中，比利·卡霍拉将他描述为一名普通的肯尼亚人——经受着不断的变化，为了寻找工作而四处迁徙，但是有着能够适应不同环境的身份认同灵活性。他能够在这个复杂而充满敌意的世界之中找到生存之道：在纳罗克、内罗毕或者是蒙巴萨；在他有着基库尤和马赛双重背景的家庭中；在泰塔族（Taita）女友或者说斯瓦西里语的妻子之间游刃有余；作为基督徒或者穆斯林；在城市或者乡村生活。因此，他和之前数代的东非人一样，意图施展约翰·隆斯达尔所说的"紧要关头的手段"（agency in tight corners），最大限度地利用险恶的物质、政治和经济环境。①

---

① John Lonsdale, "Agency in tight corners: Narrative and initiative in Africa history", *Journal of African Cultural Studies*, 13（1）（2000）, pp. 5 – 16.

　　然而，就在戈登堡丑闻曝光过程中，这一流动和多重认同的历史在裂谷省画上句号。多党制时代的痛苦暴力，使得土著话语这一全新的认同得以强化，土著话语的概念属于特定地区，用日常说法就是某块土地的儿子。例如，关于基库尤族或者卢奥族的含义的原有观念，是在人口流动漫长历史中形成。到 20 世纪 90 年代初，这些认同通常集中于特定的地区——分别是在中部省和尼扬扎省。然而，这些新的族群概念与人们的生活现实相矛盾，并未考虑到在本省和本地区之外的居住人口。族群冲突受害者不断要求回到自己的故土，但是正如奥戈特所问，"对于从裂谷省迁徙出来的大批基库尤人来说，究竟哪里才是'家园'（nyumbani）？"① 20 世纪 90 年代初，很多遭到驱逐的人是第三代甚至是第四代移民，他们与所谓的中部省故乡没有任何联系；他们在那里自然也没有什么土地。肯盟领导人并未考虑这些问题。相反，暴力仍在继续。

暴力的重现

　　随着戈登堡丑闻的揭露，民众不再关注 1992 年大选前后暴力受害者的悲惨处境。不管怎样，到 1994 年，暴力事件比以往少了许多。1992 年选举只是一个记忆，下一场选举要到 1997 年，因此还是遥远的事情，冲突的政治和财力动力消失了。然而，一旦党员们于 1995 年重整旗鼓，流血冲突就再次增多。肯盟告诉渴望回到伯恩特佛瑞斯特（Burnt Forest）老家的基库尤人，倘若想回去，就必须承诺在 1997 年选举中支持莫伊。1995 年 3 月 7 日，警察和卡伦金族年

---

① Ogot, *Who, if Anyone*, p. 153.

轻人在泛恩佐亚和奔戈马地区发生激战，冲突持续了六小时。在接下来三个月里，有十人在两个地区之间的边境冲突中丧生。"有些人以为假借部落冲突之名杀人的时代已经过去，事实则会让他们大吃一惊。"恩贡主教辖区的天主教牧师在 1995 年 3 月警告说。① 这里再次呈现出之前十年里所确立的模式。

到 1995 年 10 月，裂谷省肯盟政客们再次发表赞成"马金博主义"言论。裂谷省其他地方也可以感知到冲突即将爆发。在莫洛、基塔莱和奔戈马等地，纵火、盗窃和谋杀等孤立的刑事案件开始蔓延。在卡彭古里亚（Kapenguria），波克特族袭击者与图尔卡纳人发生冲突，尼扬扎省南部的多种族农业区在 1995 年年底和 1996 年也发生多起纵火案。1997 年年中选民登记开始后，安全问题进一步恶化。在裂谷省北部的克里奥（Kerio）峡谷，共有 27 人被杀，当地肯盟政客的波克特族支持者将 1 万名马拉克维特人（Marakwets）赶出该地区，认为他们可能会投票支持反对派候选人。

不过，关注焦点很快就从裂谷省转到海岸省。此前十年时间里，海岸省不断发生零星的暴力事件。正如其他地方一样，暴力事件所针对对象是该地区的移民群体，而滋事者大多是自称的本省民众代表。1992 年选举前后，米吉肯达族民兵曾发动数起针对卢奥族和坎巴族居民的攻击事件，不过海岸省暴力事件的程度远低于裂谷省。尽管如此，到 1997 年，这里的暴力事件仍变得更严重。

情况最严重的是里克尼和夸莱（Kwale）地区。这里居住着大约50 万居民，主要包括狄格（Digo）和杜温马（Duruma）族，他们是

① "Clashes brewing up in Narok – Ngong diocese", *The Clashes Update*, April 1995, p. 6.

米吉肯达族的两个分支，此外还包括坎巴、基库尤、卢奥和卢亚族的移民及其后代。早在独立前，甚至是前殖民时代，从肯尼亚内陆向海岸省的移民就已经开始，不过后殖民时代向夸莱和里克尼的移民流动尤其对于该地区的社会和政治结构造成了极大压力。例如，朝向夸莱的持续移民，使得该地区在 20 世纪六七十年代年均人口增长率达到 3% 至 4%。主要来自东部省的坎巴族移民，占据了该地区大量定居点的土地。其他被吸引来的人，希望在新兴的迪亚尼海滩（Diani Beach）度假胜地或者蒙巴萨城找到工作。沿着海岸线，"土地所有权问题成了当地政治的核心"，卡鲁提·卡尼因噶（Karuti Kanyinga）写道。① 除了农民和劳动力之外，移民还包括政府官员和投资者。海岸省本地居民在很大程度上被排除在当地政府的权力之外。在海滨的红树林和棕榈树林里，随着投资者的到来，投资奢华酒店和度假村如同雨后春笋般地出现。对于这些新出现的财富，海岸省本地居民无法参与分享。因此，在 1963 年之后的数十年里，狄格人和杜温马人感到一种被剥夺感，这导致他们追问这样一个困扰着无数海岸省居民的问题——"为何米吉肯达族会遭受如此程度的压迫？"②

据一位当地居民所说，到 20 世纪 90 年代，"普遍存在着一种仇恨情绪"，即"内陆居民应该回到他们自己的地区"。③ 这位居民也是早先迁居而来的。当地民众和移民之间的紧张关系有不同形式表

---

① Karuti Kanyinga, *Re – Distribution from Above：The politics of land rights and squatting in Coastal Kenya*, Uppsala, 2000, p. 116.

② Janet McIntosh, *The Edge of Islam：Power, personhood, and ethnoreligious boundaries on the Kenya Coast*, Durham, NC, 2009, p. 45.

③ KHRC, *Kayas of Deprivation*, pp. 12 – 16.

现。很多米吉肯达人认为，由于这些外来移民对于当地政府的影响，政府在颁发宾馆、酒吧和其他娱乐场所许可证时，不会考虑当地穆斯林的情感和文化。"酒吧的喧嚣音乐现在淹没了伊斯兰祈祷声。"一名穆斯林居民抱怨道。[①] 除族群和移民问题外，米吉肯达人不满还表现为肯尼亚穆斯林日益政治化。尽管只占肯尼亚人口的大约 20%，这些逊尼派穆斯林群体在过去并未有太大的政治影响力。然而，围绕着修改家庭法所进行的动员，导致穆斯林在 20 世纪 80 年代更多参与到公众辩论之中。肯尼亚伊斯兰党（Islamice Party of Kenya）成立于 1992 年，目的是动员穆斯林选票（如果说这算得上曾经存在的话），但是并未得到多少支持。由于海岸省内部围绕移民和归属观念发生分化，肯尼亚伊斯兰党受到极大削弱。在莫伊鼓动下，肯尼亚伊斯兰党被看作阿拉伯穆斯林政党，他们是在不同历史时期移民进入海岸省，而它的竞争对手非洲穆斯林联合会（United Muslim of Africa association）则自我标榜为土著非洲伊斯兰教在该省的代表。

在后殖民时代从肯尼亚其他地方进入海岸省的移民中间，这些问题引发激烈争论，其中关于土著和移民的话题表现得尤为明显。1997 年 6 月移民登记完成之后，近些年移民浪潮政治影响立即显现出来。在蒙巴萨城内及周边地区，移民投票似乎决定着选举结果。当地和全国的肯盟领导人担心，在与该地区主要移民群体所支持的反对派候选人竞争中，执政党恐怕会丢掉议会席位。甚至在选民登记工作完成前，一些选民已经受到威胁。一位卢奥族男子向肯尼亚人权委员会（Kenya Human Rights Commission）复述了他所受到的威胁："这次你必须离开这里，滚回自己老家去投票。"登记工作一结

---

① KHRC，*Kayas of Deprivation*，p. 12.

束，大量枪支流入该地区，针对移民的袭击一触即发。在参加过夜间举行的起誓仪式之后，当地的失业年轻人受到雇佣，他们还接受了专门训练。在这一过程中，当地退伍军人也起着关键作用。关于年轻人训练和装备的调查揭露出，当地政治领导人、肯盟活动家和当地米吉肯达商人也牵涉其中。[①] 已故的卡里萨·马伊萨（Karisa Maitha），当时是蒙巴萨的一名民主党议员，指控暴力事件的策划者包括肯盟提名的议员拉希德·萨贾（Rashid Sajja）、尼古拉斯·比沃特（Nicholas Biwott）和"他们在国家宫的帮手们"。[②]

暴力事件的一名主要策划人在 8 月份被捕，这成为暴力袭击导火索。为营救这名策划人，500 名袭击者涌入里克尼警察局。他们先是洗劫了警察局枪械库，然后盯上了住在附近的移民。此后数天时间里，暴力席卷蒙巴萨海岸以南的城镇乡村，并由此一路向北。这场流血冲突一直持续到 11 月，安全部队才最终将整个地区置于控制之下。这场暴力与裂谷省所发生情况十分类似。人权调查者声称，8 月中旬发生的袭击起先并不是米吉肯达人组织的，一旦暴力气氛被煽动起来之后，这些人就撤离了。这场暴力事件一共造成大约 100 人被杀，其中大多数是卢奥人。袭击者破坏了民宅和商铺，这使得受害者不得不到别处寻找庇护。警察仍旧无所作为。尼亚利（Nyali）的警官告诉受威胁者："你在这儿得不到任何帮助。还是赶快回去自己武装组织起来。"[③] 原本被派来应对 8 月初暴力事件的陆军和海军官兵，他们很快又被调回军营，警察所逮捕的涉嫌策划袭击的组织者也被释放。暴力袭击造成巨大的经济影响，移民四处逃

---

① KHRC, *Kayas of Deprivation*, pp. 25–27.

② KHRC, *Kayas Revisited：A post-election balance sheet*, Nairobi, 1998, p. 9.

③ KHRC, *Kayas of Deprivation*, p. 38.

散，游客不敢来海滩度假。

然而，在计划组织者眼中，这一策略是成功的。多达 10 万人在选举之前离开了夸莱地区，留下来的移民很少投票。正如一名难民所说："我们很多人听说，倘若我们胆敢回来就会遭受攻击。那么，究竟哪个更有价值，生命还是投票？所以我们决定不管（投票）这事了。"[①] 肯盟得以继续占有它在 1992 年选举中所赢得的夸莱地区的三个议会席位。正如肯尼亚人权委员会关于海岸省暴力事件报告中所说，莫伊和肯盟依然得到该省本地民众的极大支持。对于海岸省投票人而言，他们更担心基库尤人、坎巴人、卢奥人和卢亚人等外来移民的优势地位，而不是莫伊政府。然而，暴力事件并不仅仅是赢得某些席位的简单问题。正如肯尼亚人权委员会所承认，暴力的目的仍然是制造与举行选举相联系的混乱感，因为这将使得莫伊得以继续将反对派描述为危险的颠覆分子。[②]

"肯尼亚社会正在出现严重问题"，天主教主教在 1997 年 8 月底的一封致教区信徒的信中写道，海岸省的流血冲突似乎已经引发了"暴力和残忍的恐怖气氛，这对于我们国家造成灾难性影响"。[③] 1997 年九十月份频频发生劫掠牲畜和纵火袭击事件的地区，恰恰是1991 年、1992 年最早发生冲突的地方。那些位于尼扬扎和裂谷省边界处的乡村很快就变得荒无人烟。"没有人敢待在这些村子里，因为

---

① KHRC, *Kayas Revisited*, p. 39.

② KHRC, *Kayas of Deprivation*, pp. 51 – 52.

③ Kenya Episcopal Conference, "A message from the Catholic bishops of Kenya following recent events in Coast Province", 27 August 1997; Catholic Church Kenya vertical file, Herskovits Library, Northwestern University.

袭击者可能随时到来。"该地区的一位居民说道。① 尽管选举造势阶段要比 1992 年平静得多，但是暴力事件在选举前数天达到顶峰。裂谷省北部的形势尤为糟糕。在弗朗西斯·洛托多的煽动言论和政府怂恿下，这里的波克特年轻人试图抢占土地并加强政治控制。在马拉克维特地区的托特（Tot）附近，波克特年轻人于圣诞前夜袭击了马拉克维人住所，共造成 12 人遇害。这些波克特人发动攻击的借口是两名马拉克维人头领宣布支持反对派。托特屠杀案幕后主使的如意算盘是，马拉克维特的投票者势必在恐吓之下选择支持肯盟和莫伊。一名当地教士感叹道"人们预料到波克特人会发动袭击，然而政府没有采取任何安全防范措施"。② 如同 1992 年一样，暴力事件正合政府的心意，因为它正为了生存而参与选战。

选举

当肯尼亚于 1997 年 12 月 29 日再次举行选举时，莫伊所面对的仍然是分裂的反对派。由于奥金加·奥廷加的去世，恢复民族论坛—肯尼亚内部发生激烈的权力斗争，这主要是在奥廷加的儿子拉伊拉和迈克尔·基加纳·瓦马尔瓦（Michael Kijana Wamalwa）之间展开。拉伊拉占据很大的优势，这不仅是因为他的家族渊源，而且瓦马尔瓦还面临着涉嫌参与戈登堡丑闻的指控。尽管如此，身为卢亚人的瓦马尔瓦却拒绝放弃政党控制权，因此拉伊拉组建了自己的民族发展党（National Development Party，NDP）。由于两名主要领袖

① "Clashes rage in border areas", *Update on Peace and Reconciliation*, November 1997, p. 5.

② "Security zoning criticised", *Update on Peace and Reconciliation*, December 1997, p. 12.

马蒂巴和什库库之间的争斗，恢复民主论坛 – 正统也分崩离析。马蒂巴甚至决定要抵制总统选举，以抗议政府操纵选举进程。由于齐贝吉的民主党决定与卡伦金、马赛、图尔卡纳和桑布鲁等族的年长者举行公开会谈，共同商讨裂谷省暴力事件。这使得该党被质疑背叛了基库尤支持者，因此它的力量也受到削弱。萨菲纳（Safina，斯瓦西里语，意为"方舟"），一个新近组建的政党，成立于 12 月份大选之前一个月，它的领导人多次遭受骚扰。这其中包括著名的古人类学家理查德·利基（Richard Leakey），以及涉嫌戈登堡丑闻的保罗·穆伊特。

莫伊并不满足于看着反对派自生自灭，他还试图操纵利用选举制度。尽管莫伊和反对派设立了政党间议会组织（Inter-Parties Parliamentary Group）来讨论宪法改革问题，从而实现更为公平的选举。不过在莫伊的操纵下，这一组织最终无果而终。这一小组不能对于总统权力做出限制，或者限制在职者在竞选期间所享有的特权。因此，莫伊和肯盟得以继续采用惯常伎俩来操纵选举结果。国有媒体再次被当作宣传工具，警察侵扰反对派支持者，而省政府也百般阻挠竞争对手举行招募会员的集会。尽管 1997 年选举并未像 1992 年选举那样公然操纵选举结果，但是查尔斯·霍恩斯比认为 1997 年大选"在选举程序上要混乱得多"。[①] 再加上肯尼亚当时出现的其他混乱状况，最终得利的仍是莫伊。

莫伊不费吹灰之力就赢得了总统选举，尽管他只得到 40% 的选票；齐贝吉位居第二位，他得到 31% 的选票。选举结果与 1992 年相

---

① Charles Hornsby, "Election day and the results" in M. Rutten, A. Mazrui and F. Grignon（eds）, *Out for the Count*, p. 135.

似，倘若其他反对派候选人的选票投给齐贝吉，那么仅仅一位反对派就足以轻松击败莫伊。拉伊拉·奥廷加排名第三，不过被远远甩在后面，再接下来是瓦马尔瓦和夏丽蒂·恩吉鲁（Charity Ngilu）。恩吉鲁是社会民主党竞选人，也是首位参与总统竞选的女性。在议会选举中，肯盟也是取得险胜，将210个席位中的107个收入囊中。而国内和国际观察家宣布他们对于大选结果感到满意，最终结果也是可以接受的，其他评论者则清楚知道："大选再次被窃取了！"①然而，由于外国政府不愿意宣布选举无效，因为担心引发动荡和更大程度的暴力。肯尼亚民众只得不情愿地接受了这一结果，在接下来五年里继续忍受莫伊和肯盟统治。

后果

莫伊向投票人承诺"一个更为稳定而自信的肯尼亚，我们在国内所关注的不再是对抗；在这个国家，政治差异不再意味着个人仇恨"。② 然而，随着1997年投票结果公布，很多地方形势变得更加剑拔弩张。由于族群投票模式广泛存在，很多个人和群体开始清算旧账，惩罚那些所谓的背叛者。

从1月初开始，莱基皮亚的基库尤人和桑布鲁人之间发生暴力冲突。桑布鲁族年轻人策划了牲畜劫掠和纵火袭击。他们穿着竞选期间的T恤衫，上面还赫然印着肯盟的口号，这一事实清楚表明了袭击的动机。一位基库尤难民告诉教会组织，"就在我们拒绝投票给

---

① Willy Mutunga, *Constitution - Making from the Middle*: *Civil society and transition politics in Kenya*, 1992 - 1997, Nairobi, 1999, p. 235.

② "Clashes hit Rift Valley again", *Update on Peace and Reconciliation*, January 1998, p. 4.

卡里乌基和莫伊总统的那一刻，我们就知道这里会发生冲突"①。类似情况也出现在纳库鲁地区的恩乔罗。基库尤族年轻人予以还击，并将矛头指向了当地的卡伦金人。基库尤人在从恩乔罗通往茅纳鲁克（Mau Narok）镇的公路上设置路障，并将截获的卡伦金人从车里拖出来殴打。1998 年 1 月，总共有超过 300 户家庭被迫离开恩乔罗。"这与选举密切相关。"一名卡伦金难民告诉教会工作人员。这位难民所在的难民营设于凯基努尔（Kiginor）小学。"基库尤人之所以抗争，是因为他们不愿意接受莫伊总统已经赢得大选这一事实。"② 就在莫伊获胜之后四周时间里，超过 100 人在恩乔罗被杀。尽管有教会和反对派领导人的呼吁，暴力仍然持续了数周甚至数月时间。

在早已发生过冲突的地方，当地民众预料到冲突可能继续发生。由于缺少安全部队的有效保护，因此当地民众只能选择自保。在泛恩佐亚，波克特族年轻人早就将矛头指向卢亚人，村民们组织起治安团体。2 月 27 日，该地区科勒姆（Chorlem）遭受攻击后，来自科勒姆和附近卡普科伊（Kapkoi）的当地治安团跟踪着波克特族袭击者来到一户人家，他们在这里抓获 7 名波克特人。袭击者选择投降，但还是被治安团活活打死。科勒姆事件导致冲突变得更加严峻。治安自保非但未能阻止劫掠的发生，反倒激起了波克特人的复仇情绪。到 4 月初，洛托多和他在其他地方的同伙的暴力行为，使得自从选举以来已经有 3 万多人背井离乡，超过 120 人丧生。然而，洛托多却并未受到惩罚。尽管莫伊总统与他的关系并不和睦，但是总统并不相信洛托多参与了西波克特、泛恩佐亚和马拉克维特等地冲突事

---

① "Why clashes erupted in Rift Valley", *Update on Peace and Reconciliation*, January 1998, pp. 5 – 6.

② Ibid. .

件。"洛托多是无辜的，他并未与任何肯尼亚人有瓜葛。"总统声称。①

国家正经受着痛苦的争斗，而 1998 年 8 月 7 日早晨所发生的惨剧，使得肯尼亚国内出现短暂团结局面。当天上午 10 点 30 分，一辆卡车驶入内罗毕市中心的美国使馆官邸后面的停车场。保安人员竭力阻止它进入到使馆区域，但是开车人先是朝保安开枪，接着扔了一枚手榴弹，然后又引爆了车上炸弹。玻璃和碎石如同冰雹一样落在繁忙的海尔塞拉西大街和莫伊大街上。海尔塞拉西大街位于城市中心商业区的最南端，而莫伊大街距离爆炸地点只有一街之遥。尽管美国大使馆安然无恙，但是邻近的乌凡迪（Ufundi）大楼却被炸毁，而其他邻近的建筑也严重受损。这一袭击导致 213 人遇害，其中 201 人是肯尼亚人。不到数天时间，基地组织声称对此事件负责。整个国家处于悲愤之中，肯尼亚人的内斗暂时停歇。然而，这一团结只是暂时的。

1998 年 12 月，裂谷省北部地区再度发生暴力事件，在接下来的数月时间里，大约 300 人被杀。唾手可得的武器，使得这些争端比以往更具杀伤力：部分是因为非洲之角和大湖地区冲突的持续发生，到 2002 年，每年大约有 1.1 万支枪流入肯尼亚黑市。2001 年，人权观察组织发现，枪支的最低价格竟然只要 65 美元。② 大量廉价武器的存在使得劫掠牲畜成为极赚钱的生意。20 世纪 90 年代末到 2000 年前后，裂谷省北部发生大规模的牲畜劫掠，而之后"两三天时间里"，"一辆辆装满牲畜的卡车驶出克里奥峡谷"。这些牲畜被送往

---

① "The quotes of the month", *Update on Peace and Reconciliation*, April 1998, p. 9.

② Human Rights Watch, *Playing with Fire*: *Weapons proliferation*, *political violence*, *and human rights in Kenya*, New York, 2002, p. 7.

全国各地屠宰场，这表明劫掠者希望尽快得到现金回报，而非将这些牲畜归入自己的牲畜群中间。

牲畜劫掠和获取武器的结合，常常导致致命后果。2001 年 3 月，53 名马拉克维特人，其中以妇女儿童为主，在摩尔库图（Murkutwo）遭波克特人袭击者杀害。波克特人发动袭击，是为了报复一个月之前马拉克维特年轻人的牲畜劫掠。由于马拉克维特人很快就将牲畜卖掉，寻仇的波克特人无法找回自己失窃的牲畜，因此他们攻击邻近的摩尔库图村民。① 洛托多试图否认对于这些事件负责。"我并不是一个偷盗牲畜者，"他抗议道，"我这样一个年近六十、大腹便便的人怎么可能劫掠牲畜？"② 然而，在肯尼亚式民主中，类似于洛托多这样的成功政客，他们完全有能力组建并武装私人军队，实施劫掠牲畜这样的非法行动，并把其他族群民众赶出所在选区。在莫伊统治末年，肯尼亚陷入持续动荡不安之中。

莫伊政府对此负有最终责任。1999 年 7 月，由阿基乌米（Aki-wumi）法官担任主席的司法委员会发布了一份关于 20 世纪 90 年代冲突事件的报告。它的结论令人震惊。这一报告详细披露了政客、肯盟官员、地区官员、地区和省级专员以及安全部队军官实施暴力犯罪的过程。报告甚至指名道姓地点出了应当进一步调查的 64 人，其中包括部长尼古拉斯·比沃特和威廉·奥莱·恩提玛玛、海岸省前任地区专员威尔弗雷德·基马拉特（Wilfred Kimalat）以及夸莱和

---

① NCCK, Netherlands Development Corporation and Semi – Arid Rural Development Programme, *Pacifying the Valley: An analysis on the Kerio Valley conflict*, Nairobi, 2002.

② "Lotodo on cattle rustling", *Update on Peace and Reconciliation*, March 1999, p. 7.

蒙巴萨的前地区专员。① 这份报告披露出，政府各级、各部门都涉嫌参与 20 世纪 90 年代的冲突，但是莫伊政府拒绝接受阿基乌米的建议。莫伊政府的官方回应否认了报告结论，称它基于"道听途说、闲言碎语"，因此不足为信。而且，政府拒绝了进一步调查的建议，声称委员会并未发现足以进行指控的新证据。②

群众帮

不安的滋长也为其他形式的暴力在肯尼亚社会的蔓延创造条件。在考察 20 世纪 90 年代初吉西地区突然增多的所谓巫师谋杀案之后，人类学家尤斯图斯·奥根博（Justus Ogembo）指出，随着冲突爆发，"法律和秩序崩解，人们有机会发泄长期存在的恐惧和仇恨情绪"③。这一霍布斯主义观念部分是正确的：通过鼓动教唆暴力，并且拒绝惩罚煽动者，政府使得暴力合法化，并将其作为解决所有的政治、社会和经济不满的手段。然而，在这个所谓的自由公正选举和市场经济时代，除"长期存在的恐惧和仇恨"之外，还包括新近出现的不满情绪。

通过 20 世纪 80 年代末 90 年代初的援助协议，国际货币基金组织、世界银行和外国捐助者开始鼓励肯尼亚政府实施改革，从而推动经济增长。肯尼亚所出现的人口快速增长与经济停滞，这二者的

---

① Republic of Kenya, *Report of the Judicial Commission Appointed to Inquire into Tribal Clashes in Kenya*, pp. 286 – 291.

② Republic of Kenya, *Comments by the Government on the Report of the Judicial Commission Appointed to Inquire into Tribal Clashes in Kenya* (Akiwumi Report), Nairobi, 1999, p. 30.

③ Justus Mozart Ogembo, "The rise and decline of communal violence: Analysis of the 1992 – 94 witch – hunts in Gusii, Southwestern Kenya", unpublished PhD thesis, Harvard University, 1997, pp. 168 – 169.

结合尤其值得关注。国际货币基金组织相信，倘若要吸纳所有学校毕业生，肯尼亚政府每年需要创造 50 万个工作机会。而且，倘若要保证失业率维持在 5% 以下，那么经济增长需要在十年时间里维持年平均 8% 的增速。外国专家们认为，农业和园艺业产品扩大出口是维持这一增长的主要推动力。政府放松了控制农村经济的一系列规章制度，花卉和蔬菜等出口农作物生产受到鼓励。尽管某些人从中大为受益，但是对于更多人而言则是非常困难的时期。贸易平衡状况变得更加糟糕，外债激增，经济增长放缓。① 农村经济自由化也产生了预料之外的后果，其影响远远超出经济范畴。

在齐贝吉的尼耶利地区，咖啡农尤其经受着新经济秩序所带来的苦难。作为这一主要出口农作物的生产者和地方经济主要支柱，咖啡农在 20 世纪 90 年代末的处境糟糕透顶。恶劣天气、咖啡豆病（coffee berry disease）以及行军虫虫害肆虐，这些因素导致 1997 年至 1999 年产量锐减。政治和经济环境同样糟糕。直至 1996 年，地方咖啡合作社一直是由政府通过农业合作专员直接控制。根据结构调整计划所要求的经济改革，这些合作者们开始实现自治。然而，这些改革并未给尼耶利咖啡生产者和消费者带来什么好处。相反，咖啡产量下降，质量下滑，农民收入大幅缩水。

由于缺少其他收入来源，小农们最为真切地感受到这些消极影响，因此强烈主张对于合作社进行改革。在他们看来，这些合作社代表的是大农户的利益。小农们希望与锡卡咖啡厂（Thika Coffee Mills）订立合同，但是控制着合作社的大农户则更愿意维持与肯尼

---

① Paul Nugent, *Africa since Independence*：*A comparative history*，Basingstoke，2004，pp. 336 – 337.

亚种植者合作联社（Kenya Planters' Cooperative Union）现有协议。按照基拉伊图·穆伦吉的说法，"这是剥削者与被剥削者之间的解放斗争；居于压迫地位的咖啡精英与被压迫的咖啡农之间的斗争，这些咖啡农试图推翻那些骑在他们背上的强盗"①。随着争端在1999年不断升级，农民冲击生产设施：一人被杀，多人受伤。这一争端在当地被称作"咖啡之战"，造成了巨大的间接影响，来自咖啡的收入减少导致尼耶利家庭收入的下降以及在校人数锐减。到2000年，由于危机的影响，再加上持续的干旱，尼耶利和中部省其他地区出现严重粮食危机。在尼耶利和邻近的尼扬德鲁阿地区，25万人急需紧急援助。

在尼耶利，欧特雅议员齐贝吉以及该地区其他重要政客，从一开始就卷入这场争端。对于小农户所抱怨的现有咖啡合作社管理模式失败，尽管齐贝吉和来自尼耶利的其他民主党议员表示同情，但是他们明确反对小农经济。齐贝吉非常幸运，因为再分配政策已经有很长一段时间没有成为公共辩论主题。反对派领导人对于"咖啡之战"的表态，并未影响到欧特雅贫穷选民支持者的投票习惯：除继续支持齐贝吉及其精英政客之外，他们别无选择。然而，尼耶利穷人和很多其他的基库尤人试图表达经济不满和政治幻灭感，不过他们是以正式选举政治之外的方式。

城镇穷人也得出类似结论。对于城市贫民而言，结构调整时期生活极为艰辛——甚至要比乡村地区更困难。由于农产品固定价格的取消以及决策失误，粮食价格暴涨。基本医疗和教育服务市场化也增加了普通家庭负担。中央与地方政府开支缩减，再加上严重腐

---

① Murungi, *Mud of Politics*, p. 146.

败，这进一步妨碍了政府提供基本的公共服务，例如饮水、供电、治安和垃圾处理等。甚至在生活成本上涨的情况下，内罗毕和其他主要城市居民仍然很难找到工作，因为公共领域雇佣机会锐减。随着当地和中央政府合法功能减退，其他力量进来填补这一真空。

肯尼亚民众对于莫伊政府和世界银行已经不抱任何希望，不再相信它们能带来财富，而是开始信奉五旬节教派（Pentecostalism）。昔日由美国或尼日利亚著名牧师所主导的城镇日常祈祷集会、周日礼拜和日常的大众奋兴布道活动（mass revival events）等公共空间，逐渐由五旬节派教会所接管。五旬节教派在农村地区发展速度十分惊人。在新近实现自由化的电台和电视台频道中，宗教广播占据相当大部分。由于福音流行，五旬节派的讯息（message）得以在整个肯尼亚社会传播。

按照斯蒂芬·埃利斯和赫里耶·特·哈尔（Gerrie ter Haar）关于宗教在当代非洲政治中作用的论述，"在这样一个世界里，权力通常被视作邪恶民众用来破坏和平与和谐的工具"①，五旬节派教会成为肯尼亚人认知这一世界的主要工具。按照他们的说法，教会为会众提供改善生活的机制。"为了繁荣富足，请亲口忏悔，"内罗毕最大的五旬节派教会"极大神迹中心"（Maximum Miracle Centre）创始人皮乌斯·穆伊鲁（Pius Muiru）告诉会众，"令你的口成为命运之门。你将因为思考而富裕。"② 虽然教会成员并不都是富裕的，但是很多布道者所传达的信息是"关于胜利、成功和成就的，尤其是健

---

① Stephen Ellis and Gerrie ter Haar, "Religion and politics in sub‑Saharan Africa", *Journal of Modern African Studies*, 36 (2) (1998), p. 177.

② Paul Gifford, *Christianity, Politics, and Public Life in Kenya*, London, 2009, p. 119.

康和财富，并且他们底气十足。"①

　　五旬节教派兴起，正如詹姆斯·史密斯（James Smith）所分析，还表现为对于神秘和魔鬼形象的关注："魔鬼是普遍存在的，无论人们是否意识到这一点，任何经济进步，无论是个人还是社会的，都需要消除这一点。"② 在国家日益贫弱的情况下，富人仍然能够发财，这使得很多人质疑他们的财富积累方式。肯尼亚人也对于这样一个不受欢迎的现政权仍然能够掌权表示质疑，尽管多党制选举原本被认为会使得政治更加透明负责。五旬节教义及其关于魔鬼的观念，提出了一种令人信服的解释，而这是民主化、发展和人权所无法给出的。正如一位作家在展望即将到来的 2000 年时所写，魔鬼住在"国家宫（总统的官方寓所）之内，正在吞噬着整个国家和宗教"。③ 当然，五旬节教派的抱负与积累的"讯息"并不能让所有人受到鼓舞。然而，甚至那些感到无法梦想财富的人，也以自己的方式讨论莫伊时代的政治和社会状况。

　　世纪之交的几年时间里，在中部高地（Central Highlands）农村和城镇地区，被剥夺选举权的基库尤年轻人纷纷加入一个名为"群众帮"（Mungiki，基库尤语里意为"大批民众"）的组织。1985 年，"群众帮"成立于巴林格地区吉特瓦姆巴（Gitwamba）的乡村公社。据其中一位创建者马伊纳·恩金加（Maina Njenga）所说，"包括我

---

　　① Paul Gifford, *Christianity, Politics, and Public Life in Kenya*, London, 2009, p. 117.

　　② James Smith, *Bewitching Development: Witchcraft and the reinvention of development in neoliberal Kenya*, Chicago, 2008, p. 84.

　　③ Robert Blunt, "Satan is an imitator: Kenya's recent cosmology of corruption" in B. Weiss (ed.), *Producing African Futures: Ritual and reproduction in a neoliberal age*, Leiden, 2004, p. 319.

在内的很多人受到神灵的召唤，我们呼吁所有基库尤人和非洲人返璞归真"。正如恩金加在 1998 年告诉记者的：

> 我是（纳库鲁）约莫·肯雅塔高中的一名学生。上帝召唤我们摒弃白人的行事之道。他说我们放弃了昔日使得我们团结的价值，因此背弃了他。这正是我们受苦的原因。①

"群众帮"起初强调本土宗教信仰，并且声称独立于西方文化价值，"群众帮"代表着一种族群团结诉求，很多基库尤人认为这将能够恢复他们往日权势。用锡卡"群众帮"成员的话说，他们"是茅茅运动真正的儿子"。②

"群众帮"由于支持富有争议的起誓和女性割礼（现在通常被称作"女性阴蒂切除"）而臭名昭著。在肯尼亚基督教化即将完成的情况下，这些行为与 20 世纪 90 年代盛行的宗教观念相脱节。尼耶利地区议员马图·瓦梅（Matu Wamae）谴责"群众帮"是"反动、危险而落后的。这如同将中部省民众带回到四十年前已经放弃的行为"③。然而，事实证明，"群众帮"文化政治随着环境而变化。除了土著宗教信仰的承诺之外，这一组织领导者和追随者也尝试引入伊斯兰教教义，最近还试图引入五旬节教派教义。不过，随着"群众帮"57 名成员在一场庭审上被捕，"群众帮"追随者吸着鼻烟、梳着长发绺的基库尤传统主义者形象逐渐深入人心。

"群众帮"并非植根于过去，而是充满问题的社会现状的产物。

---

① Gakiha Weru, "Mungiki: Dangerous subversives?" *The Nation*, 28 June 1998.

② Paul Harris, "Religious cult inspired by bloody rebellion: 'True sons of the Mau Mau' reject western culture in Kenya", *Ottawa Citizen*, 16 January 2000, p. 8.

③ Gakiha Weru, "Mungiki: Dangerous subversives?" *The Nation*, 28 June 1998.

它是对于基库尤社会内部分化以及基库尤族精英无法解决这一不平等的回应。2000 年，"群众帮"全国协调员恩杜拉·瓦鲁英格（Ndura Waruinge）表示，"我们有责任动员与推进经济、政治和社会变迁，从而确保民众主宰自己命运"①。马伊纳·恩金加认为这一组织为穷人"实现良治，以促进正义与繁荣"的要求提供了发言渠道。恩金加明确反对失业："当人们失业时，你们无法实现和平……当贫民窟遭到破坏而又不给他们提供安置，这样无法实现和平。"② 对于基库尤穷人而言，这一呼吁极具吸引力，只有"群众帮"对于族群团结的呼吁才比得上。

在全国范围内，20 世纪 90 年代多党选举和暴力事件引起族群情感爆发。在面对来自裂谷省卡伦金人威胁情况下，"群众帮"是基库尤人表达团结的一种方式。在 20 世纪 90 年代冲突过程中，当地"群众帮"积极分子参与组织治安团体来保护基库尤家庭。大量失地的基库尤人加入"群众帮"之中，他们在面对暴力袭击情况下仍然选择留在裂谷省东部、中部省和内罗毕等地。乔治·尼扬加（George Nyanja）议员，隶属拉伊拉·奥廷加的民主发展党阵营，他在接受电视节目采访时表示："我之所以支持群众帮，是因为我得知他们的目标是将基库尤人团结起来。"很多基库尤人与尼扬加观念是一致的，认为这"是一个高贵的观念"。③

群众帮不只是 20 世纪 90 年代肯尼亚政治中的族群因素的产物；它也是民兵在政治竞争中的角色日益凸显的结果。与 1992 年、1997 年选举相伴随的暴力和不安全，这意味着诸如群众帮这样的群体存

---

① Muthui Mwai, "What makes Mungiki tick?" *The Nation*, 23 October 2000.

② Gakiha Weru, "Mungiki: Dangerous subversives?" The Nation, 28 June 1998.

③ BBC Monitoring Africa, "Police search MP's house for firearms", 25 November 1998.

在于每个城镇之中。政客们支持私人军队和民兵，为的是自保和攻击竞争对手。例如，在整个多党时代，"巴格达男孩"（Baghdad Boys）为基苏木的卢奥族政治领导人提供安全保障。很多基库尤族议员也是以类似方式利用群众帮。作为对于提供这些服务的回报，并且享有强有力的政治庇护，群众帮行动范围大大拓展，它发展成为一个犯罪团伙。

随着 20 世纪八九十年代法律秩序式微，匪帮已经成为内罗毕和卫星城镇中的生活常态。尽管工作机会、福利和干净舒适的廉价住房十分紧缺，但是枪支却十分容易弄到手。一项调查显示，2001 年内罗毕大约有 5000 支非法枪支。① 大量的匪帮活动是以公共运输网络为中心，这一网络主要由大量的私营小巴构成。由于治安变得越来越没有成效，匪帮在交通要道沿线和遍布全市的终点站建立起保护费勒索站。2001 年，任何想要营运小巴的车主都需要向控制这条线路的黑帮缴纳 3 万至 8 万肯尼亚先令（430—1150 美元）的"起步费"。彼得·噶述古（Peter Gashogu）拥有一辆在通勤线路上运营的车辆，他描述了"匪帮将这些城市线路据为自己的地盘，向小巴经营者敲诈了大量钱财"。另外，一旦小巴离开了相对安全的市中心，"成群结队、吊儿郎当的年轻人占据着小巴上下客的要地"。司机和售票员被迫交出每位乘客 5 先令（0.07 美元）保护费，否则后果不堪设想。② 由于这些线路上车费大概只有 40 先令（0.6 美元），

---

① Sabala Kizito, "The proliferation, circulation and use of illegal firearms in urban centres. The case of Nairobi, Kenya", unpublished paper presented to United Nations and Economic Commission of Africa and International Resource Group on Disarmament and Security in the Horn of Africa at the "Curbing the Demand Side of Small Arms in the IGAD States: Potentials and Pitfalls", conference, Addis Ababa, 26 April 2001, p. 3.

② "Matatu owners paying protection money", *The Standard*, 5 November 2001.

对于车主和雇员来说，匪帮的这一讹诈不啻一场灾难。

求助于警察毫无用处。警察腐败猖獗至极，与罪犯毫无二致，这些警察自然不会把小巴车主的境遇放在心上。上面提到的这位小巴车主噶述古抱怨道："如果我们去找警察，他们不会提供帮助。事实上，警察已经成为我们每天所要面对问题的一部分。"① 警察设置的路障，表面上是为了遏制匪帮和其他犯罪行为，却成为非官方的收费站，往返巴士还要向这些警官缴纳费用，以免因为小过失而吃罚单。

匪帮们顽固不化，并不认为自己勾当有何不对。"我们是通过诚实手段谋生，我们有权这样做，"基图拉伊（Githurai）一个名叫约瑟夫·奥博克（Joseph Obok）的匪帮头目说道，"作为失业的年轻人，我们厌倦了整日无事可做，我们决定来这里自谋生路。"② 奥博克属于另外一个名为卡姆杰什（Kamjesh）的黑帮，它控制着很多小巴线路。卡姆杰什帮重新操持这一生意，这让群众帮成员眼红，他们自从 1998 年起就试图从卡姆杰什帮手里夺过这些保护费勒索站，并为此逐个地区进行争夺。例如，为了争夺丹多拉（Dandora）的小巴线路控制权，从 2001 年 9 月起的两个月时间里，群众帮和卡姆杰什帮展开血腥争夺。"匪帮杀害我们的人民如同杀鸡一样，警察则无所作为！"丹多拉小巴车主代表抱怨道。③ 在两个帮派多次街头血拼中，共有 17 人被杀。在匪帮血拼的几周时间里，整个丹多拉和邻近地区的犯罪和暴力事件剧增。在警察保护伞支持下，并且由于来自邻近的非正规定居点马塔莱以及其他地区年轻人的支持似乎是源源

---

① "Matatu owners paying protection money", *The Standard*, 5 November 2001.

② "Deadly matatu wars", *The Standard*, 5 November 2001.

③ "Three slain over commuter route dispute", *The Nation*, 18 September 2001.

不断，群众帮最终获胜。[1]

在夺得丹多拉控制权后，恩杜拉·瓦鲁英格公开宣称，群众帮将会控制内罗毕所有的公交线路。小巴车主意识到抵抗是徒劳的，而当局也不会介入，他们选择与群众帮妥协。例如，2001 年 11 月，由经营着从内罗毕经由锡卡镇抵达穆拉雅的小巴车主们选出代表，他们与群众帮头目在内罗毕的一家酒店举行会谈，协商保护费具体条款。200 名左右车主同意，每天向群众帮支付每天每辆小巴 500 先令（7 美元），而群众帮则提供保护。内罗毕其他公交线路，以及连接内罗毕与肯尼亚山地区和裂谷省东部城镇的线路，也都达成类似协定。在整个这一地区，大约有 500 辆小巴处于群众帮控制之下。

这一生意的丰厚利润反映了群众帮日益增强的经济影响力。在丹多拉小巴之战后的周日早间新闻节目上，瓦鲁英格声称，群众帮成员所缴纳的入会费总计超过 80 亿先令（1150 万美元）。他甚至声称群众帮目前已经拥有超过 400 万成员。不管这一数字是否准确，群众帮无疑已经成为内罗毕和周边地区的"影子政府"（shadow state）。

正如瓦鲁英格在国家电视台的讲话所表明的，群众帮头目根本不关心维持一丁点的合法性，他们也不担心自己的行为公开化。尽管警察定期展开针对匪帮的行动，但是这些活动通常没有多少效果，嫌犯经常很快就获释，而且警察也并未采取太多行动来抓捕匪帮头目。"政府是不是已经放弃了维持法律与秩序的职责，任由群众帮横行肆虐而毫不干预？"来自基苏木的反对派议员埃里克·戈尔·松古（Eric Gor Sungu）在议会中质问道。[2] 正如约翰·基松戈在新闻专栏

---

① David Anderson, "Vigilantes, violence and the politics of public order in Kenya", *African Affairs*, 101 (405) (2002), pp. 531 –555.

② "Gov't blasted for continued operations of gangs", The Standard, 14 November 2001.

中所评论的："群众帮显然并非看上去那么简单。"① 只要弄清莫伊在任职即将结束情况下的意图，就很容易理解群众帮在肯尼亚政治谜团中的地位。

经过修改的宪法保持了多党政治，而总统任期受到限制。以后的总统任期将会限定为两届，每届四年，但是这一条款并不具有追溯力。因此，莫伊得以继续担任两届总统。不过，到2002 年，他的统治还是到头了。尽管莫伊最初不愿意任命接班人，但是到2001 年、2002 年，显然他所青睐的接班人是乌呼鲁·肯雅塔（Uhuru Kenyatta），开国总统之子。这也得到群众帮头目支持。"我们宁可投票给莫伊和肯盟，让他们重新掌权，也不要让反对派联盟掌权，他们注定要灭亡。"瓦鲁英格在2002 年3 月告诉媒体。②

然而，莫伊并未有特别打算为肯雅塔赢得群众帮支持。在整个20 世纪90 年代，莫伊及其支持者极力制造一种普遍存在的不安全状态，从而达到贬损选举制度的企图，群众帮对于莫伊政权的意义正在于此。而且，对于作为反对派领导的基库尤政治精英而言，群众帮是一个巨大挑战。在基库尤社会内部——政府官员是这样想的——群众帮可能导致选民沿着阶级界限而出现分裂，社会贫穷阶层为了应对日常面临的问题，他们会转向匪帮而非政治精英。对于其他的肯尼亚人来说，群众帮则是基库尤人试图实施暴力以攫取权力的例证。关于茅茅运动的历史记忆，1969 年起誓争议以及1978 年蒙盖试图阻挠莫伊接班，这些似乎都证明了这一点。群众帮幕后老

---

① John Githongo, "Why won't the state clip them dreadlocks?" *The East African*, 15 November 2000.

② "Mungiki sect to support Kanu, Saitoti and Uhuru in poll", The Standard, 4 March 2002.

板希望，这一切将会破坏齐贝吉等人在选举中的影响力。即便莫伊对于群众帮失去耐心，它的地位仍然牢靠：瓦鲁英格在 2001 年 11 月声称，群众帮成员中有超过 7500 名警官。

群众帮能够随意采取行动而不用担心警察干预。除小巴外，这一组织还试图染指市政当局所放弃的其他社会领域。这其中最为重要的是维持治安，这取代了早已被人遗忘的地方安全保障。通过恐怖暴力方式，匪帮实现了自己势力范围内的统治。例如，2002 年 2 月 1 日，在丹多拉的基巴吉（Kibarage）违章定居点，大约 40 名匪帮成员杀死了 4 位居民。这 4 名受害者的住处显然是随意选择的，这几名男性家长被强迫离开住房后被杀。群众帮成员敲开塞莱斯廷·奥贡加（Celestine Ogunja）家门，并命令她的丈夫出来。然而，奥贡加是一个寡妇，所以匪徒们只好让邻家男人出来。"我警告他不要出去，但是他并未在意我的警告，于是被残忍杀害。"奥贡加回忆道。① 第二天凌晨，成百上千名居民逃离基巴吉。在有着大量基库尤族人口的中央高地城镇中，当地居民开始组建民兵组织，从而保护自己人身财产免受群众帮成员的劫掠和其他犯罪行为。

这些民兵组织与匪帮之间冲突不断。在内罗毕卡里奥班吉（Kariobangi）地区，当地民兵组织被称作"塔利班"。3 月 2 日清晨，"塔利班"在卡里奥班吉市场巡逻。他们遇上了正准备乘车离开的群众帮成员，他们是准备去参加在尼扬德鲁阿举行的仪式活动。两派之间爆发激烈冲突，共有 3 人被杀，其中包括 2 名群众帮成员。第二天晚上八点半，大量群众帮成员乘着卡车蜂拥而至，这些人在卡里奥班吉繁忙的卡门德路（Kamunde Road）下车。约瑟法特·基

---

① "Four people murdered in Dandora", *The Standard*, 3 February 2002.

努希亚（Josephat Kinuthia）透过自己家的窗户目睹了匪徒的暴行，他们是在为前天晚上遇害的同伙复仇："大约有 300 人，他们气势汹汹地挥舞着大砍刀和斧头。我目睹人们被活活砍死，这实在令人感到恐怖。"① 大多数被杀者是卢奥人。在卡里奥班吉 5 万名居民中，卢奥人和卢亚人、索马里人占大多数。正如一位目击者斯蒂夫·奥蒂埃诺（Steve Otieno）所回忆："我偷偷听到他们问受害者要身份证，并盘问他们来自哪个部落。有时他们甚至不等这些受害者报出自己的姓名或者亮出自己的身份证，就直接发动袭击。"② 在持续了三十分钟的冲突过程中，群众帮大约杀了 23 人，并造成 28 人重伤。很多尸体被群众帮肢解，然后扔到路边水沟里。

莫伊坚持认为政府不应该为卡里奥班吉屠杀负责。他把责任完全归咎于警察，他表示："我不希望听到有人说，任何人只是因为肯盟掌权而受到伤害。"③ 这一群体以及其他 17 个类似组织被明文取缔，瓦鲁英格以及群众帮主要支持者、内罗毕因巴卡西选区的议员戴维·穆温杰（David Mwenje）和很多的帮会普通成员一道遭到逮捕。然而，这一针对群众帮的镇压只持续了数天时间。瓦鲁英格和穆温杰二人很快就获释，匪帮成员继续活跃于内罗毕和中部高地。

混乱与腐败的逻辑

2002 年 8 月，肯尼亚民众怀着担忧恐惧心态迎来了大选。尼耶利镇议员万伊里·基霍洛，曾经是一名政治犯，要求总统确保把群

---

① "20 die in slum savage attack", *The Nation*, 5 March 2002.

② "Witnesses tell of death and violence", *The Nation*, 5 March 2002.

③ "Police blamed over murders", *The Nation*, 8 March 2002.

众帮"从大街上清理走"，他接着说道，"在任期结束之前，莫伊总统有责任使这个国家摆脱混乱失序状态，这样他才能心安理得地退休。"① 自从被关在尼亚约大楼那一天起，基霍洛就非常清楚，莫伊及其支持者准备无限期地把持权力。2001 年的一个周末，锡卡的群众帮成员和警察之间发生冲突，事后一名警察发言人表示"没有人愿意看到暴力冲突"。② 他所说是错误的：至少莫伊乐见暴力的发生。在这场寡廉鲜耻的权力争夺中，总统及其同伙将整个国家拖到了崩溃边缘。

日益猖獗的腐败和动荡局面严重削弱了肯尼亚的民主和经济。整个社会自上而下，那些能够在莫伊统治最后十年取得成功的人，通常都是混乱的制造者，他们确立自己的权力基础、经济财富和社会地位，这些都是建立在操纵利用暴力和犯罪环境的能力之上。谋财害命、发展私人武装以及能够按照侍从网络来分配职务，这些都成为政治制度的重要组成部分。在捐助国扶持下，公民社会和舆论自由的力量日益增强。尽管如此，在正式政治之中，以理性、平和的辩论和协商为基础的政治异见，仍然没有容身之地。

那些敢于揭发国家领导人滥用权力的人继续受到侵扰。自 20 世纪 90 年代以来一直反抗土地剥夺的旺加里·马塔伊，继续勇敢地抗争着。她反对私人开发内罗毕近郊的卡鲁拉（Karura）森林，结果遭到警察暴打，而总统对此冷嘲热讽。其他人因为反对总统而付出的代价更高。约翰·凯泽神父，我们上一章中所提到的美国天主教牧师，在 20 世纪 90 年代冲突中勇敢地批评政府行径。1999 年，在

---

① "Mungiki agenda in succession race", *The Nation*, 25 August 2002.

② "Mungiki officials call for a truce", *The Nation*, 6 February 2001.

关于 20 世纪 90 年代冲突的司法调查中，他作证指控多名政府高官参与策划冲突。次年，凯泽发起了一场支持弗洛伦斯·穆帕耶伊（Florence Mpayei）的运动，穆帕耶伊指控内阁部长朱利乌斯·桑库里（Julius Sunkuli）强暴了她。8 月 24 日，凯泽的尸体被人发现在裂谷省的纳库鲁—纳瓦沙高速公路附近。他显然是被谋杀的，尽管政府矢口否认。肯尼亚状况糟糕透顶。"肯尼亚面临着最严峻的危机，"反对派议员詹姆斯·奥伦格（James Orengo）写道，"肯尼亚可能要完了。"① 在当时的社会状况下，越来越多的肯尼亚人开始相信，国家复兴的唯一希望就是肯盟和莫伊下台。考虑到当时的社会状况，这也就不足为奇了。

---

① James Orengo，"Kenyans must act to rise out of reforms and economic mess"，*The Nation*，13 August 2000.

第八章　一切照旧，2002—2011 年

玩蛇就得准备被蛇咬。

——内部安全部部长约翰·米丘基（John Michuki），2006
年 3 月 2 日①

继承

2002 年 3 月初，莫伊在卡里奥班吉附近举行集会，这里的屠杀事件过去还不到一周时间。在这次集会上，他指称肯盟领导层里面所谓的"青年土耳其人"将是他年底退休后的接班人选。在讲台上，莫伊走过姆萨利亚·穆达瓦迪、拉伊拉·奥廷加、乌呼鲁·肯雅塔和威廉·鲁托（William Ruto）等人身边。当着集会群众的面，他挨个地问他们："如果我让你来接管权力，你是否会杀人？你是否能够正确地保护国家？"② 六年后，也就是 2007 年年底至 2008 年 2 月底，肯尼亚被一场严重暴力事件所吞噬，而莫伊所指定的这些候选人都

---

① Francis Openda, "Minister: Standard rattled the snake", *The Standard*, 3 March 2006.

② "Moi names top four in succession line–up", *The Nation*, 9 March 2002.

被指控参与暴力事件。尽管这些人未能接替他的职务，莫伊却道出了塑造此后十年肯尼亚政治的人选。在这四人中间，尤其是奥廷加、肯雅塔和鲁托，再加上穆瓦伊·齐贝吉，他们时至今日仍是政治舞台的主导者。莫伊所青睐的这些候选人与齐贝吉一道使得肯尼亚停滞在过去。

在这一群领导人中间，在 2002 年最出名的要数齐贝吉和奥廷加，他们在 1997 年成为总统候选人。齐贝吉显然是即将到来选举的主要角逐者，仍然坚定地信奉基库尤保守主义。不过，自从 20 世纪 80 年代初进入公众视野以来，奥廷加的政治在这一阶段经历了巨大变化。拉伊拉继承了其父的公共演讲才能，并且相貌更加仪表堂堂。他在 2002 年所宣扬的政治主张部分继承自他的父亲，尽管在很多方面有着很大不同。他继承了他父亲作为卢奥族主要领导人物的角色，但是他放弃了激进主义。在经历了冷战、结构调整、莫伊和肯雅塔之后的肯尼亚，再分配的意识形态讨论已经丧失了存在空间。

然而，对于奥廷加的竞争对手来说，奥廷加激进的过去太有吸引力，以至于无法忽视。他的家庭背景、在东德所接受的教育，以及与 1982 年政变的联系，这些通常被认为是不适合掌权的证据。例如，卡隆佐·穆西约卡（Kalonzo Musyoka）后来曾警告美国外交官，倘若奥廷加掌权，他将会成为"另一个查韦斯"。① 尽管这原本是一句贬损的话，但是在奥廷加听来，却是十分受用。尽管他时常声称是年轻人和边缘人群的代表，但是他缺少查韦斯的政治信念和意识形态内容。奥廷加难以摆脱对于卢奥族支持基础的依赖，他如同其

---

① Ranneberger to State Department，13 November 2007；07NAIROBI4427；Wikileaks cable viewer website，available at：http：//213.251.145.96/origin/62 _ 0. html（accessed 24 March 2011）.

他政客一样务实。尽管他父亲的经历，他本人也曾经是政治犯，奥廷加依然在 2002 年 3 月将民族发展党并入肯盟，希望凭借献出卢奥族选票来赢得肯盟总统候选人提名。

站在卡里奥班吉讲台上的威廉·鲁托，更多是作为莫伊的卡伦金族支持者，而非 2002 年总统选举的潜在候选人。在此前十年裂谷省政治中，鲁托逐渐成为重要领导人物。在第一次多党选举前夕，鲁托作为肯盟活动家、肯盟九二青年团领导人进入公众视野。如前所述，这一组织当时被指控侵扰反对派候选人及其支持者，并且犯下了煽动族群冲突罪行。这一经历让鲁托受益匪浅，为他成功获得 1997 年埃尔多雷特地方议会席位创造机会。一旦进入议会，他很快在政府内得到擢升，并于 2002 年 8 月出任内政部长。然而，围绕鲁托的争论不断。随后他在 2001 年被指控参与非法的土地交易，直至本书付梓之时，法庭审理仍然在进行之中。①

鲁托对于裂谷省投票人的吸引力主要在于：首先是寡廉鲜耻的族群中心主义——他费尽心机地将自己塑造成为莫伊之后的卡伦金族利益捍卫者；其次是他声称自己是被边缘化年轻人的天生代言人，凭据则是自己的年轻（他是 1966 年出生，相比之下齐贝吉是 1931 年生，奥廷加则是 1945 年生）。鲁托强调自己之所以选择支持乌呼鲁·肯雅塔作为莫伊接班人，族群和年龄是主要原因。他利用并鼓动卡伦金人担心在莫伊退休后遭受报复和孤立的恐惧心理。鲁托强调，与基库尤合作以及对于肯雅塔支持，使得卡伦金人即便在 2002

---

① Republic of Kenya, *Report of the Commission of Inquiry into the Illegal/Irregular Allocation of Public Land*, Nairobi, 2004, Annexes, Volume 1, p. 485.

年肯雅塔赢得选举之后仍然得到保护。① 肯雅塔相对年轻——2002 年他才只有 41 岁——鲁托以此来证明开国总统之子适合担当第三任总统。

在这一阶段，鲁托非常小心谨慎地遵从莫伊领导。莫伊尽管即将离任，但仍然是毫无争议的卡伦金族领导人，莫伊不愿意自我孤立于裂谷省主流观念。正如我们在前一章所看到的，莫伊毫不掩饰地希望小肯雅塔成为自己的接班人。事实上，莫伊的热情甚至要比肯雅塔自己成为政治领导人的意愿还要高涨。在 1978 年约莫·肯雅塔去世后，除了乌呼鲁的表姐贝丝·穆戈（Beth Mugo）外，肯雅塔家族成员大多远离政治舞台。乌呼鲁，是约莫的次子，恩吉娜"妈妈"的第四个孩子，似乎也将远离政治。直至 1997 年，乌呼鲁一直忙于打理家族商业利益，但是在莫伊鼓励下，他开始参与他所在地区议会选区选举。尽管家族名声以及总统支持，他在这次选举中仍旧遭遇惨败。然而，莫伊并未就此放弃。作为对于乌呼鲁选举失败的安慰，莫伊任命他为国营旅游委员会的负责人，此后又于 2001 年直接任命他担任议会议员。在此之后，乌呼鲁接班步伐加快，这后来被称作"乌呼鲁计划"（Project Uhuru）。莫伊的策略是显而易见的。他希望肯雅塔能够分散基库尤族选票，从而削弱齐贝吉支持基础。但是，莫伊也希望反对派再次分化，即便是成功当选的候选人也至多得到三分之一的选票。由于得到即将离任总统的认可，乌呼鲁足以赢得肯盟在裂谷省的权力基础，即便是遭遇到强劲对手，如此可观的基库尤族选票也可以让乌呼鲁虽败犹荣。

---

① Fred Jonyo, "The centrality of ethnicity in Kenya's political transition", in W. Oyugi, P. Wanyande and C. Odhiambo Mbai（eds）, *The Politics of Transition in Kenya：From KANU to NARC*, Nairobi, 2003, p. 173.

对于莫伊选择肯雅塔作为候选人，肯盟很多人表示怀疑。尽管如此，由于莫伊仍然在职，所以他的观点占了上风。2002 年 10 月 14 日，全国范围内的肯盟代表团聚集在内罗毕北部卡萨拉尼（Kasarani）体育中心，共同见证肯雅塔接掌肯盟领导权。超过 4500 名代表挤满整个会场。整个会场响彻着"自由与工作"（Uhuru na Kazi）的口号，这是肯盟自独立以来的口号，但是从未像现在这样贴切。在接受政党任命后，肯雅塔向代表们保证："我将全心全意地服务于我们伟大的人民、政党和国家，克己奉公，无私奉献，勇往直前，始终不渝。"[1] 然而，他的主要竞争对手大多没有出席他的接班仪式。莫伊的策略并未对反对派产生影响，反倒加剧了执政党分裂，并导致反对派团结。

一旦莫伊明确坚定支持肯雅塔的立场，数名肯盟领导人物即开始与反对党展开对话。曾经公开宣称即将成为总统候选人的肯盟内部"保皇派"，例如副总统乔治·赛托蒂、外交部部长卡隆佐·穆西约卡，他们都感觉受到极大侮辱。他们也意识到，肯雅塔不可能赢得总统选举。因此，为了维持自己的影响地位，他们试图找寻最可能的胜利者，这是这两个人的特点。美国大使后来曾经把穆西约卡描述为"一个只在意自己政治野心的机会主义者"。[2] 奥廷加也是一个机会主义者，同样不满肯雅塔获得提名。然而，与穆西约卡和赛托蒂不同，奥廷加既没有长期在肯盟任职的经历，也没有卷入过腐败和族群政治，因此他的名声并未受到玷污。奥廷加的民族发展党和肯盟的合并只是暂时的。从 2002 年 3 月开始合并，到 10 月两党联合草草收场，奥廷加还未曾受到玷污，他仍然是一个可信的总统候选人。

---

① "Kanu nominates Uhuru Kenyatta", *The Standard*, 15 October 2002.

② Ranneberger to State Department, 13 November 2007；07NAIROBI4427；Wikileaks cable viewer website（accessed 24 March 2011）.

当奥廷加开始与其他反对派领导举行会谈，认真务实的谈判就十分必要了，因为他们需要避免再次出现1992 年、1997 年自我失败的分裂。经过漫长的私下讨论之后，奥廷加和齐贝吉达成协定。齐贝吉这位尼耶利人将会成为反对派联盟一致推选的总统候选人，但是只能当一届总统。他们二人达成一致，持续的宪法改革讨论将会加快速度并在三个月内完成，从而为奥廷加设立总理职位。齐贝吉还承诺为奥廷加的支持者提供一半的议会席位。双方由此组成全国彩虹联盟（NARC）。就在肯雅塔获得提名这天，肯盟的叛离者们与其他反对派领导人一同站在市中心乌呼鲁公园舞台上。在观众欢呼声中，奥廷加宣布"齐贝吉图沙（Kibaki tosha）"——字面意思是"光有齐贝吉就足够了"，实际意思是"齐贝吉就是我们要选的人"。在这些口号声中，莫伊原本神秘而且看似不可动摇的统治被打破了。"仿佛整个国家觉醒了，决定将一切抓到自己手中，"新一代作家和知识分子领军人物必旺加·万尼那回忆道，"就在这一天之内，莫伊长达二十四年的统治开始崩解。"①

第二次解放

到12 月份举行选举时，全国彩虹联盟已经是一支强大力量。除了坚定支持肯盟和莫伊的卡伦金族之外，主要族群和地区在全国彩虹联盟领导层里基本上都有代表。反对派力量的广泛性和团结程度，使得很多人相信全国彩虹联盟代表着真正变革的机会，并且获胜在

　　① Binyavanga Wainaina, "Generation Kenya", Vanity Fair, July 2007, available at: http://www.vanityfair.com/ culture/features/2007/07/wainaina200707？ currentPa ge = 1（accessed 25 March 2011）.

望的预期，也使得领导班子空前团结，避免了分裂成相互竞争的派别。在经历了十年没有带来任何变化的民主之后，全国彩虹联盟的出现破除了很多肯尼亚人对于政治制度的愤世嫉俗态度。"所到之处都听到相同的话，"万尼那回忆道，"道路、新宪法、水管、供水、供电、教育。往常的部落沙文主义和粗俗的政治奉承，统统消失得无影无踪。"① 即便是造成 13 人遇害的蒙巴萨酒店恐怖袭击事件，以及 11 月 28 日发生的企图击落以色列民航客机事件，都未能妨碍竞选运动照常进行。12 月初，齐贝吉在一次车祸中遭受重伤，即便如此，竞选仍然照常。这之后到投票前数周时间里，全国彩虹联盟竞选运动是由奥廷加负责。

选举结果是压倒性胜利。齐贝吉赢得了将近三分之二选票，全国彩虹联盟的组成政党赢得 222 个议会席位中的 132 个。肯盟根本无法质疑选举结果，莫伊也并未做垂死挣扎。这一次选举相对和平。

结果一经公布，全国彩虹联盟支持者喜出望外。12 月 30 日，成百上千兴高采烈的民众涌入乌呼鲁公园，一同见证齐贝吉宣誓就职仪式。尽管齐贝吉还没有完全从车祸之中恢复过来，仍旧坐在轮椅中，但这丝毫没有影响到新总统向民众发表演讲。齐贝吉承诺，民众将全国彩虹联盟的胜利视作民族再生，而他绝不辜负民众期待："只要最初梦想持续存在，全国彩虹联盟就不会消亡。它将变得更为强大并联合成一个单一政党，它将会成为肯尼亚乃至整个非洲国家

---

① Binyavanga Wainaina, "Generation Kenya", Vanity Fair, July 2007, available at：http：//www. vanityfair. com/ culture/features/2007/07/wainaina200707？ currentPa ge = 1 （accessed 25 March 2011）.

希望之光。"① 很多民众在家里或者酒吧中收看了电视直播，他们也是兴奋异常。在凯里乔，约瑟夫·奥德海默（Joseph Odhimbo）宣称，"我们的沮丧之情一扫而光"。在齐贝吉故乡奥特雅，他的支持者们撕毁了办公场所和公共建筑所悬挂的莫伊画像。在全国其他地方，莫伊的旧画像很快就被取了下来，取而代之的是笑容可掬的第三任总统照片。②

一位名叫露丝·奥达里（Ruth Odari）的民众在基苏木家中收看了齐贝吉的就职典礼。正如她告诉《民族报》（The Nation）的："我们已经得偿所愿，接下来我希望（全国彩虹联盟）能够兑现小学教育免费和经济复兴的承诺。"③ 她的期待很快实现，政府宣布取消公立小学学费。当 1 月份新学年开始时，有 130 万新生涌入小学，开始接受免费的小学教育。尽管这导致教室拥挤，学校其他资源也变得极度紧张，但是这一政策广受欢迎。

新政府积极采取措施纠正它所继承下来的很多问题，这给很多评论家留下深刻印象。"过去两个月时间里，肯尼亚所发生的变化令我们感到鼓舞。"欧盟驻内罗毕使团长加里·坎斯（Gary Quince）在 3 月份表示。随着莫伊亲信被清除出去并代之以干劲十足的新人，原本濒临倒闭的农产品销售局和其他国有企业重新焕发活力。"新领导层政策主题是经济复苏，而投资是其中关键。"一位肯尼亚经济智库的负责人说道。政府在司法和公务员系统高层中开展反腐行动。反腐败活动家和记者约翰·基松戈受命负责政府反腐败行动。"政府比

① William Ochieng, *The Black Man's Democracy*: *Kenya, the first five years after Moi, 2003 – 2007*, Kisumu, 2008, p. 20.

② "Carnival mood after NARC boss takes over", *The Nation*, 31 December 2002.

③ Ibid. .

以往更加正派、有能力并有公心。"透明国际驻内罗毕办事处高级官员姆瓦利穆·马蒂（Mwalimu Mati）说道。[1] 在正式政治之外，情况似乎也正在发生变化。在这一新趋势下，原本充满活力的媒体更加繁荣，而各种文化活动愈加活跃。非营利组织也经历了蓬勃发展。正如 2007 年的一项研究所表明的，"粗略估计一下，属于不同非营利组织的肯尼亚人超过 100 万"[2]。在不同条件和形式下，公众对于政治辩论的参与达到前所未有的程度。常设在内罗毕的民主教育研究所认为，当前的肯尼亚政治是以"牢固的民主原则"为基础，"自 1997 年以来民主空间已经大为拓展"[3]。

　　新内阁增强了全国彩虹联盟在全国范围内的吸引力。各省和主要族群至少有一名内阁部长。然而到 2003 年初，几近获得全面支持的全国彩虹联盟政府很快就面临巨大压力。年迈总统的健康状况尤其引起巨大关注。有传闻称，他曾在工作时突发中风，因此很长一段时间并未出席公共活动，发表讲话时常常语无伦次；因此很难说到底是谁在管理国家。政府对副总统迈克尔·瓦马尔瓦之死讳莫如深，更加引起人们猜疑。2003 年 8 月，瓦马尔瓦病逝于伦敦，极可能是因为艾滋病，但是直至他去世前，民众所得到的消息是副总统身体状况一切良好。更严重的是，政府所遭遇到的反对起先是由反腐败措施而起。在莫伊的卡伦金人看来，大批公务员和法官遭到辞

① Anthony Morland, "Sunny outlook for Kenyan investment climate", Agence France Presse, 9 March 2003.

② Karuti Kanyinga, Winnie Mitullah and Sebastian Njagi, The Non – Profit Sector in Kenya: Size, scope and financing, Institute for Development Studies, University of Nairobi, Nairobi, 2007, p. 16.

③ Institute for Education in Democracy, Enhancing the Electoral Process in Kenya: A report on the transition general elections 2002, Nairobi, 2003, pp. 3 – 4.

退，这是基库尤人的打击报复行径。"倘若政府继续破坏作为一个合法政府基础的公职人员队伍，肯尼亚人怎能尊重这样的政府？"裂谷省埃尔达马勒温议员穆萨·希玛（Musa Sirma）问道："我们要求国家做到处事公允。"① 政府接下来所作所为很快就让人质疑它的能力和诚实。根据肯尼亚政治史上的这一事件，帕塞勒杜·坎蒂（Parseledo Kantai）写了一篇著名的短篇故事，"气味刺鼻的鱼"这样的隐喻在故事中反复出现。故事结尾写道，"腐鱼恶臭无处不在"②。这一隐喻十分贴切。

令人作呕

尽管新政府声称要推动变革，但它不愿意从根本上惩治腐败。克鲁（Kroll）风险咨询组织委托专家撰写了一份报告，该报告于2004 年 4 月完成，由于太具有杀伤力，因而一直被束之高阁，直至三年多后才被披露出来。据报告称，莫伊及其亲属和主要支持者，包括比沃特，从肯尼亚总共掠夺了 20 亿美元。③ 透明国际尽管最初表示乐观，但是很快就意识到政府并未把反腐败"真正当回事"。④ 新任命的部长及其支持者们悄无声息地融入腐败网络之中。部长们

---

① Joseph Ngure, "Rift Valley MPs accuse Kibaki of favouritism", *The Nation*, 9 June 2003.

② Parselelo Kantai, "*Comrade Lemma and the Black Jerusalem Boys' Band*", *in Seventh Street Alchemy*: *A Selection of Writings from the Caine Prize for African Writing* 2004, Johannesburg, 2005, p. 73.

③ Kroll Associates, "Project KTN: Consolidated report", 27 April 2004, available on Basel Institute of Governance website at: http://www.assetrecovery.org/kc/resources/org. apache. wicket. Application/repo? nid = a2925d58 – c6c9 – 11dd – b3f1 – fd61180437d9 (accessed 5 April 2011).

④ Transparency International, *National Integrity Systems Transparency International Questionnaire*: *Kenya* 2003, Berlin, 2004, p. 40.

一边贪污，一边批评着莫伊政府的腐败，政府的这一伪善行径让许多肯盟成员感到愤怒。"一些人不愿意谈论当下的贪腐，却对于往昔的腐败紧盯不放。"肯盟议员毛卡·马奥尔（Maoka Maore）在 2004年 4 月说道。[1] 马奥尔和其他议员注意到，政府同移民和安全设备和服务供应商所签订合同，存在着价格虚高情况，其中的细节日渐显露。

媒体揪住这一问题。在此后数月时间里，一系列有疑点的交易被披露出来，政府支付巨额资金给多家压根就不存在的公司，其中包括安格鲁租借（Anglo Leasing）公司，公众则称它是"安格鲁欺诈"（Anglo Fleecing）公司。到 7 月份，政府反腐政策已经破碎不堪。英国高级专员爱德华·克雷（Edward Clay）将政府所作所为谴责为"掠夺民脂民膏的狂欢盛宴"。克雷声称，腐败已经占肯尼亚国民生产总值大约 8%，他严厉批评齐贝吉部长们，"他们的傲慢、贪婪以及可能是绝望的恐慌感，使得他们贪得无厌"。克雷表示，部长们的贪婪"令我们感到恶心，就如同他们呕吐在我们鞋上一样"。[2]腐败丑闻不仅严重影响到肯尼亚与捐助国的外交关系，而且影响到政府内部关系。

当记者、议员和外交官们在追问"安格鲁租赁公司丑闻"的程度时，约翰·基松戈则忙着在政府内部进行调查。上任伊始，由于他与公民社会组织和全国彩虹联盟的基库尤精英的联系，使他成了领导反腐行动的不二人选。在关于这起腐败丑闻的优秀作品中，米

---

[1]　Odhiambo Orlale, "Revealed: Scandal of the Sh. 2.7 billion deal", *The Nation*, 21 April 2004.

[2]　Edward Clay, speech to British Business Association, Nairobi, 13 July 2004, reprinted as "Britain takes tough stance on graft", *The Nation*, 15 July 2004.

凯拉·朗（Michela Wrong）详尽描述了基松戈所做出的艰苦努力，我们这里只是进行简单叙述。① 他最早是在 2004 年 3 月得知安格鲁租赁公司丑闻。此后数周时间里，他带领着手下逐步揭开了多桩虚假合同的复杂线索，并定期向政府高层和齐贝吉汇报调查进度。从一开始，基松戈就非常清楚丑闻的政治意义。他很快搜集到政府高官和公务员涉嫌丑闻的证据，包括副总统穆迪·阿沃里（Moody Awori）、司法部长基拉伊图·穆伦吉和国防部长克里斯·穆伦嘎鲁（Chris Murungaru）等人。这些人竭力阻挠基松戈的调查活动。5 月 10 日，穆伦吉警告他不要"打击关键的政治人物"。司法部长称，阿沃里和穆伦嘎鲁等人是"政府核心领导层中的关键人物"。一周后，基松戈个人安全受到严重威胁。

基松戈曾经记述了他与丑闻主要当事人的谈话，这些当事人的露骨令人感到震惊。穆伦吉向基松戈描述了安格鲁租赁公司如何为 2007 年总统竞选提供资金。同样清楚的是，这一丑闻也暴露出这些极为腐败的金融家与刚上台的全国彩虹联盟政府之间结成新关系。2002 年的权力更替，并未带来实质变化，它为戈登堡丑闻或者 20 世纪 90 年代类似丑闻中的幕后人物同样提供了牟利机会。正如赛托蒂和穆西约卡认识到执政党将要被击败，因而从肯盟转投全国彩虹联盟一样，前政府违法行径合谋者也投入到全国彩虹联盟一边。穆伦吉"含糊其词地"告诉基松戈，齐贝吉"非常清楚这些骗局"。穆伦吉的直率令人印象深刻，但是更令人感到震惊的是安格鲁租赁公司丑闻的规模之大。到 10 月份，基松戈十分肯定地指出，"我们正

---

① Michela Wrong, It's Our Turn to Eat: The story of a Kenyan whistle blower, London, 2009.

在调查的是价值高达 7 亿美元的合同——其中有些非常难以置信。倘若把更为含混不清、更为隐秘的军事项目也算在内，这一数值高达 10 亿美元"①。随之而来的是，基松戈生命经受了严峻威胁。2005 年 1 月，一旦获知齐贝吉在知晓丑闻情况下无动于衷，基松戈就辞去职务。由于担心自己有生命危险，他此后三年里到牛津大学短期任职。

一般民众同样对于全国彩虹联盟政府感到失望。由于新政府既没有解除地方武装，也并未采取措施来减少暴力冲突的可能性，全国范围内仍然普遍存在着高度的不安全感。2005 年 1 月的两周时间里，由于畜牧、获取水源和牲畜劫掠等而发生的多起冲突，一共造成至少 50 人丧生。"所有谋杀同胞之人，都应当被绳之以法。"齐贝吉警告说。② 然而，警察毫无能力调查这些案件，政府也没有兴趣采取措施来消除地方争端，而这些是 20 世纪 90 年代的选举暴力的原因。非法武器大量泛滥，尤其引人关注。"我们面临着清剿武器的严峻挑战。"总统办公室的一名副部长米卢基·卡里乌基（Mirugi Kari-uki）在议会中承认道。③ 尽管这些表态，政府很少采取措施来付诸行动。相反，武装组织仍然牢牢抓住自己的武器，而地方争端也出现军事化倾向。7 月 12 日，马萨贝特（Marsabit）地区事态发展，充分展现这一倾向所导致的潜在后果。波拉纳族（Borana）牲畜劫掠者攻击了图尔比（Turbi）的噶布拉族（Gabra）乡村。超过 50 人被

① Githongo to Kibaki, 22 November 2005; available on BBC News website at: http://news.bbc.co.uk/1/shared/bsp/hi/pdfs/09_02_06_kenya_report.pdf (accessed 25 March 2011).

② Tony Kago, "Clash killers will face the law, vows Kibaki", *The Nation*, 25 January 2005.

③ Ben Agina, "MPs halt debate to discuss insecurity", *The Standard*, 13 April 2005.

杀，其中很多是图尔比小学儿童。当媒体记者在大屠杀之后抵达时，一名当地公务员告诉他们："我们要求民众先不要掩埋死者，为的是让外面世界知道肯尼亚政府未能保护自己的人民。"① 在全国范围内，肯尼亚民众清楚认识到政府无法兑现 2002 年大选时所承诺的基本任务。

政府之所以无法推动变革，部分原因在于政府将很多导致此前混乱状态的罪魁祸首吸纳了进来。例如，阿莫斯·瓦科（Amos Wako）自 1991 年以来一直担任检察总长，并被视作强权人物的"保护神"。早在 1993 年，肯尼亚人权委员会曾经严厉批评瓦科任职前两年的经历，详细记录了他对于政府和安全部队迫害主要反对派和滥用权力的沉默态度。肯尼亚人权委员会报告作者马伊纳·卡伊埃提醒读者注意瓦科的首次议会演讲："没人能够凌驾于法律之上，总统除外。"② 十余年后，美国大使马克·贝拉米（Mark Bellamy）表示，"想要在肯尼亚进行成功起诉，瓦科是主要障碍"③。其他成员似乎仍然坚持着肯雅塔时代的观念。约翰·米丘基在齐贝吉任内先后担任交通部长和内部安全部部长，他曾经在茅茅紧急状态期担任省政府官员，在肯雅塔总统时期担任高级公务员。对于政府，他仍然坚持着早已过时的殖民观念，认为政府之所以限制人权，是因为"非洲人没有接受权威的观念"。④ 他们并非新一代的政治领袖，而是这

---

① Muchemi Wachira and Stephen Muiruri, "53 butchered as bandits raid town", *The Nation*, 13 July 2005.

② KHRC, *The Fallen Angel: A report on the performance of Amos Wako in promoting human rights and democracy as Kenya's attorney general*, Nairobi, 1993, p. 9.

③ Bellamy to State Department, 24 February 2006; 06NAIROBI839; Wikileaks cable viewer website（accessed 24 March 2011）.

④ Ranneberger to State Department, 25 May 2007; 07NAIROBI2240; Wikileaks cable viewer website（accessed 24 March 2011）.

样一群在昔日政治混乱中历练得十分圆滑的人。

甚至是首次进入政府的人也无法抵制权力所带来的诱惑。麦马希胡（Mai Mahiu）地区居民是 2005 年 1 月暴力冲突的主要受害者。2 月初和谈会议举行，会议主持人是内部安全部长克里斯·穆伦嘎鲁。"我们不会放过任何一个罪犯"，穆伦嘎鲁告诉麦马希胡居民，说是要起诉谋杀者。[①] 穆伦嘎鲁虽然在公开场合鼓吹和平，背地里却另搞一套。按照基松戈的说法，他常常威胁别人的生命，美国大使馆还指责他是毒品走私网络的关键人物。

尽管这些缺点暴露了出来，但是关于全国彩虹联盟政府过失的揭露却进展缓慢。随着安格鲁租赁公司丑闻引发公众关注，2002 年选举所带来的欢乐气氛也就烟消云散了。公众之所以较晚才看清齐贝吉政权本质，部分是因为公民社会组织影响力的衰退。尽管人权组织、专业机构和其他非政府组织在 20 世纪 90 年代扮演了重要的监督角色，但是随着多党制的成功实施而受到削弱。到 2002 年，曾经在终结莫伊威权统治过程中扮演了重要角色的几位政客，例如旺加里·马塔伊、保罗·穆伊特、彼得·阿尼扬·尼翁戈和基拉伊图·穆伦吉等人，他们已经进入到议会之中，而不再是在政治制度之外。公民社会主要领袖——例如基松戈——纷纷加入公务员行列之中。2002 年后，人才流失不仅严重削弱了公民社会领导力量，而且也约束了曾经极为激烈的政府批评者，因为这些人现在已经坐在议会里。某些涉嫌滥用权力的齐贝吉政府官员，由于他们之前曾经与公民社会组织有着密切关联，因而削弱了这些同事和公民社会组织的威望。基松戈的主要对手基拉伊图·穆伦吉是其中最具代表性的

---

① "Communities strike deal over water", *The Standard*, 3 February 2005.

人物，他曾经是名极具勇气的人权律师。

教会内部也发生轮替。曾经在 20 世纪八九十年代领导了针对政府抗议活动的教士，到 2002 年大多已经退出历史舞台。他们的替代者缺少向权力直言的勇气和信念。由于其他方面的发展，教会参与公众事务的性质也发生变化。对于五旬节派影响力日益扩张和崛起的愈益关注，这意味着教会更关注于个人道德而非宪法，更在意的是伊斯兰教和"撒旦"的威胁，而非威权主义的危险。

放弃讨论政治事务的最明显案例是长老会（Presbyterian Church）负责人戴维·吉西（David Githii）。2003 年当选时，他承诺要让教会更加接近肯尼亚年轻人。然而，直到 2009 年任职结束，他一直关注于将撒旦和共济会形象从教会之中清除出去。他破坏了无数珍稀的彩色玻璃窗、艺术品，甚至是某些最为古老的教堂之内的某些家族逝者墓碑。在政府的请求以及会众，尤其是像穆伊特和恩乔恩乔等知名人物的反对声浪中，吉西才终于住手。然而，长老会领导人并未退缩，而是撰写了一本书详细论述全国范围内的撒旦崇拜程度，并且悉数列举了装点公共建筑的撒旦崇拜象征符号。除了谴责议员们与巫术有关联之外，吉西强调议会建筑及其周围存在的多个偶像"使得议会充斥着邪恶象征"。①

蒂莫西·恩乔亚一直在批评吉西的运动。"他是错误的，必须打断他的布道。"恩乔亚在 2004 年 12 月明确宣称。② 不过，恩乔亚这位资深的改革活动家并未因为这类事情而分心。尽管从 20 世纪八九十年代起，与他一道推动改革的同事们已经离开公共舞台或者加入

---

① David Githii, *Exposing and Conquering Satanic Forces over Kenya*, Nairobi, 2008, p. 66.

② "Njoya criticises leaders of church in symbols row", *The Nation*, 16 December 2004.

政府，但是这位教士一直在批判政府滥用权力。他对于自己在齐贝吉统治前两年所看到的状况感到震惊。"我们现在知道'NARC'的真正含义，"恩乔亚在 2005 年说道，"事实上没有任何变化（Noth-ing-Actually-Really-Changed）！"① 事实证明，根除腐败的承诺只是空头支票，不安全依然照旧，不过恩乔亚对于宪政改革方向尤其感到沮丧。由宪法专家亚什·盖伊（Yash Ghai）所领导的全国评审委员会在 2002 年选举之前已经开始工作。在选举之后，宪政改革已经成了众望所归，而不仅仅是期待。各主要利益群体代表们将自己的主张公之于众。随着会议议程在电视和电台的播出，以及各主要报纸的报道，肯尼亚人能够了解到代表们围绕着一系列问题所进行的讨论。

在代表讨论过程中，最具争议的是宪法所赋予的总统权力和分权问题。这些问题并不是简单的理论问题，对于全国彩虹联盟而言，这有着极为紧迫的重要意义。正如我们上文所看到的，奥廷加当初接受齐贝吉作为全国彩虹联盟总统候选人的条件是，齐贝吉向奥廷加承诺进行修改宪法，从而为奥廷加设立总理职务。然而，直到 2003 年 6 月，宪法修改程序仍未有太大进展。对于齐贝吉统治之下的肯尼亚发展方向，以及齐贝吉背弃 2002 年选举前的承诺，奥廷加支持者的愤怒到了无以复加的程度。政治学家克里斯平·奥德海姆博·穆巴伊（Crispin Odhiambo Mbai）是修宪运动主要参与人，他在9 月份被离奇地谋杀于家中，所有这些都揭示出新总统决心要维持权力垄断地位。因此，反对者开始讨论"第三次解放"。

----

① Thomas Wolf, "Immunity or accountability? Daniel Toroitich arap Moi: Kenya's first re-tired president", in R. Southall and H. Melber（eds）, *Legacies of Power: Leadership change and former presidents in African politics*, Cape Town, 2006, p. 219.

从 2003 年年中之后的两年时间里，全国彩虹联盟的内部联合逐渐解体。随着 2005 年 11 月修宪程序进入到全民投票表决阶段，联盟最终垮台。尽管修宪委员会主张将权力从中央下放到地方，并且削减总统权力，但是政府中说话算数的是齐贝吉派。在提交公众表决之前，检察总长篡改宪法草案，删除了承诺分权和削弱总统权力的条款。齐贝吉及其支持者们有自己的如意算盘，他们相信新宪法吸引力足以满足民众改革愿望，不管新宪法具体内容如何。"想要达成共识，从而制定出一部最佳宪法，这是不可能的，"贸易和工业部部长穆基萨·基图里（Mukhisa Kituyi）说道，"现在这一宪法文本广泛反映了大众共识。不可能所有内容都达成共识。让我们赶快完成修宪，然后开始做别的事情。"① 不过，这一想法低估了举国上下的不满情绪。

当齐贝吉派正在为宪法草案获得通过而努力时，他们面临着"否决"运动广泛联盟的抵制。奥廷加盟友、时任政府部长的彼得·阿尼扬·尼翁戈谴责草案是"不道德的鬼把戏，是由一小撮沉迷于权力的人所捏造，他们把肯尼亚人都当成了傻瓜"。② 奥廷加及其支持者与肯盟以及其他对政府不满者走到了一起。由于还没有提名总统候选人的紧迫任务，因此奥廷加、肯雅塔和卡隆佐·穆西约卡等人很容易作为"否决"运动的领导人并肩作战。由于公决票上的"否决"符号是橙色的，因此这些反对派成立了名为橙色民主运动（ODM）的新党——这也是受到乌克兰橙色运动启发。"否决"运动在全民公决中获胜。它赢得了 57% 的选票，并且得到全国八个省里

---

①　"Big debate goes live", *The Nation*, 19 October 2005.

②　Ibid..

七个的支持。只有在齐贝吉的中部省，"赞成"运动才赢得多数。

对于宪法修正案在全民公决中能否获得支持，齐贝吉派并不在意。对他们而言，旧宪法也是能够接受的，特别是它对于总统权力和中央政府的保护。因此，总统及其支持者接受了大选结果。执政党的无动于衷也影响到投票过程的性质：操纵投票、侵扰反对派支持者和暴力事件，这些状况均未发生。然而，这一相对平静状态被普遍误解了。在 2002 年实现了由肯盟向全国彩虹联盟的权力更替之后，乐观派认为全民公决是民主得以巩固的例证。然而事实上，这实际上是齐贝吉支持者精打细算的结果。他们认为应当把金钱和精力花在确保自己人在 2007 年之后继续掌权上。

罪犯国家

全民公决后，齐贝吉要想在 2007 年选举获胜似乎已经不可能了。在民众广泛支持下，橙色民主运动领导人离开政府，与议会里的反对派走到一起；昔日的全国彩虹联盟不复存在。余下的齐贝吉支持者大多来自肯尼亚山地区的基库尤、恩布和梅鲁等族，批评者将其贬称为"肯尼亚山匪"，这些人中间的核心人物势必继续掌权。丢掉职位也就意味着大量财富丧失，并且可能因为人尽皆知的犯罪活动而受到指控。齐贝吉表现出改革姿态。克里斯·穆伦嘎鲁被踢出内阁，他担任内部安全和交通部部长一直到 2005 年。在这一改组数周之后，基松戈材料广为流传。材料中将他描述为安格鲁租借丑闻中的关键人物。然而，齐贝吉试图维持本派权力控制。例如，总统提拔自己所属基库尤族中间的强硬派。在 2005 年 12 月的内阁改组之后，前基库尤、恩布与梅鲁协会领导人恩金加·卡鲁梅被任命为国防部长。约翰·米丘基由交通部长改任内部安全部长。这位年老、保守的基库尤族总统按照自己的形象来重塑政府。

强硬派的影响力很快就显现出来。2006 年 2 月 25 日，《标准报》刊登文章披露齐贝吉与卡隆佐·穆西约卡会谈，当时穆西约卡还在反对派橙色民主运动阵营。这篇报道还暗示齐贝吉试图通过此次会面达到分化反对联盟的目的，2005 年全民公决中他曾经败在反对联盟手里。这篇报道引起轩然大波，使得这一话题更加具有政治敏感性。齐贝吉和穆西约卡都否认举行过这样一次会谈。事态变得更加糟糕，负责撰写这篇报道的记者被逮捕并受到审讯。3 月 2 日早，一群武装分子冲入内罗毕市中心的《标准报》报社。报社职员遭受袭击，他们的手机和电脑统统被抢走。该报的姊妹机构肯尼亚电视网（KTN）也被迫停止播放电视节目。与此同时，另一群武装分子涌入报纸印刷厂，并毁掉了正准备送出分发的当天报纸。

次日，《标准报》报道称这次袭击事件是由内部安全部长约翰·米丘基、刑事调查署负责人约瑟夫·卡马乌和齐贝吉私人顾问斯坦利·穆拉格（Stanley Murage）等人所策划。米丘基对此毫无悔意。"当你玩蛇时，你就要做好被蛇咬的准备。"他告诉记者。其他的政府部长则对于事态发展感到恐惧。按照地方事务部部长穆希卡里·科穆博（Musikari Kombo）的说法，针对《标准报》的袭击是"极端、邪恶和野蛮的"。① 尽管有很多类似的不满表态，关于袭击的详细评论却十分有限。"我们都被敲诈了。"一位重要政治人物告诉美国大使馆，他粗略估计出警察和总统幕僚计划向公众隐瞒袭击事件

---

① Francis Openda, "Minister: Standard rattled the snake", *The Standard*, 3 March 2006.

多长时间。① 对于这样一篇评论性政治报道，政府竟然不恰当地公然诉诸武力，这不得不让很多肯尼亚人好奇事件内幕。

随着《标准报》报社监控录像播出，人们的疑问变得更加强烈。录像显示是两名白人组织了此次袭击事件。在 3 月 13 日举行的发布会上，这两名袭击者萨贾斯延·阿图尔（Sargasyan Artur）和玛贾斯延·阿图尔（Margaryan Artur）被证实是兄弟。他们声称自己是亚美尼亚人，其他人则认为他们身份难以确定，可能是波斯尼亚、捷克、俄罗斯或者乌克兰等国中的某国公民。他们是在 2005 年年底分别来到肯尼亚，并且很快取得开办公司所需文件。他们二人都拿到工作许可证，并且登记了一系列公司。公司董事中就包括玛丽·万比（Mary Wambui）（齐贝吉总统多名妻子中的第二位）私人助理和万比的女儿维妮·万比（Winnie Wambui）。阿图尔兄弟二人持有肯尼亚护照，据称是从内罗毕移民局总部办公室偷来，安全通行证使得他们能够进入约莫·肯雅塔国际机场所有地区。

与此次袭击事件有着重要关联的人员声称，阿图尔兄弟是被人利用的，目的是销毁齐贝吉家族涉嫌腐败和毒品走私的证据。一位报社记者告诉美国使馆，"警察中的内线在数周之前已经提醒过他，说有外国人被专门找来保护第一家庭，帮他们摆脱贪污指控"。那些袭击当晚在媒体大楼现场被抓的人曾报告称，涉嫌的警官"告诉他们，此行目的是寻找指控总统夫人们的贪污证据：这其中包括官方第一夫人露西（Lucy）涉嫌安格鲁丑闻的证据，以及非官方的第二夫人万比贩卖可卡因的证据"。② 阿图尔兄弟也被指控涉嫌毒品走

---

① Bellamy to State Department，10 March 2006；06NAIROBI1114；Wikileaks cable viewer website（accessed 24 March 2011）.

② Ibid..

私。他们经由蒙巴萨港口向肯尼亚进口了很多集装箱，而议会所做调查报告称"其中可能装有大量的毒品"。①

阿图尔兄弟二人最终于 6 月 9 日被驱逐出境。议员们怀疑这一驱逐是"值得怀疑的……似乎是要掩盖他们的真实身份以及他们在肯尼亚的非法勾当"。② 随着遭到驱逐，整个事件被压了下去，"国籍不明的匪徒，声名显赫的肯尼亚人，巨额贪污，敲诈威胁，大规模的贩毒计划"，一位外交官认为"所有这些传闻听起来就像是一部电影剧本，即便是在好莱坞也会被认为是难以置信的"。③ 正如议会报告所声称的，"可以肯定的是，这兄弟二人是骗子和毒贩"，"他们显然得到握有实权的政府高官的庇护"，议会调查建议对于多名高官进行进一步调查。这其中包括在袭击《标准报》过程中与阿图尔兄弟关系密切的约翰·米丘基，以及公务员系统负责人弗朗西斯·穆萨乌拉（Francis Muthaura）。议员们还专门提出刑事调查署头目约瑟夫·卡马乌也应当接受调查。不过，最令议员们感到震惊的，还是总统和阿图尔兄弟之间的联系。

被列在需要进一步调查的名单上的还包括，齐贝吉特别顾问斯坦利·穆拉格、齐贝吉妻子玛丽·万比和他们的女儿维妮·万比，他们也与这两个亚美尼亚人有着明显联系。由于卡马乌和其他几名官员卷入这一事件，齐贝吉暂停了他们的职务，但是总统拒绝公开

---

① Kenya National Assembly, Joint Session of the Departmental Committees on Administration, National Security and Local Authorities, and Administration of Justice and Legal Affairs, "Report on the investigation into the conduct of the 'Artur Brothers' and their associates", July 2007, pp. 26 – 27, available on the Mzalendo Eye on Parliament website at: http://www.mzalendo.com/Files/Artur.pdf（accessed 28 March 2011）.

② Ibid., p. 10.

③ Rowe to Department of State, 15 March 2006；06NAIROBI1187；Wikileaks cable viewer website（accessed 24 March 2011）.

前警察总监沙德拉克·凯鲁基（Shadrack Kiruki）关于此事所做报告。议员们将这一事件与"水门事件"联系起来，认为整个这一事件以及随后总统试图掩盖真相的行径，充分证明过于强大的总统和犯罪化政治制度破坏性影响。"政府首脑对此事件知晓多少？"议员报告问道，"总统是什么时候得知此事，然后又做了什么？"① 阿图尔兄弟事件只是政府最高层官员密谋参与犯罪活动的冰山一角。

2004 年 12 月，一批价值 6600 万美元的可卡因被截获后，一位美国使馆线人声称穆伦嘎鲁是"犯罪团伙"一员。② 这一案件可能与阿图尔兄弟有关联，调查过程中一直遭到政治力量干扰，警察受到侵扰，甚至是高级警察在蒙巴萨也被逮捕。在政府批评者看来，齐贝吉和他所领导的部长们似乎已经丧失理智，以至于无法采取合理行动。在《标准报》遭受袭击后，奥廷加在基苏木附近西阿雅（Siaya）所举行的葬礼上向哀悼者发表演讲。"我不断要求齐贝吉辞去总统职务，"他对群众说："他的主要帮手或者已经下台，或者涉嫌贪污，他已经没有继续掌权的道德权威。"③ 毒品案和亚美尼亚人事件反映出政权犯罪特征；肯尼亚堕落成毒品国家（narco-state-hood），齐贝吉政府有着不可推脱的责任。与此同时，肯尼亚人也得到惨痛教训，"仅仅推翻一个国家的威权政府或者独裁者，并不一定能够从根本上推翻威权主义。"贝斯维尔·奥戈特后来评论道。④ 齐贝吉的批评者乐观地期盼 2007 年大选。

---

① Kenya National Assembly, "Conduct of the 'Artur Brothers'", p. 39.
② Bellamy to State Department, 9 January 2006；06NARIOBI72；Wikileaks cable viewer website（accessed 24 March 2011）.
③ Allan Odhiambo, "Raila is challenged on mercenary allegations", *The Nation*, 5 March 2006.
④ Ogot, *Who, if Anyone*, p. 96.

竞选

随着大选临近，齐贝吉支持者们寄希望于此前五年的经济表现。"经过二十年停滞和衰落之后，肯尼亚经济在过去数年时间里已经实现持续增长。"2007 年 8 月的世界银行报告写道。[①] 政府声称贫穷状况正在逐渐减少。相关数据证实了这一说法，自 1997 之后这十年时间里，绝对贫困的非洲人数下降了 6%。然而，世界银行数据同样表明，肯尼亚仍然"是一个高度不平等的社会，反映出阶级、性别和地区分化的排斥和贫困"。城镇地区的不平等尤为加剧。[②] 这一暗淡的经济前景，是 2007 年大选的基本背景。

"你可以信赖齐贝吉。"总统的竞选口号承诺道。齐贝吉成为新成立的民族团结党（PNU）党魁，但是也是其他很多政党的总统候选人。总统竞选团队强调此前数年的经济增长，称他这次一定能够获胜。在竞选启动仪式上，齐贝吉表示选举"关系到公共事务管理能力的考验，是对于竞选人的稳健、才略和经验的考验。在这个我们所热爱的国度，竞选人的才智能力将有助于提升全民福祉，并创造出更多社会财富"。"肯尼亚现在要比五年前好得多"，总统声称，"在民族团结党领导下，未来五年前景将会更好。"[③]"继续工作下去（Kazi iendelee）。"民族团结党承诺投票者。

全国彩虹联盟垮台，无论对于齐贝吉，还是他重新当选的希望而言，都是巨大灾难。莫伊和肯雅塔面对着严重腐败问题，其规模

---

① World Bank，"Republic of Kenya：Country social analysis"，dissemination draft，August 2007，Washington，DC，p. viii.

② Ibid.，p. 1.

③ "Kibaki's pledge"，*The Nation*，1 October 2007.

与安格鲁租借公司丑闻相当，但是他们大多能保证自己某些合法性不受损害。虽然历任总统都实行族群政治，但是前两位总统小心翼翼地保证有足够数量的精英参与权力分享。政府极力拉拢社会精英，交易筹码包括部长职位、国有企业负责人职务以及贸易和制造业许可证。在全民公决失利之后，齐贝吉转而巩固自己核心圈子的权力，他所信赖的基库尤族、恩布族和梅鲁族盟友获得了巨大影响力。来自梅鲁的公务员负责人弗朗西斯·穆萨乌拉是总统身边炙手可热的人物，他的权势无人能比。对于齐贝吉而言，当做出这些与职务或者许可证有关的决定时，他所考虑的不仅是族群，除此之外还包括年龄、阶级和地位等重要因素。例如，自齐贝吉时代以来，马凯雷雷学院经济学专业学生在核心圈子有着极大影响。很多人都与总统一样酷爱打高尔夫球：土地和安置部部长阿莫斯·基穆尼亚（Amos Kimunya）是穆塞嘎（Muthaiga）高尔夫俱乐部主席，约翰·米丘基则拥有温莎（Windsor）高尔夫酒店和内罗毕城外的乡村俱乐部。米丘基长期以来一直是齐贝吉支持者。这二人自小就一起上学，并且在 20 世纪六七十年代一道在政府任职。齐贝吉与约莫·肯雅塔政权的联系也表现在他与乔治·穆赫赫（George Muhoho）的密切关系——甚至在齐贝吉于 2002 年大选击败了穆赫赫的外甥乌呼鲁·肯雅塔之后，这一关系仍然得以维持。总统的第二任妻子玛丽·万比无疑也在核心圈子之内。

从穆塞嘎俱乐部来看，肯尼亚政治史对齐贝吉周围之人产生了重要影响。在 20 世纪八九十年代，他们都有过痛苦经历，当时似乎基库尤族的影响力受到限制，因而赚取财富的机会也有限。齐贝吉及其支持者不愿意再重蹈覆辙。因此，对于反对派在选举临近时候力量大受削弱，他们感到欢欣鼓舞。齐贝吉成功说服肯盟和乌呼鲁·肯雅塔承诺支持总统，橙色民主运动联盟随之不攻自破。一个月之后，卡隆佐·穆西约卡宣布将参选总统，并组建了自己的政党，名为橙色民主运动－肯尼亚。奥廷加则成了橙色民主运动的候选人，但是民调显示他仍然遥遥领先于竞争对手。

奥廷加之所有具有如此吸引力，主要是因为奥廷加以及橙色民主运动强调齐贝吉政府未能有效消除贫困。在接受橙色民主运动提名时，奥廷加承诺"占总人口一半以上的赤贫人口，将会过上好日子"。[①]"我们决不允许当权者以牺牲大多数人利益为代价，而服务于少数人。"橙色民主运动在文件中警告民族团结党。齐贝吉强调经济增长，而奥廷加则强调遏制基本生活品价格上涨。[②] 齐贝吉所强调的经济扩张使得很多肯尼亚人质疑，到底谁才能够从增长中获益。"对于裂谷省民众而言，一切毫无变化，"橙色民主运动候选人扎卡约·切鲁约特（Zakayo Cheruiyot）说道，"当民族联盟党说'继续工作下去'时，民众感到恶心。"[③]

奥廷加建构起来的联盟覆盖全国。在西部省，他得到姆萨利亚·穆达瓦迪支持。在 2002 年大选中，穆达瓦迪站在肯盟一边，因而在西部省选区受到严重惩罚。在这次大选中，穆达瓦迪不敢再站错队。威廉·鲁托在橙色民主运动中代表着裂谷省，在他看来，莫伊对齐贝吉的支持，为削弱前总统的卡伦金政治核心人物地位提供

---

① Ochieng, *Black Man's Democracy*, p. 20.

② Orange Democratic Movement, "Mabadiliko Times", Western edition, election pamphlet, 2007.

③ Andrew Kipkemboi, "Rift Valley is astir, so which way for region?" *The Standard*, 19 December 2007.

绝佳机会。内罗毕选区议员约瑟夫·尼亚加（Joseph Nyagah），生于肯尼亚山东麓，在联盟中同时代表着内罗毕和肯尼亚山。东部省议员夏丽蒂·恩吉鲁，如同鲁托一样，也认为支持奥廷加是挑战她的当地竞争者穆西约卡的重要手段。来自海岸省的纳吉布·巴拉拉（Najib Balala）掌握着橙色民主运动在该地区的领导权。尽管橙色民主运动的势力涵盖全国，却避免进行全国范围内的竞选运动，而是集中关注于一系列地方层面的不满，譬如某个省或者某个族群。

对于尼扬扎以及其他地方的卢奥族而言，橙色民主运动主要是为了惩罚齐贝吉 2003 年对奥廷加的背叛行为，并且是纠正数十年来的政治不满，这是由于迫害拉伊拉的父亲、取缔肯人盟以及姆博亚和奥考谋杀案而引起。"对于尼扬扎而言，在肯尼亚选举历史上还没有哪次选举具有如此重大的意义，"记者基塔乌·瓦里基（Gitau Warigi）在投票前数周写道，"尼扬扎处处都充满着期待。当地人认为他们所期待的结果注定如此。"[1] 肯尼亚其他地区也同样期待橙色民主运动获胜。

在裂谷省，对于那些自我标榜的土著群体来说，他们迫切希望避免遭受所谓"外来人"的冲击，而橙色民主运动似乎是将权力移交给当地政府的重要载体。正如恩提玛玛在电视采访中所指出的："政府在土地政策上无所作为，我们需要采取更多措施，我们需要让人民获得安全或者权利……这些是我们所缺失的"[2]。齐贝吉政府更是被指责故意忽视卡伦金族，这样做是为了惩罚莫伊对于基库尤的

---

[1] Gitau Warigi, "Mystical rock where many seek solace", *The Sunday Nation*, 9 December 2007.

[2] BBC Worldwide Monitoring, "Kenyan 'vote – rich basket' province split ahead of election – TV analysis", 18 December 2007.

边缘化政策。北巴林格（Baringo North）的橙色民主运动候选人威廉·切普图莫（William Cheptumo）认为"2002 年是肯尼亚历史上的一个分水岭，对于我们这一地区而言，尤其如此。人们丢掉饭碗，我们在历史上似乎丧失了清晰的身份认同"。① 肯尼亚其他地区的人们也同样对于基库尤族的支配地位抱有戒心。

在海岸省，这样的关注与对于地区发展不平衡的不满结合起来，这些不满主要是教育、医疗、卫生和电力等资源获取方面，而这有助于提升橙色民主运动吸引力。"我将确保发展议题将会由当地民众来决定。"奥廷加在印度洋海岸的提威（Tiwi）举行的一次橙色民主运动集会上承诺。然后，他列举出自己如何确保 60% 的公共开支由地方，而非中央政府所控制。② 由于伊斯兰教影响在海岸省极为强大，橙色民主运动也呼吁民众关注齐贝吉政府参与全球反恐行动。很多肯尼亚公民被引渡到埃塞俄比亚，以调查他们与国际恐怖网络联系。③ "我们一致反对齐贝吉总统作为我们的候选人，原因就是他同意引渡我们肯尼亚公民。"全国穆斯林领袖论坛的谢赫·阿卜迪在宣布支持奥廷加时表示。④

齐贝吉政治生存的最大希望，就在于获取几乎全部基库尤投票人以及相关族群支持，例如恩布族和梅鲁族。齐贝吉之所以容易实现这一目标，其中一个重要原因是橙色民主运动所做出的承诺。它

① Andrew Kipkemboi, "Rift Valley is astir, so which way for region?" *The Standard*, 19 December 2007.

② Patrick Mayoyo and Abdulsamad Ali, "Raila pledges to fuel growth in Coast", *The Sunday Nation*, 2 December 2007.

③ Human Rights Watch (HRW), *"Why Am I Still Here?"*: *The 2007 Horn of Africa renditions and the fate of those still missing*, New York, 2008.

④ "Revealed: Raila's real Mou with Muslims", *The Nation*, 28 November 2007.

承诺，一旦当选，将实现分权。马金博主义重新进入公共讨论之中，这使得很多人感到震惊，基库尤人回想起 20 世纪 90 年代血腥经历以及 20 世纪 60 年代暴力威胁。例如，基库尤宗教领导人谴责橙色民主运动政策，"倘若发生土地冲突，我们将首当其冲。"吉西在 10 月份一次会议上告诉其他教士。他们深表同意，认为分权是"一个怪物，魔鬼将借此在这个国家制造流血冲突"。① 然而，仅仅是对于分权的恐惧，不足以克服阶级、性别和地区差异，而这些是导致基库尤族内部分裂的重要因素，这些威胁削弱了齐贝吉争夺总统职位的能力。

另一方面，齐贝吉通过与群众帮的对抗来赢得多数基库尤族投票人支持。莫伊原本意图借用这一匪帮让肯雅塔顺利成为 2002 年总统候选人。在达到这一目的之后，莫伊执政最后数周开始过河拆桥。在齐贝吉统治之下，警察在 2003 年年初对群众帮动手，逮捕了它的一些头目。在接下来四年时间里实现了难得的和平，但是群众帮在内罗毕和其他城镇最为贫穷地区的主导地位并未受到影响。然而，随着 2007 年大选临近，群众帮的存在造成更大问题，政府在 2007 年 5 月针对群众帮采取行动。在这一过程中，警察毫不顾及法律正常程序或者人权。"我们将会摧毁并彻底消灭他们，"内部安全部长米丘基说道，"即便是那些最近因谋杀罪被捕者，我也没有办法告诉你他们在哪里。你确定能听到的是，某某人的葬礼就在今天。"② 6 月初至 10 月底，在内罗毕市停尸房里停放的全都是枪击案受害者。

---

① Daniel Otieno and Anthony Njagi, "ODM to push for majimbo as church demonises system", *The Nation*, 28 October 2007.

② Kenya National Commission on Human Rights（KNCHR）, "*The Cry of Blood*": *Report on the extra-judicial killings and disappearances*, Nairobi, 2008, p. 5.

在内罗毕政府和周边城镇总共发现了超过 500 名年轻男性尸体，几乎全部是基库尤族。肯尼亚全国人权委员会通过目击者证词和深入调查发现，"在对付所谓的群众帮追随者的过程中，警察滥用死刑和其他极端残忍手段"。而且，肯尼亚全国人权委员会认为，大开杀戒可能"是官方政策，得到政治领导层、警察总监和高级警督授意"。[1] 警察敢死队摧毁群众帮，既是因它反对齐贝吉竞选总统，同时也是为了争取其他基库尤人的支持，这些人极其厌恶群众帮的恐吓、暴力和犯罪行径。

大选

12 月 27 日，投票人前往投票。民意调查显示，在选举前数周时间里，两个主要总统候选人选票差距已经明显缩小。尽管很多投票站气氛十分紧张，数个地点多次出现官僚主义延误，但是投票本身相对平稳和平。民众原本期待大选结果会立即公布，但是这一想法很快证明过于乐观。尽管如此，人们并未关注选举过程的管理。大选第二天，国际共和研究所（International Republican Institute），肯尼亚少数几个外国观察组织之一，暂时对于选举结果表示赞成。[2] 随着民众注意力从投票转向了计票，举国上下的气氛发生了变化。在接下来三天时间里，计票和唱票过程引发了巨大混乱。原本应当由位于内罗毕市中心的肯尼亚选举委员会（ECK）媒体中心公布所有的正式选举结果。但是，总统选举结果公布的延迟，引起了巨大骚动。

---

① Kenya National Commission on Human Rights（KNCHR），"*The Cry of Blood*"：*Report on the extra-judicial killings and disappearances*，Nairobi，2008，p. 5.

② International Republican Institute，"Preliminary findings of IRI's international election observation mission"，press release，December 2007.

由于大选结果迟迟未能公布，民众越来越担心政府的不法行为。在反对派占据主导地位的地区，政府支持者们（或者是那些被认为是政府支持者的族群民众）很快开始担心自己的安全，害怕会成为反操纵选举的暴力抗议活动的对象。在靠近乌干达边境的布西亚，12 月 28—29 日，当地反对派活动家警告基库尤族居民尽早离开。①尽管大选结果推迟公布，但是奥廷加当选的预期也在增强。根据第一批公布数据，这些数据主要来自橙色民主运动的票仓地区，奥廷加支持者们认为奥廷加入主国家宫已经是指日可待。基苏木民众已经开始为奥廷加预料之中的胜利而举行庆祝活动。主要报纸也支持这一结果，12 月 29 日的早报已经声称奥廷加获胜。当天下午，情况发生变化。肯尼亚选举委员会主席塞缪尔·基韦图（Samuel Kivuitu）开始宣布支持齐贝吉的核心地区的大选结果，而当时在计票中心的橙色民主运动领导人则试图阻挠他这样做。他们声称拥有充分证据表明这些公布的选区存在舞弊行为。后来结果证明，这些选区正是欧盟观察团报告存在选举违规的地方。② 在听取了各方陈述之后，基韦图决定将公布大选结果的时间推迟到第二天，并且彻夜调查大选结果。

基苏姆、蒙巴萨和内罗毕很快发生抗议活动。警察迅速控制住了局势，但是直至次日 12 月 30 日早晨，全国仍然处于持续紧张状态。凯里乔的基库尤族居民恩乔罗格医生期待大选结果尽早公布，

---

① Kwamschetsi Makokha and Rosemary Okello Orlale, *In the Shadow of Death：My trauma，my experiences，voices of Kenyan women from post-election violence*, Nairobi, 2009, p. 9.

② European Union Election Observation Mission, *Kenya：Final report general elections* 27 *December* 2007, Brussels, 2008.

"到第三天，我们感到非常紧张害怕"①。在内罗毕，警察在政府主要建筑以及公布选举结果的建筑物周围布置了警戒线。媒体和观察家也整天守在那里等待结果的公布，现在人人都预料齐贝吉将会是获胜者。在选举委员会媒体中心清场之前，橙色民主运动仍在为了阻止结果公布而做最后努力。在被带到安全房间之后，基韦图最终在下午晚些时候公布了大选结果，当时只有国家广播公司广播员在场。他报告说齐贝吉最终以 20 万票的多数而赢得了总统选举。基韦图然后匆忙赶往不远的国家宫，将大选结果文书交给了总统。齐贝吉的总统就职典礼在傍晚时分仓促举行，由此开始了第二个任期。

肯尼亚人满是怀疑地关注电视直播的势态发展。前一天还是声称奥廷加赢得了选举，现在则据称是齐贝吉获胜，并且是令人惊讶的较大优势。总统支持者为意料不到的胜利而庆祝，但是暴力事件很快爆发。在凯里乔，"我们在城镇中看到火光，人们哭喊叫嚷着，我们看到城镇上空浓烟滚滚"②。在大选结果公布数小时之后，奥廷加支持者针对支持齐贝吉的个人和群体发动攻击。这其中的一些事件是偶然的，"情况极为恐怖，每个被认为来自特定部族的人都被赶出自己的房屋，房子也会被放火烧掉。"萨罗密·恩杰里（Salome Njeri）回忆道。她和家人是布西亚的基库尤族居民，他们逃到了当地警察站，接下来八个月时间他们都待在了这里。③

在这场有争议的选举之后的两个月时间里，至少有 1133 名肯尼亚人被杀，数千名妇女遭到强奸，大量财产遭受损坏。这些暴力主

---

① Kimani Njogu（ed.），*Healing the Wound：Personal narratives about the* 2007 *post - election violence in Kenya*，Nairobi，2009，p. 27.

② Ibid. .

③ Makokha and Orlale，*In the Shadow of Death*，p. 9.

要表现为三种形式。第一种主要是对于选举结果本身的抗议，就其破坏性而言，在数据上无足轻重。正如国内和国外观察家报告所显示，此次选举至少存在着严重违规现象，其程度之严重，以至于任何一位竞选人都很难讲真正赢得大选；此次选举甚至可能就是捏造出来的。用橙色民主运动发言人萨利姆·罗恩（Salim Lone）的话讲，这是一场"明目张胆的抢劫"。① 齐贝吉宣称"自己公平赢得选举"。② 事实则可能处于这两种极端情况的中间：双方都存在选举舞弊，选举结果书面记录后来被人篡改；几乎可以肯定的是，任何一位候选人都只能是以微弱优势获胜。正如美国使馆分析所说："我们认为，想要明确指出谁才是大选获胜者，这是不可能的事情。"③ 尽管如此，需要注意的一点是，大选结果的混乱是民族团结党有意为之。该年早些时候，肯尼亚选举委员会里塞满了齐贝吉盟友：在该机构22名成员中，19名是由总统任命的。在选举之前，委员会主席塞缪尔·基韦图将9名被任命者称作"操纵者"。④ 而且，正如美国大使所报告的，有人在大选结果公布前夜闯入内罗毕的计票中心。"我们不知道到底什么被偷走或者篡改了，"兰内贝格尔（Ranneberger）写道，"但是由于肯尼亚选举委员会周围部署着极为严密的警察力量，我们只能得出结论，说这是内部人干的。"⑤ 齐贝吉瞎

① Roger Cohen, "How Kofi Annan rescued Kenya", *New York Review of Books*, 14 August 2008.
② Ranneberger to State Department, 29 January 2008; 08NAIROBI1312; Wikileaks cable viewer website（accessed 24 March 2011）.
③ Ranneberger to State Department, 17 January 2008; 08NAIROBI199; Wikileaks cable viewer website（accessed 24 March 2011）.
④ Ranneberger to State Department, 25 May 2007; 07NAIROBI2240; Wikileaks cable viewer website（accessed 24 March 2011）.
⑤ Ranneberger to State Department, 17 January 2008; 08NAIROBI199; Wikileaks cable viewer website（accessed 24 March 2011）.

搞，肯尼亚遭殃。

尽管橙色民主运动赢得议会选举大多数席位，但是奥廷加支持者并没有感到一丝安慰。橙色民主运动领导层制订计划，试图将公民不满付诸行动，呼吁肯尼亚人抗议总统投票结果。内罗毕、蒙巴萨和基苏木都有关于抢劫和暴力破坏行为的报道。在一些地区，这些抢劫破坏行为针对的主要是基库尤人的商业和其他财产，理由是基库尤人支持齐贝吉和民族团结党。然而，这些抗议程度有限。齐贝吉政府采取大规模安全行动，从而有效避免公民不服从运动的蔓延。游行示威地点遭到封锁，电视直播和电台广播都被取消，橙色民主运动领导人很难向支持者传达抗议活动的计划安排。

暴力的第二个层面是对于抗议活动的回应。1 月的前两周时间，警察和其他安全力量动用极大数量警力来镇压抗议者。警察残忍镇压城镇地区支持橙色民主运动的示威游行，他们显然是在荷枪实弹地对付抗议者。正如基苏木曼亚塔（Manyatta）非法定居点一位 27 岁妇女所说："警察肆无忌惮地开枪射击。我看见他们，但是根本没有时间逃跑。等我醒来时，我发现自己已经躺在医院里。"[1] 另一位目击者，来自卡普索伊特（Kapsoit）的乔尔·切鲁约特（Joel Che-ruiyot）描述道："政府滥用武力，甚至是对那些无辜路人……事实上，警察动用武力迫使民众关闭店铺，对他们动刀动枪，或者拳头相加。有些妇女遭到强暴，却只能忍气吞声。"[2] 随后关于暴力事件调查表明，共有 405 人被警察杀害。"受害者中间不乏被流弹击中的守法经营店主。有些受害者的伤口证实了他们是被人从背后开枪击

---

[1] Makokha and Orlale, *In the Shadow of Death*, p. 3.

[2] Njogu, *Healing the Wound*, p. 52.

中的。"调查得出结论说。① 警察之所以如此嚣张，原因无非以下三点：肯尼亚长期以来形成的政治控制安全力量的历史传统；警察习惯于运用极端暴力来回应挑战，譬如群众帮；藐视人权和法律的传统。

事实证明，最具破坏性的是暴力的第三个层面。齐贝吉胜选结果一经公布，无数家园和社区遭到有计划攻击。选举充满争议这一事实，导致关于土地、权力和财富的更古老冲突重新燃起。"这一场烈火。"比利·卡霍拉后来在一份名为《克瓦尼?》（Kwani?）文学期刊上评价道。《克瓦尼?》在撒哈拉以南非洲具有极大影响力。② 在曾受到 20 世纪 90 年代冲突影响的裂谷省和西方省地区，武装民兵再次试图驱赶他们眼中的外来族群。

迈克尔·穆万吉（Michael Mwangi）是一名居住在北基兰格普的退休小学校长，他曾经经历过 1992 年 4 月族群冲突。正如其他地方一样，大选结果刚一公布，这里立刻发生暴力冲突。然而在随后时间里，冲突进一步加剧。"2007 年 12 月 31 日和次日晚上，大量房屋被烧毁。"穆万吉回忆道。整个 1 月初，距离穆万吉家不远的农场遭受卡伦金民兵攻击，警察似乎对此无能为力。最终，军队被派遣到这一地区，但是他们告诉很多基库尤居民还是要到当地警察站去避难。在这些基库尤人离开家之后，卡伦金年轻人烧毁了他们的房子，并且抢劫他们的财物。"很多人家园被烧毁，警察却熟视无睹。"穆万吉声称。如同无数其他人一样，他收留了很多躲避暴力的平民。

---

① Commission of Inquiry into the Post - Election Violence, *Commission of Inquiry into the Post - Election Violence Report*, Nairobi, 2008, p. 417.

② Billy Kahora, "The fire next time or a half - made place: Between Tetra Paks and plastic bags", *Kwani?*, 5 (2) (2008), pp. 8 - 12.

但是到 1 月底，因为有 500 人躲在穆万吉家院子里，因此他家也成为当地卡伦金民兵攻击的目标。一天晚上，民兵们包围了他的农场，并一把火烧毁了他的房子，警察直到最后一刻才赶到，穆万吉幸免于难。①

此次选举后暴力的震中是埃尔多雷特及其周边地区。暴力所针对的目标是该地区非卡伦金族民众，其中大多数是基库尤人。在大选结果宣布不到五天时间里，该地区有将近 90 人被杀。在这同样短的时间里，共有大约 5 万人流离失所。然而，由于离开该地区的道路都被烧毁的汽车和石块堵死，并且卡伦金民兵把守着非正式的检查点，对于这些被迫离开家园的民众而言，他们能够寻求庇护的地方，除了警察站和行政部门之外，只有教会和学校等公共建筑。大约 400 人在基阿姆巴（Kiambaa）肯尼亚神召会（Kenya Assemblies of God）教堂寻求庇护，这里距离埃尔多雷特不到 15 公里。有些基库尤居民已经在基阿姆巴生活 40 年。"我是在这里出生并长大的，"一位居民告诉记者，"我的父母在购置了田产之后定居下来，我并不理解政治议题为何会导致我们和来自其他族群兄弟之间的不和。"元旦当天早上十点钟，妇女正在教堂准备午饭。"我们当时正在为在教堂避难的 400 多人准备玉米大豆浓汤（githeri），一群年轻人挥舞着武器向我们冲了过来。"玛格丽特·温基库（Margaret Wnjiku）回忆道。据温基库所说，袭击者放火烧掉教堂，短短几分钟时间教堂建筑被烧成空壳。② 至少有 35 人在袭击中丧生，其中包括婴儿和老人。威廉·鲁托后来试图撇清卡伦金年轻人参与此次事件的责任。在与

---

① Njogu, *Healing the Wound*, pp. 67 – 8.

② Barnabas Bii and Peter Ngetich, "Raid on displaced families that shocked the world", *The Nation*, 6 January 2008.

美国官员谈话中，他声称"教堂被毁是由于厨房失火所致，当时厨娘们正在准备午饭"。①

正如本书之前所提及的，基阿姆巴和其他地方的暴力是认同政治的结果。基库尤人通常被描述为"外来人"，对于他们所控制的裂谷省土地，他们并不拥有合法所有权。米尔卡·基阿雷（Milka Kiarie）是莫洛居民，曾经是 1992 年和 1997 年冲突的受害者，她于 2 月 26 日被赶出自己的家园。她后来讲述了卡伦金民兵"把我们赶走，因为这是他们自独立以来就获得的土地，裂谷省属于他们"。② 然而，这样的观点忽视了现代肯尼亚跨族群流动的历史。"我没有其他地方可以去，"基阿姆巴教堂屠杀案幸存者如是说，"我准备回到我家原本所在地，但是这要看事态如何发展。"③ 这样的情感是有勇气的，但也植根于事实。如同卡伦金人、马赛人和桑布鲁人一样，基库尤人也是属于裂谷省。

2008 年，当被问及选举后暴力起源时，公民社会领袖格拉德维尔·奥蒂埃诺（Gladwell Otieno）表示："这是由于资源、土地和部族等问题所引发，前后数届政府都未能解决这些问题。"④ 事实的确如此。不过，在暴力高潮中，族群被很多肯尼亚人视作理解事态的关键。政客受到所在选区的压力，为全国范围内的族群亲属提供支持与保护。尽管警察和其他安全部队被用来镇压针对选举结果的抗

---

① Ranneberger to State Department, 3 June 2009; 09NAIROBI1083; Wikileaks cable viewer website（accessed 24 March 2011）.

② Njogu, *Healing the Wound*, p. 147.

③ Barnabas Bii and Peter Ngetich, "Raid on displaced families that shocked the world", *The Nation*, 6 January 2008.

④ Parselelo Kantai and Patrick Smith, "Kenya: No country for young men", *Africa Report*, 11, June/July 2008, p. 41.

议活动，同样是这些警官却无法为受到族群暴力影响的地区家庭提供保护。在迈克尔·穆万吉看来，"政府似乎已经被推翻。四分之三的警察站在橙色民主运动一边"[1]。隆迪亚尼的一个名为鲁本·切鲁约特（Reuben Cheruiyot）的书商在骚乱中损失了自己的全部家当，尽管"我的店铺距离警察局不过五十米之遥"。[2] 当米尔卡·基阿雷在莫洛的住所遭到攻击时，她去当地警察局求助，有些警官"试图给予帮助，但是其他人则并不愿帮忙，因为他们更愿意站在自己所属的南迪人一边"。[3] 为了反击，齐贝吉的核心层向群众帮求助。

就在数月之前，群众帮成员还曾经是政府的镇压对象，现在则成了民族团结党的雇佣兵。自危机之初，坊间已经有传闻称群众帮成员涉嫌镇压内罗毕贫民区抗议活动。然而，更多证据表明政府也卷入群众帮在裂谷省暴力活动。按照英国广播公司卡伦·艾伦（Karen Allen）所说，"被取缔的群众帮民兵和政府高官在总统官邸举行多次会谈"。尽管政府对于这些报道予以否认，艾伦线人却告诉她，群众帮成员"被授命保护裂谷省的基库尤人，我们知道他们数量极多"。[4] 其他记者也发现政府卷入群众帮行动的其他证据。"在选举后暴力高潮阶段，基库尤政客和商人雇用黑帮成员进行报复性屠杀，"《非洲报告》在 2008 年报道称，"政客们雇用了一个 50 人的黑帮团伙，只需要花费每人 300 肯尼亚先令（5 美元）的价格。因此，政客们能够借助群众帮来向卡伦金青年民兵寻仇，正是这些民兵将

---

① Njogu, *Healing the Wound*, p. 68.

② Ibid. , p. 56.

③ Ibid. , p. 147.

④ "State ' sanctioned' Kenyan clashes", BBC News, 5 March 2008, available at：http：//news. bbc. co. uk/ 1/ hi/ world/ africa/7279149. stm（accessed 18 December 2010）.

成千上万的基库尤人赶出裂谷省的家园。"① 群众帮的目标并不是针对西裂谷省基库尤族群体的卡伦金族民兵，而是在纳库鲁和纳瓦沙等城镇中的卡伦金族和卢奥族居民。

1 月 27 日，群众帮开始对纳瓦沙发起进攻。在此之前几天时间里，镇上的卢奥族和卡伦金族居民已经接到即将发生袭击的警告。一名警官告诉英国广播公司，他和同事得到命令允许一队小巴车通过连接内罗毕和两个裂谷省城镇的主要道路。"我们得到命令不要阻拦这些车辆，允许其畅行无阻。"警察说道。小巴"满载着男人"，"我看到他们带着武器"②。1 月 26 日，这些陌生人到来的消息在纳瓦沙广为流传。次日，群众帮开始发动攻击。"我至今仍然记得这些手持武器的袭击者残忍杀害无辜的肯尼亚人的场景，"一位四十九岁的寡妇珍妮·阿钦（Jane Achieng）说道，"我所看到的境况惨无人道。"阿钦拥有十六处房屋，主要是租给在城镇和周边的花卉农场工作的租户；1 月 27 日，她所有的房子都被夷为平地。阿钦逃离了被大火烧掉的房子，最终前往布西亚避难。③ 其他的卡伦金族和卢奥族难民试图在纳瓦沙监狱里寻求庇护。

在 2008 年年初两个月时间里，总共有超过 50 万肯尼亚人被迫离开家园。很多人投奔亲友，有些则完全靠陌生人救助。不只是暴力，令人震惊的慷慨宽容和本能的人道主义，同样也是这场危机的特征，尽管这并没有太大的新闻价值。一些人为此而冒着极大危险。吉普啦噶特嬷嬷（Mama Kiplagat），一位居住在伯恩特佛

① Parselelo Kantai and Patrick Smith，"Kenya：No country for young men"，*Africa Report*，11，June/July 2008，p. 43.

② "State 'sanctioned' Kenyan clashes"，BBC News，5 March 2008.

③ Makokha and Orlale，*In the Shadow of Death*，p. 15.

瑞斯特的 29 岁妇女，接纳了她的基库尤族邻居——一名寡妇和她的三个孩子。"倘若卡伦金人知道我帮助了一个基库尤人，他们早就杀了我了，"她后来评述道，"这样做是非常冒险的，我的处境很危险，甚至担心孩子知道实情之后也会背叛我。"① 然而，对于成千上万的肯尼亚人而言，他们只能前往为暴力受害者设立的难民营，除此之外别无选择。

在纳瓦沙的主体育场设立难民营之后，大量难民涌入这里，其中有一位名叫肯尼斯·卡马乌（Kenneth Kamau）的基库尤人。在 1 月 12 日遭到马赛族年轻人攻击后，卡马乌从自己在纳罗克的家中逃了出来。身受重伤的卡马乌先是被送往医院，然后又被带到了纳瓦沙难民营。"在难民营，我们面临着很多问题，"他评论道，"一遇到下雨天，营地就被淹掉。我们中间有些人身体行动不便，无法找到避雨地方，因此感觉十分寒冷。自从红十字会离开后，我们过了好长时间才得到食物。我们时常要为此等上一两个月。"② 像卡马乌这样因暴力而流离失所的人很快就被政府遗忘。在暴力事件爆发 18 个月之后，仍有将近一半无家可归之人在等待重新安置。即便是在暴力事件过去三年之后，裂谷省仍然散布着多个难民营，昔日家园仍是残垣断壁。政府对待无家可归者的方式太不像话。难民营被迫关闭，政府原本提出的帮助重新安置或重建家园的承诺并未按时兑现，有时甚至压根就没有兑现。

---

① Njogu, *Healing the Wound*, p. 167
② Ibid., p. 143.

结束暴力

到 2008 年 1 月底，局势似乎前景暗淡。"我们处于危机之中。"一名警察内部人士告诉美国外交官。[①] 正如之前所说，警察力量严重分散，以致无法发挥应有作用，而且警官高层也并未打算结束暴力。士兵被派往多个地区，但是他们对于政府的忠诚并未受到考验。然而，由于国内和国际压力共同作用，冲突的结束快得出人意料。早在危机爆发之初，国际社会已经在努力调停。例如，被怀疑煽动骚乱的多名政客遭到西方国家旅行禁令。2 月初，商人乔舒亚·屈莱伊（Joshua Kullei）、议员亨利·科斯基、威廉·奥莱·恩提玛玛和扎卡约·切鲁约特以及前任议员穆萨·切鲁提奇·希玛（Musa Cherutich Sirma）都被禁止前往美国旅行，因为他们被控煽动、组织或者资助民兵针对裂谷省基库尤人的暴力活动。与此同时，议员约翰·穆图索（John Mututho）和卡班杜·瓦·卡班杜（Kabando wa Kabando）、前任议员恩金加·卡鲁梅和詹姆斯·基马西（James Kimathi）、商人理查德·恩噶提亚（Richard Ngatia）被禁止进入美国国境，因为他们被指控涉嫌以多种形式参与基库尤族民兵攻击。而且，肯尼亚选举委员会专员基哈拉·穆图（Kihara Muttu）和杰克·图姆瓦（Jack Tumwa）都因被指控"接受贿赂而篡改肯尼亚选举委员会总部的选举结果"而被禁止进入美国国境。[②] 除了这些官方努力外，多名外

---

① Ranneberger to State Department, 29 January 2008；08NAIROBI1311；Wikileaks cable viewer website（accessed 24 March 2011）.

② Ranneberger to State Department, 5 February 2008；08NAIROBI378；Ranneberger to State Department, 8 February 2009；08NAIROBI420；Wikileaks cable viewer website（accessed 24 March 2011）.

国政要也试图调处和平。

　　时任美国专门负责非洲事务的助理国务卿延达伊·弗雷泽（Jendayi Frazer）进行努力，但是并未取得成效。加纳总统约翰·库福尔（John Kufuor）访问该国，也没有取得任何成效，不过说服他的加纳同胞科菲·安南率领非洲外交使团前来斡旋。安南与南非前总统纳尔逊·曼德拉的妻子格拉萨·马歇尔（Graça Machel）、坦桑尼亚前总统本杰明·穆卡帕（Benjamin Mkapa）一道于 1 月 22 日抵达内罗毕。在接下来五周时间里，争端双方代表坐在谈判桌前，而安南成为定期会议主持人。

　　从一开始，调停者提出解决方式就是权力分享政府。然而，由于谈判代表团都是由强硬派组成，其中最著名的是橙色民主运动的鲁托和民族团结党的马萨·卡鲁拉（Martha Karua）。因此，想要达成妥协，十分困难。民族团结党谈判代表谴责橙色民主运动的暴力行径，指责反对派试图通过"敲诈"而进入政府。① 最后，安南决定与奥廷加和齐贝吉当面磋商。"我再也不能让他们躲在调停者背后。"安南告诉一位记者。② 在穆卡帕和现任坦桑尼亚总统贾卡亚·基奎特（Jakaya Kikwete）支持下，2 月 28 日安南与这两位主要领导人会面。五小时后，双方达成协定。双方共同组建联合政府，奥廷加将被任命为新设立的总理一职。部长职位在两党之间平均分配。"半个面包总比没有面包好。"奥廷加评论道。③ 暴力很快就结束了。

---

　　① Ranneberger to State Department, 29 January 2008；08NAIROBI1312；Wikileaks cable viewer website（accessed 24 March 2011）.

　　② Roger Cohen, "How Kofi Annan rescued Kenya", *New York Review of Books*, 14 August 2008.

　　③ Roger Cohen, "How Kofi Annan rescued Kenya", *New York Review of Books*, 14 August 2008.

权力分享政府最终于六周后宣誓就职。除了奥廷加升官，新内阁扩大以接纳新的橙色民主运动党员之外，权力分享协议还包含了一揽子改革协定，意在避免暴力事件再度发生。除此之外，权力分享协议还包括两项独立调查：其中一项由退休的南非法官约翰·克里格勒（Johann Kriegler）负责，主要考察选举过程本身；另一项是由肯尼亚法官菲利普·瓦基（Philip Waki）所领导，主要负责调查暴力的原因。国外和肯尼亚本国专家共同组成的委员会负责起草一部新宪法，并且组织成立了真相委员会来调查长期的历史不满，例如 20 世纪 90 年代暴力事件。最后，双方达成协定，共同调查、审判并起诉 2007 年选举后暴力的煽动者。

暴力平息后，这一时期政治是由这一雄心勃勃的改革计划所主导，但是联合政府的表现并不能让肯尼亚人感到振奋。"半心半意、含混的"，帕西里洛·坎泰说道，权力分享协议意味着只是"处于权力中心的相互竞争的政治精英的权力重新定位，但是仅仅限于精英阶层"。[①] 这一协议存在两个悖论，因而削弱了它的效力：首先，那些引发暴力的人被授权化解暴力。他们没有能力构建和平或者实施改革，从而杜绝暴力再度发生；其次，权力分享协议意在减少未来长远时期内重新发生暴力的可能性。然而，为了避免冲突再起，短期内又必须维持联合的存在。设计和实施权力分享协议的优点，常常被这些短期的政治权宜之计所抵消。在各时期，这些短期考量都战胜了改革议程。

从关键机构表现来看，它们似乎并未从暴力事件中吸取教训。

---

① Parselelo Kantai, "African 'Deal Democracy' on trial", *Africa Report*, 16, April/May 2009, p. 31.

安全部队及其政治主子为了镇压安全威胁，丝毫不会顾及基本人权。一旦选举后暴力平息，警察、公共服务警察和军队将注意力转向埃尔贡山。在此之前两年时间里，这里一直存在着低烈度冲突。由于土地而造成的不满一直是当地政治的主要推动力量，政客们试图借此实现个人政治意图。在经历了本地区多次的人口重新安置之后，这些不满的萨保特人感到自己上当受骗，他们于是在 2006 年组织萨保特土地防卫军（Sabaot Land Defence Force，SLDF）。据称，这一民兵组织很快就与雄心勃勃的政客弗莱德·卡彭迪（Fred Kapondi）建立起密切联系。人权观察组织声称，卡彭迪在 2007 年选举期间利用萨保特土地防卫军。[①] 直至 2008 年 4 月，在这两年冲突期间，将近 20 万平民因为萨保特土地防卫军而无家可归，超过 600 人被杀，无数人被打伤、绑架或者遭受性侵犯。在其他地区选举和暴力结束后，政府动用军队在内的安全力量来消灭萨保特土地防卫军。2008 年 4 至 6 月，军队满怀热情地完成了这一任务。在军事行动期间，近 4000 名民兵组织嫌疑人遭到监禁，他们中间很多人声称受到拷打。其他人则没有那么幸运，据称大约 220 人被武装部队杀害。[②]

政府方面不愿意考虑它的选举行为。美国大使评论道，民族团结党一直拒绝承认这样一个基本事实，即有问题的选举结果是危机的动因。他们似乎对于选票计票问题无动于衷，只把它当作可以漠然置之的小事一桩，或者可以通过法律手段加以应对。[③]

---

① HRW, "*All the Men Have Gone*": *War crimes in Kenya's Mt Elgon conflict*, New York, 2008, pp. 16 – 17.

② Ibid. .

③ Ranneberger to State Department, 29 January 2008；08NAIROBI1312；Wikileaks cable viewer website（accessed 24 March 2011）.

按照一个人权组织的说法，甚至是克里格勒所领导的选举独立审查委员会最终报告也只是"半途而废的，它试图包庇那些犯罪之人，而这些人根本不值得受到这样保护"。① 克里格勒委员会并未深入分析选举政治文化，而是完全关注官僚程序。最终报告除了谴责肯尼亚选举委员会之外，不愿意开罪任何一方，因此，这一审查支持民族联合政府挺过了它最具争议的争端。倘若深究选举过程，对于政府中的任何人都没有好处。尽管齐贝吉和他的支持者对于计票中心取证分析最为害怕，但是粗略看一下橙色民主运动领导人获胜的很多选区的情况就会清楚知道，这些地方也存在违规情况。唯一要求对于选举过程进行深入讨论的，是那些被认为是裂谷省族群暴力事件的推动者。对于这些面临着参与策划裂谷省冲突指控的人来说，将这里的暴力事件描述为对于选举剽窃的自发回应，是反驳有关指控的一种方式。

不同于选举管理过程调查，菲利普·瓦基所领导的独立委员会主要负责调查选举暴力事件，该委员会提出了一份颇具分量的报告，报告中毫无偏袒或畏惧地提出批评。鲁托抱怨这份报告"如同垃圾"，并且是"栽赃陷害"。② 然而，一些中立观察家并不这么看。"这份报告作者是认真的——作者明确强调必须结束豁免权，他还专门提及政治鼓动所引发的 20 世纪 90 年代冲突，以及其他的政治暴力事件。"肯尼亚人权委员会穆索尼·万耶克（Muthoni Wanyeki）在

---

① Kenyans for Peace, Truth and Justice, "Unfinished business from Kriegler's IREC", *Wajibu*, 24（1）（2009）, p. 7.

② Ranneberger to State Department, 3 June 2009；09NAIROBI1083；Wikileaks cable viewer website（accessed 24 March 2011）.

报告公布后写道。① 然而，尽管报告试图将暴力事件放到更大的社会背景中加以考虑，长期的政治暴行、政客对于民兵组织的操纵以及肯尼亚社会深刻的不平等。瓦基报告中还专门列出了涉嫌策划暴力冲突的政客名单，这一名单引起民众极大关注，甚至遮蔽了关于暴力事件深刻的社会背景讨论。瓦基将装有名单的信封交给科菲·安南保管，而这成为公众猜测的焦点。

宪法改革过程也再次证明，出于政治需要而维持有缺陷的联盟，显然有悖于和平与稳定的长期目标。所有各方都认可宪法改革是未竟事业：对于几乎每个肯尼亚人而言，现存宪法都是难以忍受的。然而，对于新宪法的具体内容却并未形成太多共识。导致政府和民众分歧的主要是以下两个关键问题：分权；总统职位权力过大。在很多橙色民主运动党员看来，权力下放给地方政府，是解决权力过于集中化的基本手段。然而，对于民族团结党的领导人和支持者而言，分权不过是族群清洗的宪法掩饰，只会对族群军阀有利。总统角色同样导致分裂。民族团结党的很多党员支持保留强权的总统职位，而橙色民主运动则希望总统权力受到约束，或是通过奥廷加总理临时职位永久化，或是增强政府其他部门权力，从而使其成为对于行政权力的制衡。

为解决这些棘手争端，肯尼亚和海外宪法专家共同组成委员会，专门负责制定宪法草案。2009 年 11 月，委员会将宪法草案交给政府。宪法草案最终稿是在 2010 年 8 月大选前夕提交，在此之前数月时间里，各派政治领导人就草案内容展开激烈谈判。最终版本在大

---

① Muthoni Wanyeki, "Hats off to Waki and his team", *The East African*, 19 October 2008.

选前三个月予以公布。宪法草案承诺实现行政、立法和司法权力更大程度分立。议会将改为两院制，立法委员在总统任命方面拥有更大监督权。然而，强有力的总统职权仍然保留了下来，下放给新成立的县级委员会权力有限。民众期待已久的分权并未发生。

尽管宪法草案并未满足改革预期，而这是民众在之前二十年所强烈表达的意愿。然而，在全民公决过程中，此前一直积极推动改革的派别表示支持宪法草案。对于公民社会领袖、那些一直支持改革立场的议员以及其他的观察家来说，2010 年似乎是举行真正有意义选举的最后机会。改革派分子将分歧搁置一边，并热情地为"赞成"投票而展开活动。"这一宪法将有助于我们对抗贫穷、无知、疾病和独裁。"奥廷加在 5 月份内罗毕的一次集会上告诉民众。① 任何一部宪法都不可能满足这些承诺，虽然这部宪法呈现给民众的是这样一部冗长复杂的文件。

对宪法持"否定"态度者并不是着眼于宪法草案明显局限性，而是出于狭隘政治私利。鲁托相信，针对奥廷加的运动，是他冲刺 2012 年总统选举的最好机会。这两位昔日盟友已经闹翻，鲁托已经与政府中的副总统穆西约卡和副总理肯雅塔结成非正式同盟。然而，由于"赞成"运动得到民众广泛支持，无论是穆西约卡，还是肯雅塔，都不愿反对宪法草案。他们也和奥廷加及总统齐贝吉一起，半心半意地表态支持宪法草案。鲁托和卡伦金族议员孤零零地站在"否决"宪法的阵营之中。果然不出所料，他们将土地作为获取支持的话题，并且毫无任何根据地认为，拟议中的宪法将严重危及卡伦金人对于裂谷省的控制。"我们决不接受他人侵占我们的土地，而让

---

① Lucas Barasa, "Vote for constitution, urge leaders", *The Nation*, 15 May 2010.

我们蒙受损失。"鲁托的盟友、埃尔贡山议员弗莱德·卡彭迪在"否决"运动启动仪式上告诉民众。①

尽管鲁托的政治面目暴露，但是他还是能够为他的"否定"运动找到伙伴。多位基督教领袖放弃了教会长期以来对于宪法改革的支持，转而对于宪法草案持反对态度。他们的不满主要是宪法允许伊斯兰家事法院的存在（教会领袖认为这更有利于伊斯兰教，而对于基督教不利），而且宪法还允许堕胎（极少数情况下）。宪法草案"侵犯了某些宗教组织的权利"，"对于基督教社会也是一种侵犯"，肯尼亚全国教会委员会总干事加农·彼得·卡兰贾（Canon Peter Karanja）说道。② 选民坚定地否决了鲁托和教士们的主张。超过三分之二的选民投票接受宪法草案。鲁托被降职为高等教育部部长，并在 10 月份被内阁除名。然而，更糟糕的情况还在后面。

到 2010 年年底，还没有任何人因为涉嫌三年前的流血冲突而受到审判。犯罪者和组织者都逃脱了处罚。建立法庭以审判暴力主要策划者的努力并未获得议会通过，因为很多议员也担心受到起诉。过去数次场合已经充分证明，现有法庭结构无法应对这样的事件。然而，肯尼亚政客这次无法控制他们的事务。从暴力事件一开始，人权组织就吁请国际刑事法庭调查国家安全部队和橙色民主运动被指控的反人类罪。国际刑事法庭检察官路易斯·莫雷诺－奥坎伯（Luis Moreno-Ocampo）也愿意接手肯尼亚案。莫雷诺－奥坎伯急需通过成功检举来证明国际刑事法庭的存在价值，因而展开调查。

根据瓦基委员会调查结果以及人权组织所整理的暴力事件报告，

---

① Lucas Barasa, "No team confident of referendum win", *The Nation*, 9 June 2010.

② Ouma Wanzala, "Draft violates rights of some religious groups", *The Nation*, 15 April 2010.

莫雷诺－奥坎伯于 2010 年 12 月得出了结论。他宣布，将会要求国际刑事法庭分两个案件传唤六名肯尼亚人。在第一个案件中，莫雷诺－奥坎伯指控威廉·鲁托、工业化部部长和橙色民主运动主席亨利·科斯基以及卡伦金语广播电台卡斯调频（Kass FM）主播兼负责人乔舒亚·桑（Joshua Sang）犯有反人类罪。第二个案件中，大权在握的行政部门负责人弗朗西斯·穆萨乌拉、副总理兼财政部长乌呼鲁·肯雅塔以及前警察总长穆罕默德·侯赛因·阿里（Mohammed Hussein Ali）面临着同样指控。莫雷诺－奥坎伯说道：

> 这些绝不是针对无辜肯尼亚人的犯罪。他们所犯下的是反人类罪。只有打破大规模犯罪免受惩罚的怪圈，受害者及其家庭才能讨回公道。这样才能为 2012 年肯尼亚大选的和平举行铺平道路。①

检察官也明确指出暴力事件组织者不止这六人，他希望肯尼亚当局通过当地法庭体系来检举作恶者。

更多变化（plus ça change）

在选举之后，齐贝吉和奥廷加一直不断做出含混不清的改革承诺。"我们将会采取行动。"2009 年 6 月齐贝吉向美国外交官承诺。②

自从有争议的选举之后这四年时间里，并没有任何证据表明，

---

① "Kenya's post－election violence：ICC prosecutor presents case against six individuals for crimes against humanity"，ICC press release，15 December 2010，available at：http：// www. icc－cpi. int/NR/exeres/BA2041D8－3F30－4531－8850－431B5B2F4416. htm（accessed 18 December 2010）.

② Ranneberger to State Department，2 June 2009；09NAIROBI1080；Wikileaks cable viewer website（accessed 24 March 2011）.

肯尼亚政治和思想领域发生过根本性反思。相反，本书之中持续存在的主题，例如，腐败、暗杀和族群沙文主义，仍然时有发生。权力分享政府受到一系列腐败丑闻影响，例如非法销售玉米储备、出售肯尼亚国外使馆场地等。尽管就其规模而言，这些事件不能与"戈登堡丑闻"或者"安格鲁租借公司丑闻"相提并论。尽管 2010 年的腐败指控使得鲁托被解除职务、外交部部长莫西斯·维特安古拉（Moses Wetangula）辞职，但是政府并未采取全面措施来消除内部腐败。2009 年 3 月，按照肯尼亚反腐败委员会负责人阿隆·林格拉（Aaron Ringera）的说法，政府每个"重量级人物"都在腐败"盛宴"中分了一杯羹。[1] 正如米凯拉·朗的著作所详细记载的，林格拉本人也曾经涉嫌阻挠基松戈调查安格鲁租借公司丑闻，甚至为此不惜威胁基松戈的人身安全。林格拉关于联合政府特征的总结，得到继任者帕特里克·卢蒙巴（Patrick Lumumba）赞成。《明镜周刊》（Der Spiegel）报道称，2010 年 12 月维基解密披露出来的美国外交电报显示，卢蒙巴"深信，在这样一个由 42 名内阁成员所组成的臃肿不堪的政府里，没有一个部长不趁机中饱私囊"。[2] 然而，正如往常一样，腐败与暴政的其他形式同样存在。

与以往一样，政府仍在践踏人权。2009 年 3 月 6 日，奥斯卡·卡马乌·金阿拉（Oscar Kamau King'ara）和约翰·保罗·欧鲁（John Paul Oulu）在驱车穿过内罗毕市中心时遇刺身亡，他们准备与

---

① Ranneberger to State Department, 24 March 2009；09NAIROBI579；Wikileaks cable viewer website（accessed 24 March 2011）.

② Horand Knaup, "Deep – seated corruption in Kenya a cause for US concern", Der Spiegel, 9 December 2010, available at http：//www. spiegel. de/international/world/0，1518，733824，00. html（accessed 18 December 2010）.

肯尼亚全国人权委员举行会谈。金阿拉和欧鲁共同创办了一家名为奥斯卡基金会的公民社会组织，该组织刚刚为联合国调查员菲利普·阿尔斯顿（Philip Alston）提供了警察涉嫌非法杀害群众帮嫌疑人的证据。在 2008 年写给政府高官的信中，金阿拉将这一屠杀描述为"系统而广泛的"，并意在"消灭特定人群"。他谴责警察所作所为"并未受到应有惩罚，他们抱有部族偏见，并且试图将他们（嫌疑犯）从地球上抹去"。① 其他人也不断重复这样的指责。例如，一名身为橙色民主运动党员的政府部长萨莉·科斯盖（Sally Kosgei）告诉美国官员，警察被"允许利用非法杀戮来控制类似于群众帮这样的黑帮组织，它威胁要通过在中部省中心地带的活动来破坏基库尤族政治"。② 在政府发言人将奥斯卡基金会斥为群众帮喉舌的几小时之后，金阿拉和欧鲁就被杀害了。没有任何人因此遭到逮捕。

政治的理念基础仍然毫无变化。2010 年 12 月，莫西斯·奥里·姆波伊（Moses Ole Mpoe）遇害。姆波伊曾经发起过一场运动，要求马赛族牧民归还殖民时期占有的土地。2007—2008 年暴力事件造成大量无家可归者。姆波伊转而关注这些流民的安置问题，到遇害之前他一直在关注此事。政府宣布要购买纳罗克地区将近 2500 亩土地，并将这些土地分给因选举后暴力而无家可归者。姆波伊和其他马赛族领导人明确反对这一计划，姆波伊认为这实质上是政府策划的另一起偷窃马赛人资源的行为。12 月 3 日，姆波伊开车前往纳库鲁镇，快要到达镇子时遭人枪击身亡。各方对于这起枪杀案的反应

① King'ara to Minister for National Security et al. , 14 October 2008；Wikileaks website, available at：wikileaks. org（accessed 25 July 2010）.

② Ranneberger to State Department, 2 June 2009；09NAIROBI1077；Wikileaks cable viewer website（accessed 24 March 2011）.

表明，2008 年以及之前事件强化了有关族群、土地和公民身份的态度观念。姆波伊所在地区的议员威廉·奥里·恩提玛玛认为这起枪击事件是政治暗杀，政府意在让那些反对重新安置无家可归者的人闭嘴。"我们试图维持和平，"恩提玛玛声称，"但是倘若政府非要将 2400 名外人安置到我们中间，这是我们所无法接受的。如果警察抓不住凶手，这会令人感到不幸。"① 按照恩提玛玛的这一说法，不应当将这些因选举冲突而无家可归的基库尤难民安置到马赛人中间，否则势必引发族群暴力。恩提玛玛预先为这些暴力事件所做的辩护，以及将肯尼亚同胞称作"外人"，所有这些都表明，在正视 2007—2008 年暴力事件这段历史之前，肯尼亚无法真正前行。

---

① Peter Orengo, "Ntimama claims assassination in Narok killings", *The Standard*, 9 December 2010.

结语　豹子与山羊

宴会（再一次）

2010 年 8 月，内罗毕的奥廷加寓所举办了一场宴会，这次是庆祝宪法公决结果。相比于本书开篇提及的 1963 年那场宴会，这场宴会多少还是有些变化：这次是拉伊拉，而非奥金加在招待宾客，坎巴舞蹈团被"一群美女"所取代。不过有些情况毫无变化。年轻的拉伊拉·奥廷加，如同他的父亲一样，也是个慷慨大方的宴会主人。自助餐餐桌上摆满了"鸡肉、羊肉和牛肉"以及"啤酒、红酒、烈酒和各种软饮料"。拉伊拉的妻子伊达·奥廷加（Ida Odinga）招呼着到访者。"我们在庆祝一个重要日子，"她告诉宾客们，"我们感谢你们在确保'赞成'投票获胜上所付出的辛苦劳动。我们的子子孙孙，必然会说我们做了一件好事——给他们制定了一部新宪法。"其他人的演讲中也弥漫着庆贺气氛。

"作为一名肯尼亚人，我感到如此骄傲，"拉伊拉告诉宾客们，"在这样的关键时刻，他们的表现值得信赖；他们善于应对这样的艰难局面。"与 1963 年的情况类似的一点是，和奥廷加一样受到关注的还有另一位肯雅塔。乌呼鲁·肯雅塔做了一个简单的致辞，他告诉这些宴会宾客："我不在意你今天做了什么或者说了什么，没有什么会让我感到生气。"① 茅茅运动的记忆以及希弗塔或者马金博的观念被排除在 1963 年奥廷加的那场宴会之外；与之类似的是，这些参加拉伊拉宴会的人也希望，全民公决的胜利将使得 2008 年年初的选举后暴力这一页翻过去。然而，这一历史是无法轻易逃避的：不到数月时间，肯雅塔就接到了国际刑事法庭指控他涉嫌反人类罪的传票。

在新宪法公决并获得认可的这段时间里，经常可以听到肯尼亚人称这些事件是"崭新的开端"。"经过半个世纪摸索之后，肯尼亚人已经得到了一部新宪法，标志着第二共和国的诞生。"前部长穆基萨·基图里在 8 月底写道。② 对此，我们深表怀疑。在国际刑事法庭关于选举后暴力的调查过程中，莫雷诺–奥坎伯于 2010 年 12 月公布了六名被指控者，这才算得上第一共和国终结的标志。事实已经证明，独立以来的国家制度以及政治运作方式已经完全失败。肯尼亚人唯一能够制衡政府高层权力滥用并寻求正义的方法，只能是通过外部干涉。独立的脆弱性以及民族国家软弱性暴露无遗。

大多数普通肯尼亚人认为，在奥廷加寓所举办的这场庆祝宴会是遥不可及的。对于居住在埃尔多雷特或者卡贾多的寻常百姓来说，这场盛宴所展现出的财富和权力使得它就如同骑士桥（Knightsbridge）或者上东区（Upper East Side）的宴会一样遥远③。数十年

---

① Dave Opiyo, "Joy and wine flow at Raila victory party", The Nation, 17 August 2010.

② Mukhisa Kituyi, "After rebirth of our nation comes the hard part", *The Nation*, 28 August 2010.

③ 骑士桥和上东区分别是英国伦敦和美国纽约的富人区。——译者注

的劳动力移民使得肯尼亚人散布在全国各地，而教育和寻找工作机会使得更多的人移居国外，庆贺家庭成员归来的庆典活动也就成了日常生活仪式之一。近年来的三位归国者的情况，要比奥廷加自娱自乐的宴会，更能说明肯尼亚社会现状。

我们所期待的肯尼亚

2003 年 5 月 30 日，茅茅老兵、政治领袖、当地和国际媒体代表以及数百名平常百姓涌入内罗毕的机场以及周边地区：斯坦利·马森格（Stanley Mathenge）回来了。民众的这一激动情绪是可以理解的，马森格离开肯尼亚已经有将近 50 年。作为激进政治领导人物，他一直是 20 世纪 50 年代茅茅起义的关键人物。1952 年 10 月，由于担心遭到逮捕，他从尼耶利的家中逃到了阿伯代尔山区。他在这里成了 2.5 万名"茅茅"森林战士的一名军事领袖。在接下来三年时间里，他和追随者一道抗击英国殖民军队及其基库尤族"保皇派"盟友。不过，到 1955 年，森林中的茅茅起义者遭受重创。空袭、游击队员内部的宗派林立、高海拔森林地带又冷又湿、警察和军队袭扰，这些都使得游击队日子难熬。马森格希望与英国殖民当局对话，但是他的同伴德丹·基马西亚（Dedan Kimathia）予以拒绝。马森格清楚自己的地位岌岌可危。当英国军队收网捉拿最后几百名森林战士时，他带领一队战士脱离了出来。马森格带领着 29 名支持者逃离了阿伯代尔山区，并前往独立的埃塞俄比亚。人们最后见到或者听说他们，是在他们离开山区森林高处的营地时，当时是 1955 年 7 月 23 日。

他们的死亡似乎是确定无疑的。因此当 2002 年 1 月有消息称在埃塞俄比亚找到马森格时，肯尼亚人感到极为振奋。找到马森格的这名肯尼亚记者名为约瑟夫·卡里米，据说他是从一个居住在埃塞俄比亚的肯尼亚居民乔治·基利莫（George Kilimo）那里得知了他的消息。马森格及其追随者不仅长途跋涉到埃塞俄比亚，而且这位茅茅将军还在这里生存了下来。马森格定居在埃塞俄比亚首都亚的斯亚贝巴郊区的一个大农场上，他重新娶妻生子，多少年过去，他已经当上了爷爷。

再没有什么比发现马森格更适合、更有象征意义了。对于寻求第二次解放的肯尼亚人来说，没有什么比第一次解放的英雄归来更好的预兆了。在马森格的尼耶利家乡，民众为这一消息而欢呼雀跃。"这就是马森格，这一点毋庸置疑。"一位名叫穆拉雅·瓦·穆塞（Muraya wa Muthai）的茅茅老兵和战友在看到这位老人的照片之后告诉记者。① 由于这一消息，多名显贵先后造访埃塞俄比亚。他们每个人回国后都确信自己见到了茅茅英雄。当马森格妻子米里亚姆·穆索尼（Miriam Muthoni）也于 2002 年 10 月从亚的斯亚贝巴返回并确认这位老人是马森格之后，一切似乎毋庸置疑。

马森格回国这天恰好是 6 月 1 日，也就是实现自治的周年纪念日。马森格将作为贵宾出席内罗毕尼亚约体育场举行的总统演讲和军事游行。马森格身穿崭新的灰色西装，戴着褐色平檐帽，当他抵达内罗毕机场到达大厅时，聚集的人群唱起了独立时代的歌曲。在代表政府所作的欢迎致辞中，前反对派议员科伊基·瓦·瓦姆韦里

---

① Joseph Karimi, "This is how we know it is General Mathenge", The Standard, 22 January 2002.

宣称，这是"这个国家自独立以来最重要的一天"。① 接下来，斯坦利·马森格的归来从胜利变成了一场闹剧。

"我不是肯尼亚人，我真的不是。"马森格告诉陪同人员。马森格一脸困惑，他用阿姆哈拉语告诉埃塞俄比亚大使："我既不懂他们的语言，英语也说不好，你要让我讲什么？"大使建议马森格做一个简单致辞，然后由外交官翻译成英语。"我听说我母亲和马森格将军是兄妹，"老人说道，"所以我一半是肯尼亚人，一半是埃塞俄比亚人。我很高兴回到自己人中间。"② 他的这番话显然是不合时宜的。更麻烦的是，他还不能讲肯尼亚官方语言基库尤语或者斯瓦西里语。要知道 1955 年时马森格已经三十七岁，不可能不会讲当地语言。在结束了简单演讲之后，马森格和他的埃塞俄比亚家人被送上了早已等候多时的梅赛德斯轿车，并将他们送到了泛非大酒店的套房。

由于机场这一幕，政府撤销了邀请他参加自治日（Madaraka Day）庆典的打算。这件事闹得满城风雨，因此政府不得不出面召开一次记者招待会。这位老人只回答了用阿姆哈拉语提出的问题，他表示自己出生在靠近肯尼亚边境的埃塞俄比亚境内，他毫不含糊地否认了自己是茅茅将军的说法。③ 对于接待他的政府官员来说，这已经十分严重了。趁老人还没有被问到更棘手的问题之前，这二人将其带回他自己的房间。接下来一个星期，举国上下都在讨论这场身份危机，媒体也被拒绝进一步采访。

---

① Mburu Mwangi and Tigist Kassa, "The puzzle remains as 'Gen Mathenge' comes home", *The Nation*, 31 May 2003.

② Mburu Mwangi and Tigist Kassa, "The puzzle remains as 'Gen Mathenge' comes home", *The Nation*, 31 May 2003.

③ Patrick Mathangani and Muchemi Wachira, "I am not Mathenge, says Ethiopian man", *Daily Nation*, 2 June 2003.

这一离奇事件中，或许最不幸的要数那些曾经与马森格并肩战斗过的人。茅茅老兵从他们家里前往内罗毕市中心的泛非大酒店，怀着一种朝觐般的虔诚心态，想来见见这位与他们一道在丛林中并肩抗击英国统治的将军。在酒店餐厅外面的长廊中，聚集起来的退伍老兵向媒体讲述了他们在战争期间的经历、他们对于马森格的记忆以及对于这位来自埃塞俄比亚的老人身份的看法。有人认为这个人就是将军，但是大多数人对此表示反对。他的个头矮一些或许可以归因于老化，但是他门牙没有豁口、颈部也没有刀疤、皮肤变黑、明显要年轻十岁，所有这些都足以证明肯尼亚人是这场骗局的受害者。

人们发现泛非大酒店的这位并非马森格，而是阿图·勒马·阿亚努（Ato Lemma Ayanu），一名埃塞俄比亚农民，充其量只是和肯尼亚人有间接的家族联系。利用了尼耶利的马森格家族的内部分歧、政府的幼稚以及公众的盲目乐观，阿亚努的幕后操控者试图通过声称解决了肯尼亚历史上最大的一桩迷案来博取名望与财富。6月7日凌晨，在拖欠了酒店1.6万美元账单之后，阿亚努搭乘早上航班返回亚的斯亚贝巴。此后再也没有这个埃塞俄比亚人或者幕后操控者的消息。

如此多的人并未对于此事表示怀疑，这一点值得认真解释。20世纪50年代和60年代初通常被认为是民族主义的黄金时代，肯尼亚人为了共同目标而团结起来，而政治家们也为了政治和经济自由而非个人私利而努力。因此，马森格似乎为这一过去提供了切实的联系，并有助于国家实现更大范围民族团结的共同诉求。

在2008年年初暴力事件之后，这一呼吁显得更为紧迫。从政客到公民社会领导人，再到国际知名人士，这些人都告诉肯尼亚民众，民族主义是肯尼亚摆脱这一分歧的唯一道路。随后实行的很多改革措施，例如设立英雄日这样的全国假日以及组建民族融合与团结委员会（National Cohesion and Integration Commission）来监督政客言行举止，这些都明确鼓励肯尼亚公民的民族主义情感。

然而，正如历史所显示的，民族并不是容易建立起来的，而是由强政府所推进的事业。对于民族主义骗人的简单性（deceptive simplicity）而言，马森格/阿亚努事件是一个有用的警示，它表明当民族主义被当作医治肯尼亚当前问题的灵丹妙药时，我们就需要警惕了：那些看似简单明确的历史，正如同马森格的重新出现一样，事情好得令人难以置信。20 世纪 50 年代末至 60 年代初历史记录并不仅仅是走向独立的过程。围绕着国家资源获取以及随着独立而来的界限划定，在这一时期发生了激烈竞争。而且，民族主义除了表明作为肯尼亚人的身份之外，并不能全面涵盖肯尼亚人所展现出的身份认同。除了肯尼亚人这个身份认同之外，他们还是年轻人和年长者；富人与穷人；男人和女人；卢奥族人、基库尤人或者其他数十个族群中的一员；穆斯林与基督徒；阿拉伯人、非洲人和亚洲人；世界公民与坚定的大地之子。简而言之，正如彼得·瓦福拉·维克萨（Peter Wafula Wekesa）所认为的，肯尼亚民族主义"掩盖了决定着我们的动力和不同经历的历史现实"。[①]

借用奈保尔（Naipaul）的说法，卡霍拉将近年来政府所引导的

---

① Peter Wafula Wekesa, "Negotiating 'Kenyanness': The 'debates'", in Mbugua wa - Mungai and George Gona (eds), (Re) Membering Kenya, Volume 1: Identity, Culture and Freedom, Nairobi, 2010, p. 57.

灌输民族认同感的尝试称作"神话"。① 然而，同样的批评也可以用到肯尼亚人关于族群的说法。肯尼亚或许不是一个民族，但是它也绝不是"一系列族群国家，在殖民时期划定的一系列边界之中尴尬地生存"。② 肯尼亚（以及东非）漫长的族群历史是漫长的包容、边境开放与流动，而非土著人口的历史。一个危险的纯洁性和土著性的神话尤其在裂谷省扎下根。当务之急必须是将其破除。

然而，族群在政治中的中心地位是肯尼亚必须予以面对的。族群本质上并不是坏东西。关于如何利用族群作为对于举止不端的精英的限制，在这方面应当有更多讨论。约翰·隆斯达尔（John Lonsdale）将这一过程界定为"道德族群"（moral ethnicity）。③ 正如汤姆·杨（Tom Young）所写，"如果族群认同在某些方面是好的，那么就应该利用它或者对它加以调整，而不是试图压制它"④。从基层民众角度来看，族群似乎是有效的。基努希亚·马扎理亚（Kinuthia Macharia）关于族群在20世纪80年代末内罗毕非正式经济领域的研究富有启发意义。马扎里亚发现，特定族群成员在非正式经济的某些领域居于主导地位。例如，服装制造主要是卢奥族人控制，而灯具制造主要是基库尤人（事实上来自于穆拉雅地区非常小的一块区域）主导。那些长期经营报摊、向城镇工业区工人出售食品的妇女，主要是基库尤人，而卢奥族妇女控制着工厂大门外的食品销售。

---

① Kahora, "The fire next time", p. 9.

② Parselelo Kantai and Patrick Smith, "Kenya：No country for young men", *Africa Report*, 11, June/July 2008, p. 43.

③ John Lonsdale, "The moral economy of Mau Mau：Wealth, poverty and civic virtue in Kikuyu political thought", in B. Berman and J. Lonsdale, *Unhappy Valley：Conflict in Kenya and Africa*, Oxford, 1992, pp. 315－504.

④ Tom Young, *Africa：A beginner"s guide*, Oxford, 2010, p. 150

这些安排之下有两个因素。首先是网络：族群提供了分享新机会和信息的方式。出售食物的妇女之所以找到这些地点，是因为"一个朋友告诉她们食品销售的合适地方"。这些网络也包括培训。来自穆拉雅的一名基库尤族灯泡制造者告诉马扎理亚，"当我学会这门手艺之后，我会传授给家乡其他人，主要是亲朋好友"。不过，对于缺乏监管的非正规经济以及以腐败为特征的正规经济而言，族群提供了它们所急需的信任。共同身份认同感和同一族群成员的互惠关系，这也就意味着族群使得非正规经济里的不同工人之间信任的扩大。而且，顾客通常对于在同一族群那里购买的商品和服务感到放心。[1]

在马扎里亚的叙述中，族群是对于正规经济、劳动力市场和政府缺陷的强有力回应。对于这些无法得到信贷、工资或者社会安全支持的民众而言，他们能够通过充分利用族群网络而勉强维持生计。按照这一说法，我们可以推断出关于族群如何在后殖民时代肯尼亚运作的大致想法。在再分配缺失的情况下，族群为肯尼亚人提供了获取和保护稀缺的土地、工作和政治权力的手段。族群所鼓励的亲属网络提供了在互惠基础上获取土地、工作和住房的机会。恩庇网络也就意味着，倘若他们的政治领袖成了议员或者部长（甚至是总统），那么他们所在的地区道路将会修葺一新，奄奄一息的当地工厂将会重新焕发生机，乡村学校也会得到扩建。族群既不是非理性的，它也不是传统主义的表现；相反，它是对于资源匮乏的现代世界经历合乎逻辑的回应——这恰恰是肯尼亚问题的症状，而非其原因。

---

[1] Kinuthia Macharia, "Social networks: Ethnicity and the informal sector in Nairobi", working paper No. 463, Institute for Development Studies, University of Nairobi, August 1988.

我们所拥有的肯尼亚

正视族群多元的现实，而非一味梦想着民族主义，这或许是 2008 年 8 月约翰·基松戈回国时所传递的信息。在三年流放之后（参见第八章），他像马森格一样被当作归来的英雄。马森格在回到肯尼亚之后的第一次记者招待会上，他的发言洋溢着庆贺之情，这应当是可以理解的。然而，这位归国游子若有所思。当考虑后选举时代遭受破坏的政治和社会状况时，他并未轻视肯尼亚即将遭遇的巨大挑战。"这里没有什么圣人，"他告诉围拢着他的记者们，"我也不会假装自己是这样一个圣人。"他并没有为国家痼疾高喊口号或者提出陈词滥调，他唯一的建议是："我们必须接受并适应现实——一个不完美的现状。"①

基松戈决定开诚布公地讨论这一问题，这令人感到耳目一新。肯尼亚公开辩论的显著特征，往往先是极度公开，接下来则是长时间沉寂。2008 年暴力事件之后就是这样一个时刻，愤怒与希望很快就让位于消极与现状。"在肯尼亚的早晨，我醒来后环顾四周，"卡霍拉写道，"新一天似乎是要宽恕昔日的罪责，这主要是因为公众生活是一种健忘的共谋（amnesiac collusion），一种没有遗憾或者希望的现实状况。"这一"遗忘的共谋"前提是，寻常肯尼亚人获得生活手段，而统治者继续操控政府事业（或者说是生意）。在后殖民时代多次危机时刻，曾经召开过一系列以"我们想要的肯尼亚"为标题的研讨会，但是卡霍拉写道，"'我们所生活的肯尼亚'这样的话

---

① Author's notes on Kenyans for Peace, Truth and Justice symposium, "Combating Corruption in Kenya", Hilton Hotel, Nairobi, 20 August 2008.

题从未在公开场合讨论过"。人们"讨论的是我们所希望得到的，而回避了现实状况"。[①] 按照卡霍拉和基松戈的说法，肯尼亚到底有什么？

最为重要的是，肯尼亚有着深刻不平等。由于出生差异，新生儿存活并在现代肯尼亚茁壮成长的概率也有着很大差异。尼扬扎省的儿童在五岁之前夭折的数量是中部省的四倍。西部省人口所拥有的卫生设施不到中部省的一半。裂谷省女童读初中的机会不到中部省的一半。尼扬扎人口中拥有清洁水源的不到三分之一，而九成以上的内罗毕人口拥有清洁水源。甚至在各省内部，不同族群之间差异也十分明显。在裂谷省，基库尤人家庭财产数量是同一省份其他群体的两倍。[②] 由于各地的气候、海拔、土壤肥力的差异，以及不同地区融入地区和全球经济的程度不同，因此差异的存在是预料之中的。然而，民众对于改革再分配政策的需求极为强劲。

与冷战后的很多国家一样，肯尼亚也失去了讨论再分配的能力。肯尼斯·马蒂巴并不是"平常人的代言人"，不过即便他也认识到，在肯尼亚这样不公平的环境下拒绝讨论再分配是有问题的。虽然他拒斥再分配这一政策，他也承认"我们整个民族从未严肃地考虑这一问题并公开加以讨论"。他承认不平等并不是偶然的，但是"我们自己要为所发生的事情负责"。他承认"我们并未试图严肃地考虑事情"。[③] 因此毫不奇怪，穷人和边缘群体诉诸族群认同来保护他们少

---

① Kahora, "The fire next time", pp. 8 – 10.

② Frances Stewart, "Note for discussion: Kenya, horizontal inequalities and the political disturbances of 2008", Centre for Research on Inequality, Human Security and Ethnicity, University of Oxford, March 2008.

③ Matiba, A Dream, pp. 25 – 26.

得可怜的资源，或者试图获得更多土地、工作或者其他生存必需品。寻求承认的政治战胜了再分配。

这绝非偶然：本书已经详细表明肯雅塔、莫伊和齐贝吉压制了要求再分配的呼声。这些声音最初是具有凝聚性的、慎重的，例如肯人盟、J. M. 卡里乌基或者是 20 世纪 70 年代末到 80 年代的肯尼亚高校师生。随着暗杀、镇压和逮捕使得再分配政策推动者在正式政治领域遭到禁止，再分配政策要求转向了非正式政治领域，这些要求变得更加愤怒，同时也更加无法解释。群众帮以及最近发生的其他暴力事件就是其结果。

肯尼亚有着一个内在矛盾的政治体系，这反映出它在界定现代世界的力量的阴影和空间中所占据的位置：一方面，肯尼亚有着充满活力的公民社会和自由媒体，它会不时披露出腐败丑闻，并显示出政府高层与选举暴力之间的关联；另一方面，诸如群众帮这样的组织和政客则被指控犯有反人类罪。在这样一个多次表现出威权主义倾向的政府之下公开讨论政治和生存，这样两种经历的同时存在，是 1963 年肯尼亚矛盾特征的典型。肯尼亚人经历过独立，但是并不是所有人都享受到公民身份权利和好处；他们见证过经济增长，但是未必能找到工作；他们已经参与过发展计划，但是这些计划不一定带来生活水平改善；他们在选举中投票，却未曾体验过民主。再次借用卡霍拉的话，肯尼亚是"半成品社会"（half-made place），这是近些年来宏大主题的实证主义话语，譬如非殖民化、发展和民主化，所未能准确描述的。①

非殖民化并未终结外部世界对于肯尼亚事务的影响，也并未真

---

① Kahora，"The fire next time"，p. 8.

正实现大多数肯尼亚人的解放。肯尼亚政治并非正在实现民主化，而是一种民主和威权主义的混合体。它不断地在顶点与低谷之间震荡，不过自从独立以来就已经是如此。事实上，发展中的肯尼亚经济造成日常生活体验的巨大差异，例如，从西波克特的游牧生活，到居住在彻底全球化空间里的内罗毕财政和技术主管。关键点不在于肯尼亚人是平静或者混乱的，和平或者暴力的，经济上有活力或者贫乏无力的，民主或威权的，而在于它同时兼具这些特征。倘若并非如此，肯尼亚社会也是以排斥性作为特征。

尽管肯尼亚具有这些潜在的导致社会衰弱的状况，它同时也具有一些有利条件。肯尼亚人民是这个国家最大的资源。在 2007 年大选之前数月，必旺加·万尼那撰文赞扬肯尼亚企业家的独创性、知识分子的创造性以及公民对于民主的执着追求，而不管统治者可能的决定。他认为，肯尼亚人不再需要关注那些强调腐败、犯罪和暴力的评论者的消极主义："我们已经学会了忽视绝望的商贩的刺耳尖叫。我们是由信念和进取心所驱动的，缓慢地前行。我们满怀希望，却又不歇斯底里。"[1] 必须承认的是，本书并未充分关注进取与希望的层面。然而，正如独立以及恢复多党民主运动所表明的，肯尼亚人有能力克服专制。现在的政治领导人对于他们的帮助极为有限。

下一场烈火

我们第三位回家的人是恩古吉妻子恩吉利·瓦·提昂戈（Njeeri wa Thiong'o），她是在 2007 年大选前几天回国的。正如基松戈归来一

---

① Binyavanga Wainaina, "Generation Kenya", *Vanity Fair*, July 2007.

样，恩吉利的归来也需要巨大勇气。三年前，她曾陪同丈夫回到肯尼亚，这是自从 1982 年流放之后首次回国。然而，2004 年之行以悲惨告终。这对夫妇在内罗毕租住的寓所受到袭击，恩吉利遭强暴。在被指控的袭击者中包括恩古吉的侄子切戈·基拉古（Chege Kira-gu）。基拉古随后被宣告无罪释放，还在 2007 年参选利穆鲁选区议员，这里位于内罗毕郊区，是恩古吉的家乡。恩吉利从加利福尼亚家中专程前往利穆鲁，向投票人传达来自恩古吉的讯息。

在选举前的周日，她前往利穆鲁教堂并亲自传达消息。恩古吉所支持的是齐贝吉，声称"齐贝吉统治的最后五年，2002—2007 年，是肯尼亚历史上最为自由的时期"。然而，接下来的选举悲剧使得恩古吉的表态令自己十分难堪。不过，恩古吉信件真正关注的焦点是议会选举，而非总统职位争夺。他呼吁投票人将选票投给"懂得尊严的人"，而不是基拉古。"不要让一只豹子来看护你的羊群。"信中强调。[1] 这一点在国内的影响远比恩吉利或者恩古吉所预料的大得多。当恩吉利结束演讲离开长老会教堂时，基拉古竞选车辆上的年轻人试图拦住她的道路并威胁她。她未曾受伤，侥幸逃脱。

恩吉利访问这一幕以及恩古吉对于齐贝吉的认可，撇开这些不谈，这封信还是提到了极为重要的一点。肯尼亚人在改变政治本质方面所面临的最紧迫任务是，当选举到来时，选民们经常只能从这群狮子中间来挑选，尽管情况并不总是如此。2008 年年初，暴力事件的一位目击者评论道："这样的暴力在 1992 年也发生过了，不过那是正常的部落冲突。我们不知道冲突原因。它就这么发生了。我

---

[1]　Ngugi wa Thiong'o, "Protect your families: Vote for an MP with integrity", 14 December 2007, Ngugi wa Thiong'o's website, available at: http://ngugiwathiongo.com/kenya/kenya – home.htm（accessed 20 December 2010）.

们不能说它是由选举所造成的。一个部落突然攻击另一个，因此出现了生命和财产损失。"① 然而，暴力琐碎化和常态化是政治体系的产物，或者至少是生活于其中的人所造成的。只要法庭警察不能逮捕和指控暴徒罪犯，暴徒罪犯就更有优势赢得议会或者地方委员会席位的特权，谋财害命仍将是政治生活的基本构成。

甚至被视作改革家的政客也得按照这样的游戏规则行事。在2007 年选举之后，伯尼·哈勒维（Boni Khalwale）因为领导议会的公共账目委员会而受到极高评价。通过这一职务，哈勒维这位来自西部省伊科勒马尼（Ikolomani）的议员力图揭露政府腐败，因而备受赞誉。按照美国大使兰内贝格尔的说法，他是"一个值得关注的政客"，因为"他愿意同既得利益者较量，并敢于向当权者直言"。然而，正如兰内贝格尔所承认的，哈勒维在 2007 年选举准备阶段受到处罚，"因为他雇用青少年犯罪团伙威胁竞争对手的支持者"。② 这绝不是少数道德败坏者的举动，而是政治运作中的系统而根本的问题。只有当豹子被赶走，肯尼亚才能最终享受独立的果实。事实证明，肯尼亚的政客直至现在仍然无法停止政治暴力或者消除腐败。

我们同样也不能寄希望于美国、英国或者欧洲外交官来灌输变革。在肯尼亚政治史上，西方政府并非中立力量。在肯尼亚发生政治分歧时，他们试图站到当权的大人物和党派一边。"捐助者首要关注的似乎是避免肯尼亚走上政治和经济秩序崩溃的道路。"斯蒂芬·

---

① Njogu, *Healing the Wound*, p. 70.

② Ranneberger to State Department, 11 June 2009；09NAIROBI1168；Wikileaks cable viewer website（accessed 24 March 2011）.

布朗（Stephen Brwon）写道。① 不管怎样，西方政府对于肯尼亚政客的影响一直在下降——自从 2002 年以来，中国在肯尼亚的利益已经有了显著增强。肯尼亚的变化将更多来自肯尼亚人自身。

法律面前人人平等，基本服务的提供，以及获得经济机会的便利性，在约翰·基松戈看来，上述这些是"肯尼亚人所追求民主的主要结果"。② 肯尼亚或许不会繁荣或者成为一个民族；但是拥有这样一个值得称道的政府，它可以成为一个公民和平共处、享有平等机会的国家。与 20 世纪 60 年代的民族主义政党以及多党时代政客话语相比，这些似乎是极为微小的目标。然而，自从肯尼亚在 19 世纪末殖民征服时期初具雏形以来，建立这样一个国家的目标就一直是遥不可及的。和平与平等值得为之而奋斗。

---

① Stephen Brown, "From demiurge to midwife: Changing donor roles in Kenya's democratisation process", in G. Murunga and S. Nasong'o（eds）, *Kenya: The struggle for democracy*, London, 2007, p. 323.

② Author's notes on "Combating Corruption in Kenya" symposium.

索 引

（本索引中的页码为原书页码）

M

Maasai 马赛人　15，37，209，221，227　KADU 肯尼亚非洲民主联盟 13　land 土地　91，96，203—204，206，274　majimboism 马金博主义 198，199　violence 暴力　212，227，276，286

Maasai Mara 马赛马拉　123，186

Maathai, Wangari 旺加里·马塔伊 186，188，189，243，256

MacDonald, Malcolm 马尔科姆·麦克唐纳　6，44，129　1965 coup1965 年政变　47—48，49　KADU & KANU 肯尼亚非洲民主联盟和肯尼亚非洲民族联盟　4—5

Machakos 马查科斯　54

Machel, Graca 格拉萨·马歇尔　278

Maela 马伊拉　214

Maendeleo ya Wanawake 妇女发展组织　187

Mahiga 马希嘎　89

Mahihu, Eliud 艾利乌德·马希胡 33，54，74，141

MaiMahiu 麦马希胡　256

Maina, Mumbi wa　蒙比·瓦·马伊纳　163，167

Maitha, Karisa 卡里萨·马伊萨　225

Maize and Produce Board 玉米生产委员会 see marketing Boards 经销管理局

Majani, Gerishom 格瑞肖姆·马贾尼　31

Majimboism 马金博主义 1960s20 世纪 60 年代　2，13—14，15，197，268　1990s 20 世纪 90 年代　197—8，199，203—204，223　2007 – 2008 2007 至 2008 年　267—268

Makerere University 马凯雷雷大学　2，6，265

Malinda, Thomas 托马斯·马林达　49

Mambo, LeonardMbotela 利奥纳德·姆伯特拉·曼博　154

Mandela, Nelson 纳尔逊·曼德拉　278

Mandera 曼德拉镇　34

Maore, Maoka 毛卡·马奥尔　253

Marakwet 马拉克维特人　223，225—226，230，231；see also Kerio Valley 克里奥峡谷

marketing boards 经销管理局　56，123，141，251

Marley, Bob 鲍勃·马利　154

O